心理諮詢
個案督導

嚴文華 著

SUPERVISION
of Psychological Counseling Cases

自序

　　再看自己三年前的書稿，發現了其中的很多不足，但由於只是繁體版而不是修訂版，無法在這個版本中進行大的修改。這種遺憾本身說明我在變化，對原先的資料已有了更深的理解，或者有了新的視角。確實如此，這三年期間，我參加了中美精神分析聯盟督導班的學習，參加了第四期中國註冊督導師培訓項目。我自己繼續接受個別督導和團體督導，同時我也督導更多個人和團體。這些經歷使得我對督導工作有了更多的理解。在我目前的書中，缺乏對督導協議和督導師角色的描述，我想做一些補充，把這些理解分享給繁體版的讀者。

花時間和督導師協商並簽訂督導協議

　　我遇到的一些被督導者，在督導的第一次，就迫不及待地討論個案資料，希望督導師馬上給自己非常具體的建議，有的時候甚至希望督導師手把手的教自己每一句話該怎麼說。這有可能是因為被督導者是在遇到困難

之後才去找的督導師，所以會有非常急迫的問題需要解決，督導師在一開始就被界定為「救火隊長」，受命於危難之中，要幫助被督導者力挽狂瀾。

而我想說，這種節奏不是督導工作開展的最佳節奏。就像諮詢當中諮詢師要和來訪者建立關係一樣，督導關係的建立也是非常重要的。督導關係的建立是需要時間和空間的，如果雙方沒有花時間來做相互了解，沒有對督導目標的協商，直接進入到個案的細節當中，就像步入森林而不帶指南針。我建議最好用一到兩個小節的時間，來討論和簽訂督導協議。

督導協定的基本內容包括以下方面：

一是雙方的專業訓練背景和實踐經驗，包括學習經歷，諮詢與督導理論背景，受訓經歷，之前接受過的督導經歷。僅僅是討論這個部分，有時候雙方就會發現，其實彼此不太適合，有可能是在受訓背景上相差太大，或完全沒有交集。但有時候，即使雙方的受訓背景完全不同，被督導者也有可能希望接受跨流派的督導，比如我就曾經收到過認知行為流派諮詢師的督導要求，因為他想了解在個案中移情和反移情的部分，以增強他對個案理解的穿透力。雙方背景的部分應該以透明的方式呈現出來，因為這會直接影響到督導工作的內容、方式和風格。督導師需要和被督導者講清楚，了解這些資訊不是為了評價或炫耀，而是雙方工作的基礎，需要以事實為基礎。曾經有一個受督導者，在談及自己的受訓背景的時候，一口氣說了十幾個流派的名稱，我的第一反應是我沒有能力督導他，但是當我問及他接受了多少時數的訓練時，他的回答是「聽過一次講座」、「參加過

一次工作坊」，我才理解到：他其實有很多擔心，擔心自己塑造出來的形象不夠專業，當我向他解釋了解受訓背景的資訊只是我們工作的基礎時，他明顯鬆了一口氣。

二是對勝任力的評估和回饋。在傳統的督導工作當中，督導師更多根據自己的經驗來工作，我之前的工作也是這樣展開的。而現在，通過學習，我了解到可以更加結構化地展開自己的督導工作，比如運用勝任力模型評估督導師和被督導者的知識、技能和態度及價值觀（Falender, et.al., 2004）。評估可以在督導開始的時候做，還可以在督導過程當中定期做，雙方可以提前約定評估的時間，比如說督導二十次或者二十次以上，或者督導三個月或半年。圍繞勝任力模型，當了解被督導者當下的狀態，以及未來應該努力的方向，這為督導工作提供了穩定的框架。而且評估可以是雙向的，不光是對被督導者的評估，督導師同樣也可以用勝任力模型來進行評估，這更有利於雙方建立平等的、合作的督導關係。

三是對當下督導目標的設定。對於新手來說，在督導過程當中，可以做的事情非常多，如果沒有設定明確的目標，很有可能隨心所欲，想到什麼說什麼，雖然很自由、很靈活，但有時候缺乏結構化，缺乏明確的方向，督導工作需要很長的時間才能夠看到效果。在評估的基礎之上，設定當下的督導目標，有利於雙方明確在特定階段內督導工作的重點，一旦督導目標達成，可以重新進行調整，設定新的督導目標。

四是對工作方式的討論，包括督導頻率、時間、地點、費用、聯絡方

式、請假方式、提交個案報告的方式、格式等，雙方各自的責任和義務，雙方對彼此的期待等。對這些細節的明確，可以掃清後面督導工作當中因溝通不暢而帶來的障礙，在督導開始之初，就明確可以如何展開工作、怎樣展開工作，不是在問題發生之後才去解決，而是溝通在前、預防更多問題發生。

雖然討論督導協定需要花費時間，但工欲善其事，必先利其器，這個時間是值得的。

明確督導師的作用與角色

在不同的理論當中，對於督導師的角色，有不同的看法。對督導師的作用，有一些共識：保護當事人；專業入門把關；對被督導者進行評估；把控關係；提供知識和技能；傳遞價值觀。在督導關係方面，有學者提出應建立雙邊性的、合作性的督導關係。而在中國文化中，督導關係常被看作是單邊性的、等級性的。我至今仍然記得在我參加中美精神分析聯盟連續培訓專案時的經歷：有一次上團體督導課的時候，一名同學直接對督導師表達不滿，說：「我對你很憤怒。」老師不僅沒有憤怒，反而在課後約談這位同學，讓其有更多表達。我當時非常震驚：學生居然可以當面跟老師表達不滿！而老師居然說這是可以討論的！這不是典型的中國式師生關

係。典型的中國式師生關係是等級性的、有尊卑的，我發現在中國原有的關係當中，找不到可以用來比擬督導關係的：它比師生關係、師徒關係更具有平等性，更少等級性。對於一些督導師來說，建立等級性的、自上而下的關係，是更舒服的、更自然的，而對於有些督導師來說，他們會嘗試建立平等的、合作的、雙向的督導關係。被督導者可以根據自己的價值觀和需要，來選擇適合自己的督導關係。

在我的督導經驗當中，我發現諮詢新手常有一種傾向性，希望自己的督導師是多種身份和角色的綜合體，最好督導師能夠身兼多任：督導師＋諮詢師＋老師＋師父＋教育者＋精神導師……但為了完成督導目標，督導師需要明確自己的專業角色：督導師不是諮詢師，督導師不是精神導師。有時候督導師可能需要手把手地教，需要講一些理論，所以會有老師、師父和教育者的角色，但這些不是最主要的角色。督導師需要恪守兩個核心職責：一是為了來訪者的福祉而工作，二是為了提高被督導者的諮詢能力。只有與這兩點發生直接關係的內容才應該進入到督導工作，否則就不應該在督導工作當中被涉及。比如說關於被督導者的個人議題不是督導應該討論的內容，但如果在諮詢過程當中，被督導者個人未完成的核心議題被強烈的激起，嚴重影響了諮訪關係，督導師可能需要從對來訪者的影響的角度，和被督導者討論他的個人議題，但這種討論是克制的、被限定範圍的，被督導者更多的個人議題的部分，需要和自己的體驗師去討論。對於督導師來說，明確自己的專業角色和工作邊界，是非常重要的。

在專業道路上前行

　　諮詢師的成長道路是一條非常艱辛的道路,因為諮詢師是用自己作為助人的工具,挫其銳,解其紛,和其光,同其塵。不借外物而唯有用其心。而在修通自我的過程中,如果全憑一心之力,不僅是孤獨的,有時也是危險的,畢竟不是每個人都能夠像榮格那樣,深入到自己內心最深層次的地方,又能全身而退,即使是榮格,在這個過程中,也經歷了兩三年的停擺,辭了教職,不接個案,閉門謝客。在我自己的受訓經歷當中,我覺得最為幸福的時光,莫過於身後站著兩個人,左有諮詢師,右有督導師,同時前有各門課程的授課老師,後有一同學習的同學。而和督導師的共同工作,特別是和個人督導師的工作,是讓我的諮詢功力大漲的時候。要想幫助來訪者,要想促成來訪者的轉化,促成來訪者的生命從僵化到流動,諮詢師自己需要先體驗這一切,不論是和自己的諮詢師工作時體驗到,還是和自己的督導師工作時體驗到,或是自我成長的時候體驗到。

　　我自己遇到的年齡最大的督導師是九十多歲,以九十高齡,他仍然和來訪者、和諮詢師一起工作著,仍然在學習著,如果不是他的電腦技術太差,我會忽略他的年齡。我在他的身上看到心理諮詢是可以做一輩子的事業。

　　在諮詢行業已經工作了二十年,我仍然是一個學生。這可能也是從事

心理行業諮詢的一個好處：永遠有新的東西吸引著你。我們可以共同前行。

最後送一幅我自己的畫給繁體版的讀者。這幅畫的題目叫《流動》。畫裡不光有顏色的流動，還有形狀的流動。就像良好而健康的督導關係也是流動的、雙向的、合作的。只要是流動的，天下之至柔，馳騁天下之至堅。無有入無間。諮詢中、督導中莫不如此。

參考文獻

Falender,C.A., Cornish,J.A., Goodyear,R., Hatcher,R., Kaslow,N.J., Leventhal,G., Shafranske, E., Sigmon, S., Stoltenberg, C., & Grus C: (2004). Defining competencies in psychology supervision: A consensus statement. Journal of Clinical Psychology, 60 (7), 771－785.

圖一　來訪者、諮詢師和督導的關係

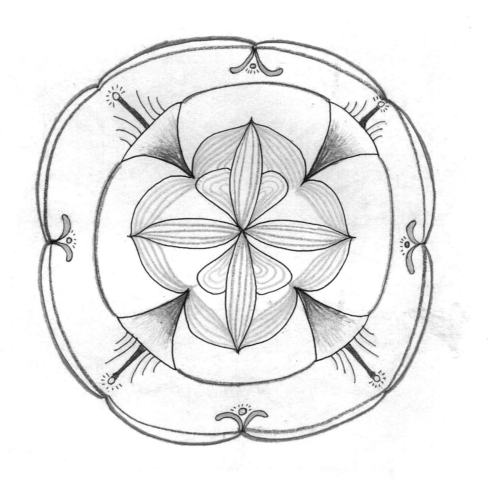

圖二　諮詢師和督導的關係

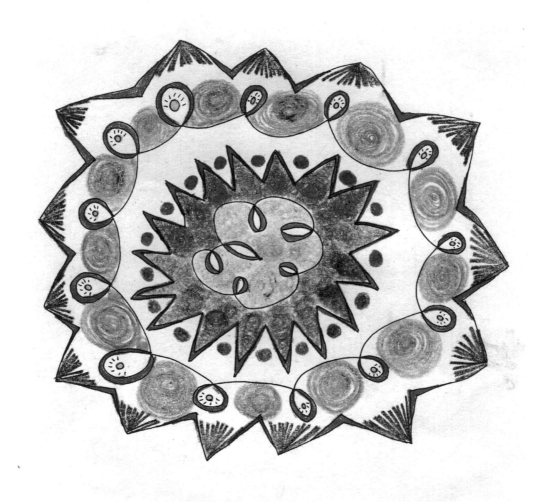

圖三　諮詢師和攻擊性較強的來訪者一起工作的感受

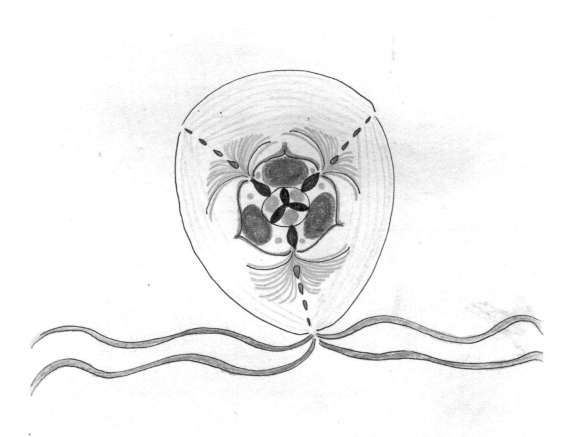

圖四　諮詢師和悲傷情緒的來訪者一起工作的感受

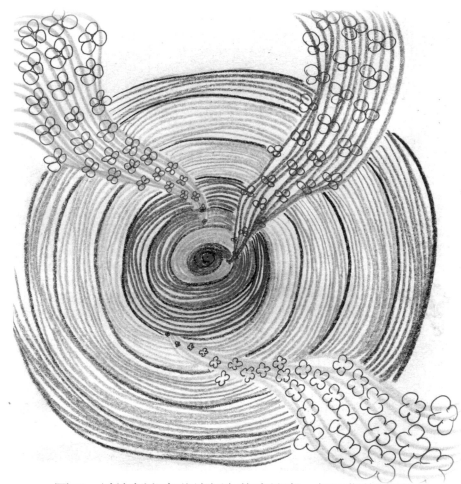

圖五　諮詢師和有強迫傾向的來訪者一起工作的感受

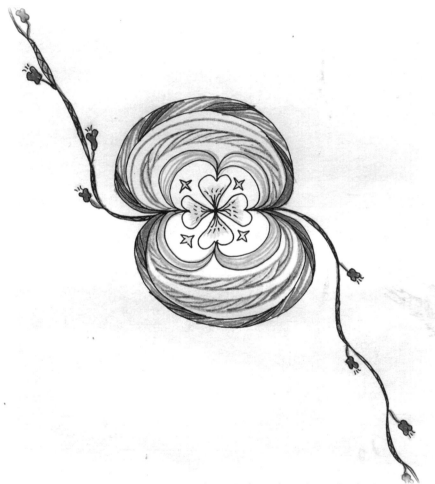

圖六　諮詢師和不斷成長的來訪者一起工作的感受

推薦序

　　我第一次接觸文華是在二○一三年的十月，她當時發了郵件給我。彼時她是 CAPA 第一年基礎培訓專案的學生。她對培訓提出了一些建議，包括翻譯更多的精神分析方面的書。我讓她負責組建一支翻譯團隊，她馬上行動起來。我以為她是一個資歷很淺的年輕人，誰知二○一三年十一月我們第一次見面時，我才發現我錯了：她已經是一位副教授，而且出版了十多本書。儘管十分忙碌，她還是非常願意為精神分析在中國的發展添磚加瓦。我一點也不驚訝她後來成為了上海 CAPA 聯合會的主席。

　　這本書是她過去二十多年教學經驗以及她在過去兩年裡 CAPA 學習的總結。她有自己獨特的方法督導學生做個案，同時她也體驗了 CAPA 的老師們如何督導她的臨床個案。很遺憾由於我的中文水準所限，我無法讀懂她的整本書，但從那些已翻譯成英語給我的部分，我看到這本書所有的個案都是鮮活的、直接來自生活的。我非常高興地看到中國本土的諮詢師和督導用他們自己的方式與來訪者和被督導者工作。

　　本書的第一部分作者呈現了精神分析的督導視角。作者用了四個章節來討論諮詢的基本設置：時間、地點、費用和關係。這些對精神分析和精神分析的治療都是基本而重要的。她同時還強調諮詢師與來訪者面對面工作時的感受、觀察、移情和反移情。這些對精神分析新手是非常重要的議

題。她還呈現了對一個個案長程的督導，是一個邊緣性人格障礙來訪者的個案。對新的諮詢師來說，這是一個很棒的、瞭解來訪者與諮詢師互動的例子：邊緣性人格障礙來訪者如何迅速地從一端變到另一端，諮詢師如何在督導的幫助下保持穩定性。

在書的第二和第三部分，作者呈現了諮詢新手的很多個案。我知道中國對諮詢師的培訓體系與美國完全不同，但我意識到不同的體系可以同樣發揮作用，對諮詢新手是很大的幫助。這些諮詢新手很勇敢地呈現了自己的個案。我相信其他諮詢師能從這些細節的個案報告和督導中學到東西。

我知道當下中國很多諮詢師沒有機會獲得個人或團體督導的機會，我希望這本書能夠幫到那些需要督導但尚未得到督導的諮詢師。

Elise Snyder，醫學博士
中美精神分析聯盟的創始人和主席
耶魯大學醫學院臨床副教授
美國精神分析協會執行委員
國際精神分析協會（IPA）會員
二〇一五年十一月

目　錄

前 言

本書的結構

本書共分為三部分。

第一部分：共有三十篇督導過程的紀錄。諮詢師和督導都是從精神分析的視角來做的。諮詢師大多具有豐富的從業經驗，個案多為多次來諮詢的個案，有些為次數超過二十次的長程個案。共有五個主題，一是圍繞對心理諮詢基本設置展開的督導，包括時間、地點、費用和關係。二是圍繞團體督導的基本設置和工作原則。三是在督導中關注移情和反移情的議題。四是對家庭個案的督導。五是對同一個個案連續八次的督導，來訪者是邊緣性人格障礙者。

第二部分：共有十二個個案以及督導，先呈現面對面諮詢個案的實錄和諮詢師的反思，再呈現督導對個案的分析。諮詢師更多從行為認知療法來做諮詢的，督導是從精神分析和認知行為視角來督導的。諮詢師是剛剛入行的新手，在很多方面還很稚嫩和不成熟。

第三部分：共有十一個個案和一個電影分析，均為電話諮詢個案。在呈現個案紀錄的同時，會有諮詢師的分析和督導的分析，之後還會有督導的評論。諮詢師是一個剛入行的新手，督導則從認知和行為的角度提供更多的指導。

本書是為哪些讀者準備的？

　　心理諮詢專業人員，尤其是正在接待來訪者的心理諮詢師。那些拿到國家二級心理諮詢師證書的人常有一個感覺：拿到證書並不意味著有能力做一個完整的六十分鐘面接，更不意味著能夠數次接待來訪者，並且推動來訪者的改變。而從業一段時間後，諮詢師也會遇到瓶頸：自己卡在某個地方，無法再像剛入行時進步那麼快，也無法很好地幫到來訪者。這本書會讓你看到不同階段的諮詢師會遇到哪些問題，既有諮詢新手，也有從業經驗豐富的諮詢師。你可以看到督導是怎樣幫助他們的。幫助到書中諮詢師的那些督導，有可能也可以成為你的不曾謀面的督導，用你希望的方式幫到你。有可能你吸收到的營養，或你獲取營養的方式，超越了督導當時的預設。

　　對心理諮詢感興趣的人。你可能想更深入地瞭解人性，想更好地理解自己和周遭人，也想與這個世界和解，也許這本書會在一定程度上幫到你。從某種意義上說，這本書是諮詢師和督導之間的「悄悄話」，在和督導對話的過程中，諮詢師把諮詢時自己內心的低語、眾多自我的竊竊私語、一閃而過的念頭捕捉住，告訴督導，和督導一起探討，透過自我的感受更好地理解來訪者、幫助來訪者。督導的過程在某種意義上是揭開諮詢師和來訪者之間的面紗，把那些永遠不能說的話——來訪者可能無法接受或沒必要讓來訪者知道，或暫時還不能和來訪者探討的內容——時機還未

到，在諮詢師和督導之間展開。督導過程是直接指向最核心問題的。人性的黑暗與光明、掙扎與勇敢、放棄和堅持、痛苦和快樂在督導中展現得淋漓盡致。

想尋求專業心理援助的人。如果你本人一直被心理問題困擾，沉浸在苦澀當中，即使表面上看起來和別人沒有什麼兩樣，但你知道：你需要耗費很大的心力與自己的心理問題做抗爭，也許督導過程中的一些分析會對你有所啟迪，在某些方面幫到你。或者，讓你知道好的諮詢師可以怎樣工作，幫助你在需要時挑選到適合自己的諮詢師。

使用本書的效率指南

你可以根據自己採用的諮詢取向、從業經驗和諮詢方式來選擇最先看的部分。下表呈現了更為具體的資訊。

表一　本書三部分理論取向及其他特點

	第一部分	第二部分	第三部分
諮詢師的理論取向	精神分析	認知和行為	認知和行為
督導的理論取向	精神分析	認知和行為和精神分析	認知和行為
諮詢師的經驗	經驗豐富	新手	剛入門
諮詢方式	面對面	面對面	電話
諮詢次數	多次	一～四次	一次
涉及來訪者問題的深度	較深	較淺	非常淺

你也可以根據自己遇到的問題來挑選要看的內容。

第一部分

第一個主題談及心理諮詢中的基本設置：時間、地點、費用和關係。這些是諮詢師在實踐中遇到最多的、同時又是最基本的問題。即使是一些經驗豐富的諮詢師，在遇到一些具體問題時也會游移搖擺，不知道最好的做法是什麼，如來訪者遲到，是否要補給其遲到的時間？如果補了，是否會讓來訪者有既發性得益，無法增強其現實檢測能力？如果不補，來訪者以此為由中止諮詢怎麼辦？

還有很多中國諮詢師都會忽略的一個問題：收費。免費還是收費？如果免費，是否真的對來訪者好？免費和收費如何影響諮訪關係和諮詢效果？如果收費，該收多少？如何收？如果來訪者提出打折，怎麼處理？

另外，還有諮訪關係及其邊界。怎樣算雙重關係？能不能給同事的朋友做諮詢？如果實在避不開，雙重關係如何影響諮訪關係？如果來訪者的家人打電話來詢問諮詢結果，諮詢師要不要接電話？如果諮詢師和來訪者在諮詢室外的其他地方偶遇，該如果做？

最後，關於諮詢地點，如果更換諮詢房間，對來訪者有影響嗎？如果更換諮詢場所呢？諮詢只能在諮詢室中進行嗎？

本書在督導中涉及這些主題，但並沒有對這些問題給出答案。更多是展現不同視角，讓人們可以看到更多的想法和觀點，幫助自己做決定前能夠預判風險。

第二個主題涉及團體個案督導的基本設置和工作原則，探討做團體個

案督導時，督導老師應該怎樣工作，既能讓團體暢所欲言，同時又不傷害到報個案者、發言者。

第三個主題涉及移情和反移情，關注諮詢師的個人感受、敏銳性和洞察力，運用諮詢師的感受來推進諮詢進程。

第四個主題涉及家庭諮詢個案。主要涉及夫妻同來的婚姻諮詢、父母和孩子同來的親子關係個案。

第五個主題是對一個長程個案的連續督導，來訪者是一個邊緣性人格障礙的來訪者。這些督導會讓讀者更清楚地瞭解邊緣性人格障礙來訪者的主要特點、在諮詢中的表現以及諮詢師、督導是如何工作的。

第二部分

分為四個主題。都是諮詢新手活生生的個案，以及對這些個案的督導。

第一個主題： 職場問題還是家庭問題，集中了那些看起來是職場問題，其實和家庭、個人直接有關係的個案，以及對這些個案的督導。

第二個主題： 如何安放我的婚戀？對婚姻當中出現危機、婚姻已經結束但內心的糾葛沒有結束等個案進行督導。

第三個主題： 做為成人該如何與父親相處？呈現了兩個父女關係的諮詢個案及督導。

第四個主題： 如何面對學生及其家長？呈現了從初中、高中到大學學

生的個案及督導。

第三部分

　　分為四個主題。這部分都是電話諮詢個案及其督導。

　　第一個主題：電話中的婚戀諮詢。來訪者透過電話詢問婚戀方面的主題，對這類主題的督導。

　　第二個主題：電話諮詢中的孩子們。有些是孩子打進電話，有些是父母諮詢孩子的問題。對這類個案進行督導。

　　第三個主題：該如何做出症狀的判斷？有一類個案是詢問資訊的，考驗的是諮詢師的診斷功底。

　　第四個主題：危機電話個案的影視分析。以《自殺熱線》這部電影為例，探討如何處理電話中的危機個案。

2015.4.5 初稿

2015.6.30 修改稿

◆ 第一部分 ◆

精神分析取向
的個案督導

心理諮詢的設置

❶ 諮詢時間的設定

1.1 如果來訪者遲到怎麼辦？

對精神分析流派來說，時間是諮詢設置最基本的要素，也是一個重要的影響因素。圍繞著時間，可能會出現各種狀況，最常見的有以下情況：來訪者遲到，來訪者缺席，或來訪者早到，或來訪者要求更改時間等等。遇到這些狀況，諮詢師該如何處理？以下用團體督導的方式呈現對這些狀況的討論。

來訪者遲到

諮詢師張傑很苦惱地問督導：「我的來訪者遲到了，我很糾結：是按約定的時間準時結束呢，還是多給她一些時間？我知道您可能說應該準時結束，可是我非常擔心來訪者會因此而不高興，會對我生氣，甚至不再來諮詢了。」

督導被逗笑了：「我還沒有回答，你就替我回答了。可能在我回答之前，我需要先問一些問題：來訪者是因為什麼原因遲到了？她是如何看待自己的遲到的？她遲到多久？你們在諮詢中是否討論到遲到？她以前是否遲到過？你們的信任關係、移情關係目前是怎樣的？諮詢已經進行了多少次？」

張傑吃驚地說：「遲到居然和這些有關！那我來想一想。來訪者遲到十分鐘，她說是由於塞車，進來後道歉了。我們沒有在諮詢中討論過遲到，因為這是她第一次遲到。我覺得我們有基本的信任，但上一次諮詢她的感受可能不好，因為我有面質她的防禦機制，當時她就馬上否認了。移情關係，我覺得她把我投射成她的爸爸，應該是負性移情，因為她和爸爸的關係很不好。目前諮詢是第十一次。我們約定先做三十次。」

督導把問題拋給大家：「你們怎麼看這個問題？」

一位參加者說：「如果是我，我可能會延長十分鐘，因為這位來訪者不是故意遲到的，是由於客觀原因，而且她以前從來沒有遲到過，是第一次遲到，我願意向她表示我的善意。十分鐘本身也不是很長，補給她也沒有什麼。」

另一位參加者說：「我的意見和你恰恰相反，我會準時結束。這位來訪者本來就有移情反應，如果再順從她、不遵守時間規則，接下來諮詢就越來越難做。有可能這次遲到就是對諮詢師的不滿，如果諮詢師直接延長十分鐘，而且在諮詢中沒有討論這一點就直接給她延長了，來訪者接受到的資訊是『諮詢師害怕我的不滿』，接下來她要嘛不敢表達自己的不滿，害怕諮詢師承受不了攻擊，要嘛會變本加厲地表達不滿、破壞規則。」

　　教室裡熱鬧起來，大家議論紛紛，有人贊同延長時間，有人認為不能延長時間。等大家討論了好一會兒，督導問：「讓我們回到基本點來考慮，在心理諮詢中，時間設置意味著什麼？」

　　「時間意味著穩定的心理框架，諮詢在規定的時間裡展開，諮詢師在這個時間裡為來訪者提供服務。時間意味著諮詢師和來訪者都遵守的基本契約。」有人回答。

　　「時間意味著安全感。在這段時間，來訪者是被諮詢師接納的、包容的，來訪者可以在這個規定的時間裡自由地表達自己、展現自己。」另外一個人回答。

　　「時間意味著規則，它不光是單方面針對來訪者，它同時也約束著諮詢師。大家都得遵守這個規則，不能提前，也不能延後，如果需要更改，必須經過雙方協商和同意。」第三個人說。

　　「時間也意味著現實性。諮詢師和來訪者都需要面臨這個現實：諮詢時間是有限的，雙方都只能在這個有限的時間內工作。」

「對，大家都說得很好。回到張傑所說的問題上，如果來訪者遲到十分鐘，最重要的可能不是決定是否給來訪者延長十分鐘，而是評估遲到的原因、來訪者對此的態度，不論是否延長，都需要和來訪者進行討論。如果時機成熟，可以進行深入討論，看遲到對來訪者意味著什麼，如果她用此表達憤怒和不滿，這和她平時的模式是否一樣；如果時機還不成熟，則可以再次說明規則，說清楚自己的決定，以及自己為什麼這樣做。」

張傑說：「我覺得對我的來訪者來說，時機還不成熟，我們還沒有深入到她的防禦機制部分。我那天延長了十分鐘，但我沒有告知來訪者為什麼要延長。我其實想藉機改善一下我們的關係，我覺得前一次諮詢她有些不高興。」

「那你達到這個目的了嗎？」督導問。

「好像……」張傑撓撓頭，「我不清楚。做完了其實我心裡有點不痛快：我其實多付出了十分鐘，但我的來訪者完全不領情。她似乎覺得我理所應當應該這樣做。」

「你這種感覺對你們將來的諮訪關係會有怎樣的影響？」

「我可能有意無意會流露出來不耐煩，或者對她冷淡一點點，或者不要對她那麼好，反正她不會察覺出別人的善意。」張傑回答完後若有所思，「您是不是想告訴我：由於我和來訪者沒有討論這件事情，所以它妨礙了我們關係的深入。不論我是準時結束還是延長十分鐘，其實都應該告訴來訪者我為什麼要這樣做。」

督導表揚他：「對，你想到了這一點。任何在諮詢中發生的事情都可以成為討論的內容，因為它是此時此刻發生的。你擔心這樣的討論會影響到諮訪關係，擔心你如果準時結束來訪者可能會憤怒，因而逃避討論這個問題。從你提到的資訊來看，來訪者的遲到可能不是單純的客觀原因，還有她對諮詢和諮詢師的態度、她的移情反應。如果藉遲到這件事情讓她的感受，包括不滿、憤怒表達出來，是一個很好的機會。」

大家紛紛點頭，曉華分享了自己的一個經歷：「我的來訪者曾經遲到三十五分鐘，她進來時不是帶著歉意，而是帶著憤怒，因為之前我跟她明確說過時間規則，而且她曾經遲到過，不過只有三、五分鐘，我也都是準時結束的。她已經知道我這次也會準時結束，所以還沒有開始她就生氣了。我也想和大家討論一下。」

「妳是怎樣想的？妳是怎樣處理的？」督導問曉華。

「我其實心裡有點不忍心，一共就六十分鐘，扣除三十五分鐘，我們只能用二十五分鐘。來訪者那天是由於老闆臨時要她加班，她沒有辦法才遲到。她不僅要付計程車費——因為來不及，她坐計程車來的，而且還要為沒有用到的三十五分鐘買單。我最後雖然是準時結束的，但看著她離開的背影，心裡其實是內疚的。」

「那妳為什麼仍然會準時結束？」督導問。

「因為我非常瞭解我的來訪者，她的一個問題是無法接受現實性，尤其是不願意接受現實的規則。她總是想把自己的規則強加給所有的人。這

在她以往的生活中已造成很多問題。我想透過準時讓她逐漸建立起規則意識。」

「妳真的做得很棒！」督導表揚說：「因為妳知道從短期來看，可能滿足來訪者的願望、延長諮詢時間看起來是好的，但從長期來看，這並不能幫到來訪者，妳是真正為來訪者考慮，才做出決定。但聽起來妳對此有內疚感。這有可能是由妳準時結束引起的，但有可能讓妳內疚的源頭早就存在，只是在這件事情上表現出來了。」

「現在回想，我覺得很重要的是我當時沒和來訪者討論這件事情，沒有機會告訴她我的感受和衝突。剛才你在分析張傑的案例時，我得到的一個啟發是：即使我的來訪者對我準時結束非常不滿，我們還是可以來探討這件事情的。」

「其實，如果來訪者能夠直接表達出自己的憤怒，這本身是一件好事，諮詢師和來訪者有機會去看這些情緒背後的東西。所以諮詢師不要怕去碰觸這些，不要怕去討論這些。」

督導結束了。

結語

對諮詢來說，遲到不是一件小事，可以暫時不討論，但諮詢師需要在機會合適時來討論它。時間規則在最開始時需要向來訪者說明清楚，並允許來訪者就這一部分提出疑問。這種教育不僅不會破壞雙方的關係，而且

在來訪者遲到時會幫助修復關係。約定的時間框架被打破時，受到衝擊的不僅僅是來訪者，諮詢師也身在其中。諮訪雙方需要就任何時間框架的變化或被打破進行討論。

1.2 如果來訪者缺席或早到怎麼辦？

雖然在現實中，在時間方面，來訪者遲到的情況更常見，但時間設置還有更複雜的情況，如來訪者缺席、來訪者早到、諮詢師遲到，或來訪者要求更改諮詢時間，或更改單次諮詢時間等。遇到這些狀況，諮詢師該如何處理？以下用個別督導的形式呈現對這些狀況的討論。

來訪者缺席

「來訪者沒有按約定的時間出現在諮詢室，該怎麼辦？」諮詢師趙亮問督導。

「你可以多談一些具體的資訊嗎？」督導問。

「我們在每次諮詢結束時會約下週的諮詢時間，這週的諮詢時間也是這樣確定的。但時間到了，來訪者沒有出現。我打電話跟他確認，他說他忘了今天還有諮詢，所以沒來。」

「任何錯誤都有心理學的含意。您怎麼看他忘記諮詢這件事情？」

「我也覺得不是單純的忘記。肯定有阻抗在其中。我只是隱約有一些感覺，可能和我們之間的移情、反移情有關，但我一下說不清楚。」

「你的感覺是什麼？」

「我覺得有受挫感。不論怎樣，來訪者沒有來，都是諮詢師沒有做好，起碼是來訪者和諮詢師的關係沒有建立好。」趙亮有些沮喪說。

「你為什麼會有這樣的想法？」督導問。

「難道不是這樣嗎？來訪者產生阻抗不就是諮詢師沒有做好嗎？」趙亮有些不解地反問。

「事情可能沒有這麼簡單，至少精神分析的視角不會這樣看問題。來訪者的任何反應都是有意義的，都可以成為諮詢室中被討論的部分。很難簡單地說有阻抗就是不好、沒有阻抗就是好，關鍵是看什麼引發了阻抗、阻抗的表現是怎樣的，以及阻抗如何影響諮訪雙方關係，還有諮詢師對阻抗的處理。如果來訪者的阻抗引發諮詢師的敵意、沮喪、無助感，諮詢師要有察覺力，要能區分哪些情緒是自己的，哪些被來訪者投射而得到自己認同的。我想瞭解你打算如何處理來訪者這次缺席？」督導問。

「像您說的，我在下次諮詢時可以和他探討他忘記諮詢這件事情，把『缺席』這件事情做為可以討論的部分。但我現在最苦惱的是要不要收他缺席這次的費用。如果不收，那我白白等他，我的時間浪費了，對我也不公平。如果收，我覺得他肯定會非常憤怒，覺得他都沒有接受諮詢為什

麼需要繳費，說不定他會因此而中止諮詢，而且我自己似乎也有些於心不忍。」

「確實，涉及到錢的部分會比較敏感。我想瞭解一下，你們在最初的時候對於遲到、缺席是怎樣約定的？」

「我現在很後悔當時沒有做細緻的約定，只是口頭上說了一下，大致是說要準時開始、準時結束，遲到不會補遲到的時間，如果有事要提前通知，但沒有更細的說明，也沒有把這些做成書面文件，所以現在很被動。」

「如果沒有預先告知，你確實比較被動。但不妨以此為契機，承認自己做得不到位的地方，和來訪者充分討論時間、缺席和阻抗。」

「對這次缺席，我應該收費還是不收費？」趙亮有些糾結地問。

「這要看你的決定，也可以和來訪者一起討論。沒有絕對的對和錯。但不論是否收費、收多少費，你都需要給來訪者一個明確的決定以及這樣做的理由。」

趙亮若有所思地點點頭，他覺得心裡漸漸開朗起來。

來訪者早到

吳恆有些苦惱地對督導說：「我的來訪者又開始折騰我了。他現在不走遲到路線，他現在開始早到了。」

督導用安慰的語氣說：「你能詳細說說嗎？」

「來訪者之前經常遲到，他最常說的一個理由是交通堵塞，我覺得能

夠理解，所以只要他遲到的不是太離譜，我也就容忍了，但現在⋯⋯」

「你說的『不太離譜』具體是指什麼？」督導打斷他問。

「遲到不要超過十分鐘吧！他每次遲到都只是三、五分鐘，所以我也就沒有說他。但現在他早到，連續兩次早到，而且一次比一次更早。他到得早了，我們的諮詢就提前開始了。我覺得是不是有問題了？」

「我不懂為什麼他到得早了你們就得提前開始？」

「哦，是這樣，我諮詢時有個習慣，會提前十分鐘左右進入諮詢室，翻閱一下來訪者之前的資訊，做一下預熱。而這個來訪者每次都是直接走進諮詢室的，以前遲到時是這樣，現在提前到也是這樣。他已經進來了，我不能叫他出去，所以我們就提前開始諮詢了。」

「哦，是這樣。如果你告訴他時間還沒有到，你們要準時開始、準時結束，你覺得有困難？」

「我覺得挺難說出口的，這樣說會不會讓他感覺不好？再說我人已經坐在諮詢室了，我可以提前開始諮詢。」吳恆說。

「聽起來從你們諮詢一開始，在時間方面，一向是來訪者擁有主動權，他可以遲到，也可以早到，而你沒有和他談過這個問題。」

「我沒有和他談過。我不想讓他覺得我是一個斤斤計較的諮詢師。只是相差幾分鐘沒什麼大的問題。」

「所以在你的觀念中，時間設置本來就可以不是那麼嚴謹，你本人很習慣有彈性的時間觀，但你現在為什麼覺得來訪者早到會有問題？」督導

問。

「我察覺到來訪者似乎有用時間控制我的意圖。一向都是他來決定時間，他想晚來就晚來，他想早來就早來，我似乎只能被動地接受他這樣的行動。」

「你怎樣看待他的遲到和早到？」

「本來我對他的遲到感覺不好，對他的早到感覺還不錯，早到起碼表示他對諮詢的態度更加積極了，他更願意準時到現場。但他上一次提前十分鐘進入諮詢室，而我其實並沒有完全準備好，所以我是非常不情願地開始了諮詢。這讓我開始反思我們的時間安排。」

「你能夠反思到這一點是很有意義的。從你提到的資訊來看，這個來訪者在遲到時總是晚到三、五分鐘，其實表示他對遲到本身是有控制的，他只要提前三、五分鐘，就有可能不遲到，但顯然他沒有這樣做。他有可能把第一次遲到做為一種試探，看諮詢師反應如何。諮詢師沒有反應，他有可能就把遲到常態化。從遲到到早到，這中間的變化是有意義的。有可能有積極的意義，也有可能還有其他含意。但在目前的諮詢關係中，確實來訪者用時間掌握著主動權，也在一定程度上操控著諮詢師。你對談論時間設置感到不舒服，這使得來訪者更有可能持續運用這種方式進行關係操控。你可能需要反思一下自己為什麼會有這種時間設置觀，這種觀念對諮訪關係有什麼影響。」

吳恆說：「我是要好好思考這一點。我沒有想過時間設置會這麼重要。」

結語

　　在心理諮詢中，時間設置是一個非常重要的元素。時間不僅僅是對來訪者的約束，它對諮詢師也同樣是一種約束。雙方需要在規定的時間內完成似乎不可能完成的事情——這需要雙方在同一時空的協同工作。時間是一種資源，它幫助來訪者建立現實檢測能力，也幫助諮詢師形成現實的預期、樹立現實的目標。

❷ 諮詢地點

2.1 諮詢可以更改地方嗎？

　　這是一個團體督導的場景。諮詢師曉梅正在報告自己的個案。她提到了一個細節：上一次諮詢地點發生了改變，她想瞭解這會對諮詢帶來怎樣的影響。

諮詢改到辦公室進行

曉梅說：「這是我在一家諮詢機構接的個案。當時已經做了五次諮詢。結束時預約第六次的時間，我約到了兩週之後，因為當中的那週我要出差。結果第六次我到諮詢機構時，我發現門是鎖著的。我不知道發生了什麼事情，但聯想到那天空蕩蕩的馬路，想到一件事情：那天是清明節，機構會不會這一天休息？預約時我沒有想到這一點，後來也沒有接到機構的任何電話，所以壓根兒沒有意識到機構會在這一天休息。」周圍的人投來驚訝的目光：竟然遇到這種事情！

看到曉梅停頓下來，督導問：「接下來發生了什麼？」

曉梅說：「那天我早到了十分鐘，在這十分鐘裡，有無數的念頭湧過。剛開始我還心存幻想：是不是諮詢機構的值班人員到了我預約的時間才會出現？隨著時間一分一秒地流逝，我開始想：是不是我們預約得太早他們忘記通知我和來訪者了？又帶著一絲樂觀：或許他們通知了來訪者，但是忘記通知我了？與此同時，我試著打櫃檯電話，隔著門我能聽到辦公室裡電話鈴響，但沒有人接。我試著打工作人員手機，沒有人接。隨著時間越來越接近，我慢慢肯定一點：諮詢機構這一天沒有人值班。」曉梅講得很細瑣，但督導並沒有打斷她，而是理解地點點頭。

曉梅繼續說：「後來我看到來訪者出現在走廊那頭，她走到我面前，我跟她說了情況。我們一起大眼瞪小眼，看著那扇鎖著的門。來訪者說：『今天我特意趕過來的呢！要不我們就去附近的咖啡館做諮詢？』」

「不行的！諮詢應該是在特定的場所發生的，不可以去諮詢室之外的地方。咖啡館是開放場所，而諮詢是一件很個人化的事情，不利於保密。」性急的菲菲在一旁脫口而出。

曉梅愣了一下，她大概沒想到有人這麼快地搶話：「我也知道這一點，但在那種情況下，我覺得也要替來訪者考慮：她花時間趕過來，如果我什麼都不做，讓她離開，她的感受會更不好。我當時在想有沒有什麼辦法，既可以顧及到來訪者，又可以遵循保密原則？然後我徵求來訪者的意見：『我的辦公室就在附近，你願意去我的辦公室做諮詢嗎？』來訪者同意了，後來那天的諮詢就在我辦公室進行的。我第一次遇到這樣的事情，我想問一下：我這樣做可以嗎？對諮詢有什麼影響？」

督導說：「妳能先說一下妳覺得地點的更換對諮詢有什麼影響嗎？然後我們再來探討這樣做意味著什麼。」

曉梅說：「我覺得那天來訪者比平時更放鬆，進了辦公室她興趣盎然地打量了一圈。我覺得她那天比平時興奮，談話時她的語氣比平時更輕鬆，語速也更快。」

督導問：「妳辦公室有很個人化的一些佈置或照片嗎？」

曉梅說：「沒有，這些倒沒有。」

督導問大家：「你們覺得換到曉梅的辦公室諮詢，和在諮詢室裡諮詢，有什麼不一樣嗎？」

菲菲又是第一個發言：「我覺得諮詢室是一個中立的場所，而辦公

室是曉梅的主場，儘管沒有很個人化的物品，仍然會流露出曉梅的個人風格，來訪者感受會不同。」

另外一個諮詢師說：「我覺得可能在關係上有微妙的不同：在諮詢室兩人是諮訪關係，而在辦公室，兩個人是另外一種關係。諮詢師通常不會邀請來訪者去自己的辦公室，而這位來訪者擁有了這個機會。來訪者會不會覺得諮詢師給了自己特殊的優待，自己是很特別的，所以諮詢師才會這樣對待自己？」

曉梅回應說：「我覺得你們說得都有道理。那天諮詢結束後，來訪者問我今後是否能在辦公室諮詢？我直接告訴她不可以，我們今後仍然會在諮詢中心諮詢。」

督導說：「妳有詢問她為什麼想在你辦公室諮詢嗎？有和她談過地點改變這件事情嗎？」

曉梅說：「沒有。但您現在一問，我想到那天我和來訪者一同站在諮詢機構門外的場景，很像是我和來訪者同時被機構『拋棄』了，在那一刻，我和她是在同一個戰場裡，我們需要一起面對這件事情，好像我們的關係一下子變得親近起來。回想那天諮詢，我覺得她展現了自己脆弱的一面，讓我知道她需要諮詢師。而在之前的諮詢中，她一直保持高度的防禦，總是讓我覺得她其實不需要我。我其實可以和她來探討我們同時被拒之門外這件事情。」

督導欣賞地點點頭：「妳和來訪者可以選擇到妳的辦公室去做諮詢，

而且妳也徵求了她的意見、考慮了場合的適切性、更換場所對諮詢的影響等，從這個意義上說，這個決定是合適的。妳一開始問怎樣的做法是合適的，妳也講了把來訪者帶到辦公室做諮詢的情景，是否可以討論一下，如果那天不做任何諮詢，解釋完情況後，直接讓來訪者離開，情況會是怎樣的？」

曉梅說：「我沒有想過這樣做。我當時一心想的是如何彌補諮詢機構犯的錯誤。諮詢機構已經把她拒之門外了，如果我再拒絕她，我覺得來訪者會很生氣，對諮詢機構、對我都會很生氣。」

督導說：「來訪者對諮詢機構生氣是因為諮詢機構忘記了她的預約、不上班也忘記了通知她，但為什麼會對妳生氣？」

曉梅說：「因為來訪者會認為我和諮詢機構都『拋棄』了她。我懂你的意思，即使那天我不做諮詢，我也沒有拒絕她本人，我只是堅持諮詢的設置。但我覺得來訪者會認為我拒絕了她，她會覺得我明明可以幫她，但我沒有幫助她。我自己也會覺得過意不去，因為諮詢機構確實有疏忽，而這個過錯不應該讓來訪者全部承擔。」

督導說：「也許我的理解不對，如果我理解錯了請告訴我，我覺得在妳行為的背後還有一個動機：妳很怕來訪者不滿，怕來訪者生氣。妳能夠承受來訪者的不滿和憤怒嗎？」

曉梅沉默了片刻說：「您說得有道理。現在回想起來，我提出去我的辦公室做諮詢，提出的還是有點快了，沒有給來訪者表達不滿的機會。似

乎如果來訪者對諮詢機構不滿，就是對我不滿。我也很擔心來訪者由於不滿而中止諮詢。換到我辦公室去做諮詢是一種妥協。」

督導說：「我們在這裡討論這些可能性，不是說到妳的辦公室去諮詢是一個錯誤的決定，而是探討意外事件帶給妳和來訪者的影響是什麼，不同的做法帶來的可能影響是什麼。如果妳能在諮詢中充分利用這些資訊展開工作，哪一種做法都是有意義的。即使妳那天沒有做諮詢，妳也是讓來訪者意識到：這就是生活，生活中會有意外事件。即使有意外事件，妳也會堅持諮詢的最基本設置，關於時間和地點的設置。即使妳和來訪者在妳的辦公室進行了諮詢，妳也要讓她理解：這種改變場所是一種打破地點設置的做法，而這種打破設置不是一種常態，只是臨時性的，只是妳願意幫助她的一種善意的表現。至於最後怎麼做，要看妳和來訪者對哪一種做法更舒服。如果來訪者不願意到妳的辦公室，我想妳也不會這樣做了。」

曉梅一邊思索一邊點頭：「您這樣一說我更清楚了。我更深地理解到：在諮詢中任何議題都是可以被探討的，任何意外的事情都可以成為諮詢的素材。」

2.2 諮詢可以在諮詢室之外進行嗎？

督導把目光轉向其他人：「大家能不能談一下你們是否有更換諮詢場所的經歷？」

　　菲菲說：「換諮詢房間算嗎？」督導點點頭，她接下去說：「我們諮詢中心有好幾間諮詢室，我平時都在一〇一室，這個房間特別大，只有一扇窗，諮詢的桌椅是放在遠離窗戶的一個角落裡，光線不好，即使白天也需要開檯燈。後來因為這個房間空調壞了，所以我換到了一〇二室，這個房間三面都是窗，特別敞亮。換了房間之後，我才察覺到在之前的諮詢室，我一直用比較低的聲音和來訪者溝通，幽暗的光線和檯燈似乎創造了一種不敢高聲語的氛圍，而且來訪者在那個房間裡更容易情緒低落、流下眼淚。而換到了新的諮詢室後，我覺得我自己的能量水準上來了，說話的音量更高，來訪者的狀態也有變化。後來我和來訪者不約而同地都選擇一直用一〇二室。」

　　督導說：「環境是諮詢中沒有說話的語言，是非常重要的。但妳說到能量水準的變化，可能還和來訪者的狀態、妳的狀態都有關係。在不同的階段，來訪者、來訪者和你的互動都會發生變化。」

　　另外一位諮詢師說：「我也想分享一下我的經歷。我有一個來訪者本來一直在學校心理諮詢中心做，但他畢業之後，學校心理諮詢中心不再向他開放，因為中心只針對在讀學生，而他又有繼續諮詢的意願和必要，於是他就到我兼職的一家諮詢機構預約我，我們繼續做諮詢。剛換到那個機構時，他的狀態非常不好，他有很多抱怨，抱怨櫃檯的態度不熱情，抱怨

房間沒隔音，抱怨說門上掛的『請勿打擾』牌子不好看，甚至抱怨諮詢不再對他有幫助。剛開始我以為他是真的對機構和諮詢不滿，後來我意識到：不論我們換到哪裡，他都會抱怨，因為這是新環境，而他對新環境非常敏感，帶著敵意和不滿看待新環境。他呈現在我面前的狀態，其實是他呈現在新單位同事面前、新認識的人面前的狀態。這個換諮詢場所的經歷讓我非常直觀地看到了來訪者的防禦模式，而這在之前的諮詢中沒有得到充分展現。」

督導問：「是不是除了場所變化外，你的諮詢還從免費變為了收費？」在外面的諮詢機構裡通常都是收費個案。

諮詢師點頭稱是：「確實是這樣。來訪者之前一直享受學校裡的免費諮詢，現在要付費，儘管已顧及到他剛剛畢業、對他收費非常低，但他還是有很多抱怨，覺得他付費了就是一個消費者，做為一個消費者，他有權利要求更好的服務。那一段時間諮訪關係比較僵，他整個人都變得像個刺蝟。我覺得他隨時可能從諮詢中脫落。後來慢慢地他才放鬆下來。經過那一次波折，諮訪關係反而更穩固了。」

督導說：「環境變化、付費模式變化對諮訪關係是比較大的挑戰。如同你的經歷表示：危機裡蘊含著機遇。有時經歷過危機反而會強化諮訪聯盟。」

還有一位諮詢師說：「平時我都固定用一個諮詢室裡接個案。有一天我的一個來訪者提出她是否能自己挑諮詢室，我同意了。結果她挑了一

間很小、無窗、空調不佳的諮詢室，這個諮詢室是平時只要有其他空的房間，不會有諮詢師願意用這間房間。但這個來訪者偏愛這間房間，我們後來幾十次的諮詢都在這個房間裡進行，我覺得裡面又悶又熱，而來訪者卻彷彿感覺不到這些不舒服。一直到後來，來訪者帶了她的夢到諮詢中來，夢是以諮詢室為場景的。我從夢的解析中突然悟到：對來訪者來說，這個房間相當於子宮，一個封閉的、幽暗的、溫暖的地方，她需要在這樣一個地方來讓自己重溫待在子宮裡的感覺，安全而溫暖，而我則是那個陪伴她的人。而我們諮詢結束的時候，也是她重新出生的時刻。我沒有想到那個條件不好的諮詢室竟然能夠派上這種用場。」

　　另外一個諮詢師說：「前不久我所在的諮詢機構進行了搬遷。儘管我提前很久就告知了來訪者這件事情，但我還是低估了搬遷這件事情對來訪者的影響。大多數來訪者都對舊諮詢室依依不捨，對新的地方有些焦慮。其中有一個來訪者甚至問我門口的擦鞋墊是否會搬到新的地方，因為她很喜歡墊子上那個貓的圖案。說實在，我從來沒有留意到那張墊子，更沒有注意到上面是一個貓的圖案。所以來訪者這些反應讓我深刻地意識到：諮詢地點的改變對來訪者是一件重大的事情，因為諮詢對他們的生活已經有很大影響。這也讓我感受到做為諮詢師，身上承擔了很大的責任。」

　　曉梅這時又舉了手：「我可不可以問一下，諮詢是否一定要在室內做？我剛才講到了我上次的諮詢改到了辦公室做。從諮詢機構走到我辦公室花了十分鐘，來訪者在路上和我說話。我知道這其實已經是諮詢，但我

沒有辦法讓她什麼都不說，如果兩個人悶聲走路也是一件很奇怪的事情，所以我盡量克制自己，只是很簡短地回應她的話，但不提新的話題。我發現來訪者在路上的狀態是非常放鬆的，她看似隨口而說，但其實是她內在很深的感受。有些情緒她在之前的諮詢中從來沒有表現出來。路邊的樹木、草地和行人都讓她感覺到非常放鬆。這和她在諮詢室裡的緊張、防禦形成鮮明對比。也就是在那個時刻，我產生了一個想法：諮詢是否可以到室外做？效果是否更好？」

大家七嘴八舌地發表意見，有的說可以嘗試，也許可以達到更好的效果，有的說絕對不可以，因為它破壞了基本設置，保密性、封閉性和私密性都會被打破。

最後大家都看向督導。督導說：「諮詢能否在室外做，這是一個可以探討的問題。我個人不傾向於在室外做諮詢，尤其是曉梅剛才講到的公眾場合，儘管它讓來訪者放鬆，但它存在各種不確定性因素，過於開放，有太多干擾因素，沒有私密性。即使這樣，我仍然認為這是一個可以討論的問題，也許有一些特例。在《心靈捕手》這部電影中，Sean 對天才少年 Will 的第二次諮詢就在室外進行，改變地點的原因之一是第一次諮詢發生在 Sean 的辦公室裡時，Will 利用辦公室裡所有的物品來攻擊諮詢師：書架上的書沒有買對、沒品味、牆上掛的圖畫畫得不好、諮詢師娶錯了女人……在第二次諮詢時，Sean 直接帶 Will 到公園的長椅上坐著，眼前是小河，身旁是綠草，還有溫暖的陽光。在這次諮詢中，Sean 用了大量自我

揭示的技術，講了自己的故事，坦誠自己在上次諮詢後的夜不能寐，然後他提出希望：『希望你能夠談自己，我會加入』，完全開放的、中性的場所其實具有象徵意義：我們需要彼此開放和坦誠，而不是你來到我的主場攻擊我，然後我防禦你。當然，這畢竟是電影，不能代替現實，而且對天才少年的諮詢有時可能不走尋常路。」

督導最後總結說：「地點是心理諮詢基本設置中的一個重要元素。地點是諮詢發生的空間和環境。它發揮的作用其實是非常大的。我們今天分享的幾個案例和經驗充分說明這一點。大多數諮詢都會在同一地點發生，如果地點發生變化，即使是非常微小，諮詢師也要關注來訪者的感受。對任何地點、環境的變化，諮詢師都要有足夠的敏感度，並準備好和來訪者探討這些變化對來訪者意味著什麼。」

❸ 諮詢費用的設置

3.1 諮詢師該如何設置費用？

諮詢費用是心理諮詢中的一個重要設置。收多少、怎麼收、什麼時間收，這些資訊對來訪者和諮詢師都非常重要。只是，關於費用的資訊很少被關注過，更少被討論過。以下用團體案例輔導的形式展開對這個話題的討論。

收費和不收費：對諮詢師的影響是什麼？

諮詢師李慧小心翼翼地舉手問督導：「我可以問一個很低級的問題嗎？」

督導鼓勵她：「問題一向不分低級和高級。妳有什麼都可以說出來。」

李慧說：「我非常熱愛心理諮詢，除了在機構中做收費的心理諮詢服務，我還在大學生諮詢中心兼職。前者屬於收費服務，後者是免費給全校師生提供的服務。我發現自己在這兩個機構工作時，感覺很不一樣。在機構做時，因為是收費的，我能感覺到來訪者的期望很高，這對我的壓力很

大，我做起來有時就比較緊張，放不開手腳。而在大學裡，因為是免費，我感覺輕鬆，可以揮灑自如，效果也更好。我想問，收費不收費對諮詢師的影響真的這麼大嗎？」

沒等督導回答，大家就你一言我一句地討論起來。有人說：「我的感覺是相反的。因為收費，我會更加認真，效果會更好。而對免費的個案，雖然我認真地做，但效果不如收費的好。」

有人說：「諮詢效果不光取決於諮詢師，還取決於來訪者。付費的來訪者更投入，更珍惜諮詢時間，不輕易遲到或放棄諮詢，而免費的來訪者有可能投入度低，不珍惜諮詢機會，效果反而不好。」

大家討論了一會兒，把目光投向督導。督導說：「關於收費的討論是非常有意義的。大家說得都很有道理。但李慧的問題更關注在諮詢師的身上，而不是來訪者身上，我們今天的討論可以集中在諮詢師和費用上，比如收費不收費或收費的高低對諮詢師本人的影響。」

李慧說：「不收費時我覺得自己更高尚，更符合心理諮詢師的角色。」大家全都笑起來。

錢前說：「我也有類似的感覺：收費低時我覺得自己更符合一個心理諮詢師的角色。我經歷過不同的收費。剛入門時我的收費較低，經過這麼多年，我的收費高起來了，但我有一種矛盾的感覺，一方面覺得自己收費高是一件值得驕傲的事情，是對自己能力的證明；另一方面又對自己的高收費感覺到很內疚，覺得自己不應該收這麼高的費用，付這麼多的錢來諮

詢，會不會影響到來訪者的生活？」

還有人說：「對於不收費的個案，如果做得還比較順利，那我的感覺還不錯。如果做得非常艱難，或者出現各種狀況，我就容易有煩躁情緒，我會覺得自己都不收費了還被來訪者這樣虐來虐去，容易心理不平衡，有時候真的很想直接摔門而去。當然，不會真的這樣做，只是這種心態會影響到我和來訪者的互動。」

等大家的討論告一段落，督導總結道：「有時候由於收費或不收費，諮詢師感受到承擔的責任不同，這是由於費用代表著契約和服務，收費高的諮詢意味著更好的服務，不論是從諮詢環境等硬體方面，還是從諮詢效果等軟體方面。即使諮詢師有較高的修養，盡量做到收費和不收費一視同仁，但在潛意識裡，諮詢師的處理可能還是會有微妙的不同。有可能這些不同不是顯性的方式表現出來，而是以隱性的方式表現出來，如對收費高的來訪者，在平時花更多的時間思考他們的狀況，或在報告個案時優先報告這些人的個案等。對新手來說，有可能會感受到收費帶給自己很大壓力，因為不確信自己的諮詢值得別人的付費，這是對自己沒有信心的表現。」

費用對諮詢師的影響

督導接著說：「儘管很少有人談到，但費用確實對諮詢師有很大的影響。費用本身是一個重要的設置，在精神分析的框架下，它是可以在諮

詢師和來訪者之間討論的議題。有的諮詢師和來訪者從來不關注費用的事情，覺得這是放不到檯面上的話題，或者這是過於庸俗化的話題，不應該被討論。但其實費用有深刻的含意，它是一個基本的設置，是諮詢師和來訪者各自義務和責任的界定，也常和來訪者本人的生活聯繫在一起。」

停頓了一下，督導接著說：「費用其實和很多問題相關，比如說生存的需要、安全感、權力、成就感、自尊以及競爭感、自戀問題等，對諮詢師和來訪者雙方都有影響。李慧提到費用帶給她的壓力感，可能和她自我定義的角色感有關。很多女性諮詢師都把自己定義為來訪者的照料者，如果是收費的照料者，承擔責任就會更多。所以李慧需要再看一下自己從事心理諮詢師內在的動機，做為諮詢師，內在的哪一部分得到滿足，而對金錢和收費，內在自我有怎樣的態度。有可能會涉及到自己父母對金錢的態度，他們的態度如何影響自己，自己成長經歷中金錢所影響的作用，家庭經濟狀況，金錢在自我和他人交往中所發揮的作用等等。」

「另外，目前諮詢費用對諮詢師的生活所起的作用也需要討論，如是否是經濟方面唯一來源，如果是唯一來源，是否足夠支撐起所有生活開支，是否讓自己過上有品質的生活。」督導看向了李慧。李慧還沒有回答，陳婕搶先回應說：「目前心理諮詢的費用是我唯一的經濟來源，憑著這個來源，我可以過上很好的生活，這使得每次談起來時我都充滿自豪。但另一方面，我心裡又有些不踏實。上次回家鄉時，偶爾和父母談起來，說到我在上海諮詢一小時的收費，父母非常驚訝，連連驚呼『這麼貴！』，這

讓我第一次意識到，可能對很多像我父母一樣的工薪階層來說，我的收費確實很高。這讓我有一種內疚感，每次諮詢都想多做一些，為來訪者多提供一些幫助，以物有所值。這樣帶來的結果是：要嘛我們的諮詢目標可能過於宏大，要嘛我們的諮詢會延長。而且，有時來訪者遲到了，按照規定，我應該按約定的時間結束，但我經常於心不忍，而會延長諮詢時間。我其實也想瞭解一下自己這是怎麼了。」

「聽起來妳對自己過著比父母更好的生活有內疚感，這種內疚感影響到妳對來訪者的互動。這其實是一種常見情況，有些諮詢師也有同樣的感覺。這部分需要深入探討妳與父母的關係，不是在團體督導中能夠完成的，需要妳在個人諮詢時解決。但妳開始思考這一部分，這是有意義的。」

「我和陳婕的情況很像」，一位諮詢師開口說，「我好像也不忍心收來訪者很高的費用。有一次我的一位來訪者流露出『收費這麼高』的驚嘆，我就心一軟，沒有再多問什麼，就主動提出減少他的費用。但後來反省時，我開始問自己：『為什麼這麼輕易就給來訪者減少費用？我連具體情況都沒有問。這是為了來訪者還是為了我自己？』我發現這是為了我自己。我內心裡有一個小小的聲音始終在說：『你的收費好高噢！如果收費這麼高，可能會沒有來訪者。』所以我的來訪者常會被我減少或減免費用。」

督導回應說：「如果你經常這樣做，背後的動機就值得探討了。可能和很多方面有關係，比如你怎樣定位你和來訪者的關係？你對來訪者的需求是否超過了來訪者對你的需求？你強烈地想要留住來訪者，背後是怎樣

的動機？如果來訪者不來了，對你帶來的影響是什麼？這些需要你在個別諮詢時和你的諮詢師探討。」

大家議論紛紛，說沒有想到費用的背後有這麼需要探討的問題。「費用的問題對諮詢師來說有這麼大影響，那對來訪者是否也有很重要的影響呢？」有人問。

「對，費用設置對來訪者也很重要。我們下一次督導時可以專門討論這個問題。」

3.2 該給來訪者打折或減免嗎？

在諮詢中可能會遇到這樣的情境：來訪者要求費用打折，或諮詢機構給予來訪者費用優惠。這些會怎樣影響諮訪關係及效果？以下用團體案例輔導的形式展開對這個話題的討論。

當來訪者要求費用打折時

諮詢師王昕先提問：「有一位來訪者透過電話想要預約我，但她最關注的問題就是費用。大概她是先從別人那裡瞭解過我，特別希望我幫她做諮詢，但她嫌收費太貴，說要便宜點，我告訴她這些事情不可能在電話中

談，需要在面接時進行評估，但她堅持要我給她打折，不打折就不來諮詢。我跟她解釋心理諮詢的費用不是商場裡買打折商品，需要細緻的商量，而且需要機構的同意。但她只堅持自己的想法，最後她還是沒有來。從她描述的狀況來看，我知道她其實是非常需要心理諮詢的，所以她沒有來我其實有點內疚。我想問：下次遇到這種情況該怎麼處理？」

督導請大家先談。有人說：「她不來最好。要知道，這麼難纏的人，即使給她費用打了折，她未必會感謝諮詢師，諮詢效果未必好。她可能認為這是她應該得到的。有可能她一直用這種方式對待所有人。如果同意她費用打折，可能意味著諮詢師在一開始就失去了主動權，有可能在接下來的諮詢中一直陷於被動。」

有人說：「這未必是最好的解決方法，因為來訪者很需要諮詢。最重要的是讓她先來到諮詢室，諮詢師有機會和她見面，有機會面對面地來溝通，瞭解具體的資訊，向她解釋心理諮詢的收費、減免費用的政策，如果她符合條件，讓她按規定申請。」

有人說：「那如果不符合減免政策呢？她很有可能有受騙上當的感覺。還有些機構壓根兒沒有減免費用這部分。要說服她接受諮詢機構的收費標準和收費方式，這可能是一個漫長的過程，因為她的現實檢測性可能存在一定的缺陷，她一向只按自己的規則行事。對這樣的來訪者，在最一開始，收費應該是一個不能討價還價的要素，否則諮訪關係很不穩固，諮詢也有可能淪為一個被任意打折的商品，其專業性也會受影響。」

大家看著督導。督導笑著對王昕說：「來不來諮詢是來訪者自己的決定。你解釋清楚了心理諮詢關於費用的規定，同時也留有餘地，願意在面談時討論費用的問題，並且把是否來諮詢的決定權留給來訪者，這些都是非常恰當的。在這方面，我看不到你可以再多做什麼。大家剛才談到一些對這位來訪者的猜測，我覺得資訊還不夠明確，無法做出判斷，如她的現實檢測性差、她一向如此行事等，可能還需要瞭解她要求打折的原因、她更多的人格特徵。她把費用放在第一位，放在諮詢效果、諮詢時長等前面，這表示金錢這個話題本身就是她諮詢的一個重要議題。」

「至於你的內疚」，督導對王昕說：「有一點我們需要瞭解：費用本身是一道門檻，有時候確實會把需要心理諮詢的來訪者攔在門外。這是一個客觀事實。但如果諮詢師只做低收費或免費的諮詢，諮詢師很難健康地生活。從弗洛依德開始，精神分析就是收費昂貴的，他認為這對諮詢師和來訪者都有好處。但諮詢師本人可以選擇在收費之外做一些低收費或免費的來訪者，以此做為平衡。只是，這些低收費或免費的來訪者，都是根據一定的程序，由諮詢機構和諮詢師的共同善意，以及來訪者的情況來決定，不可能根據來訪者在預約時的一句話就決定。」

有位諮詢師回應說：「您的平衡之說非常有道理。我想到了我認識的另外一名諮詢師。她接了大量的低收費個案。她接的個案通常是問題較為嚴重的個案，她的收費又很低，她本人就需要工作更長時間。這樣時間久了，她本人的狀態其實非常不好，似乎一直被來訪者虐待。剛開始我以為

是來訪者的問題，但後來我發現是她自己無意中製造出來的局面。她似乎對高收費心感內疚，所以收費一直低於市場價。是她自己吸引這些『剝削性的』來訪者的，是她本人的態度決定這些人用很低的費用和她工作的。她的來訪者中除了低收入者，不乏中等或高收入者，但她甘心受剝削。我在想她的人格特徵中是否有受虐性？她需要別人這樣剝削她。」

督導回應說：「諮詢師的收費模式確實反映出他（她）深層次的人格動因、自尊模式等。你能察覺到她的這一部分，表示你有很好的洞察力。但有些原因，可能比我們表面看到的更深。」

當諮詢費被減免時

「就這個部分，我可以分享一下我的心得。」有一位資深諮詢師鄭善舉起了手。督導朝她點點頭，請她講下去。

「我有一位長程的來訪者，屬於人格障礙，在讀大學時就在心理諮詢中心找我做。當然那時是免費的，因為諮詢中心對本校師生免費開放。後來他畢業了，剛開始時工作不穩定，收入也不高，但特別需要心理諮詢幫助他度過從學生到工作者的轉變。如果收費，他肯定會脫落，因為付不起諮詢費。以前我也遇到過這樣的來訪者，通常都只能很無奈地看著他（她）離開。但這次我想也許可以做點什麼。我評估了一下，我有時間做他的個案，我也願意免費再幫他做。後來和中心商量了一下，中心也願意繼續為他提供場地和個案管理，所以我們決定再給他半年的免費諮詢期。這也算

是在這些學生最需要的時候再幫他們一把，儘管他們已經畢業了。我和來訪者談清楚這些，他非常配合。我也是第一次嘗試這種模式，做下來覺得不錯。」

諮詢師王昕若有所思地點點頭，心有所感。

諮詢師馮濤則說：「我好像沒有妳那麼幸運，我給一位來訪者費用打了折，效果並不好。這位來訪者由於要做長程的諮詢，在費用上覺得有些吃力。我們在諮詢中討論了這個問題，我也和諮詢機構溝通了一下，後來商量決定給她的費用打了八折。我把這個決定告訴當事人之後，我的來訪者開始出現一些變化。我覺得她對諮詢的投入度沒有以前高。有一次我由於開會，諮詢晚開始了一分鐘，結果這位來訪者在快結束時突然開始發火，質問我是不是因為她的付費減少後我對她有意見。一開始我完全沒有理解她為什麼發這麼大的火，後來察覺到她這是運用了反向形成的防禦機制：她自己由於付費減少而減少了對諮詢的投入，她認為是諮詢師減少了投入，從而對諮詢師有敵意。我的遲到本來和費用打折沒有任何關係，但來訪者把這兩件事情聯繫在一起。我沒有及時察覺到她的情緒，直到她發火後我才注意到。」

「你是怎麼處理這一部分的？」督導問。

「我和來訪者花了一些時間討論收費打折對她的影響。這種影響以一種非常隱性的方式表現出來。她一向的觀念是『一分價錢一分貨』，雖然費用打折是她希望看到的，但她潛意識裡認為諮詢師會因此而降低諮詢品

質，她時時刻刻比較著諮詢師打折後和打折前的表現，越比較越證明自己是正確的。她開始對諮詢師有了負性移情，但她不願意和諮詢師直接談這個問題，直到我遲到一分鐘，她的怒火才終於爆發。」

「這是一個很好的例子，讓我們可以看清費用對諮訪關係的重要性。」督導說，「只不過這位諮詢師很幸運，他有機會和來訪者談論這一部分。我相信諮詢會因談論這一點而有推進。而很多諮詢師則會忽略掉這個主題，或來訪者一直隱忍著，雙方都不會碰觸『金錢』這個話題，但它會成為橫亙在諮訪關係中的一塊隱形石頭，雙方都察覺到有些堵塞，但都不知道是什麼。來訪者對金錢的態度是非常個性化的，並不是收費越低越好。即使是打折或減免費用，諮詢師也不能假設它們會自動讓來訪者在諮詢中更配合。費用的問題值得諮詢師和來訪者充分討論，不能把費用問題簡單化。」

3.3 應該收費還是免費？

在大多數人的想像中，如果是同一個諮詢師，而來訪者能夠選擇免費諮詢還是付費諮詢，應該毫不猶豫地選擇免費諮詢。但在現實中，情況並非如此。有時免費的諮詢效果並不好。這是為什麼？

選擇免費還是收費的諮詢？

諮詢師陳剛說：「我的來訪者是在上大學前就到我這裡來做諮詢了，那時他是付費的，我們是在一家諮詢機構裡做。後來他考上了大學，我告訴他，我同時也在這所大學的諮詢中心兼職，他可以選擇轉到諮詢中心預約我做諮詢，這樣他可以享受到校內師生免費的諮詢。他猶豫了一兩個星期，後來告訴我，他仍然維持原先的結構，在諮詢機構裡付費做諮詢。我尊重了他的選擇，但聽了大家的討論，現在回想起來，我和他沒有充分討論過這個問題。我其實沒有詢問過他為什麼選擇了付費這種方式。」

「啊？會有這樣的來訪者？！」大家驚訝地問。按照常理，有免費的心理諮詢，當然選免費的，尤其是對長程個案，心理諮詢的總費用不低。

「你是怎樣看他選擇了付費這種方式、放棄了免費這種方式？」督導問陳剛。

「現在想來，可能有幾點原因：一是他對我們一直以來的諮詢結構有一種習慣性的依賴，在同一時間、同一地點和我見面，這種結構本身讓他有安全感，如果更換場所和時間，稍微有一點挑戰他的舒適區；二是他非常擔心大學裡諮詢中心在隱私性方面可能沒有外面的機構這麼好，他有可能在諮詢中心遇到同學或認識的人，比如說值班的同學是他認識的人，比如說在等待室裡和認識的人碰面等，而他完全不想讓同學和老師知道他在接受心理諮詢。在別人眼中，他是一個非常陽光的人。三是付費讓他覺得他和我的關係更平等。有時候我能夠感覺到他似乎是在我和競爭，他想要

在某些方面壓倒我。如果不付費，他可能會覺得自己完全處於弱勢，有可能他完全無法接受這種弱勢地位。」

「聽起來你對這個主題有很多思考，也有察覺。長程的心理諮詢有一點好處，對當事人重要的議題會一次又一次地浮現出來，所以諮詢師會有不只一次機會和來訪者談這些議題。你察覺到這些，還有機會和來訪者溝通。你剛才提到的那些方面其實都很重要，尤其是他和諮詢師的競爭關係。這一定也會表現在他和其他人的關係中。可以多一些探索，他是把現實中的哪些關係投射在諮訪關係上。」督導說。

該不該免費？

諮詢師方芳有些迷茫地開口了：「照大家這麼說，我真的越來越迷茫了。」她的神情讓大家笑了起來：「我本來打算給一個地震災區的來訪者做免費諮詢，但現在聽起來並不一定效果好。這個來訪者是我前幾年在災區做心理援助工作時認識的，一直保持聯繫。最近通電話時，我發現她有了明顯的 PTSD 症狀。我建議她接受心理諮詢。一開始她非常阻抗，但現在她的狀況越來越不好，她自己也同意做心理諮詢了。我正在和她商量接受心理諮詢的細節。我和她還從來沒有提過費用的事情，因為我默認她應該是接受免費心理諮詢的。但現在想一下，我覺得這樣做是否欠妥當？我是不是應該先徵求她的意見？但是，如果讓我去跟她談費用的事情，我該怎麼開口啊？」方芳為難起來。

「我覺得妳的這個個案還不僅僅只是收費或免費的問題。我覺得還有雙重關係的問題。」一位諮詢師開口道。「妳和她以前就認識，這種關係是否會影響妳們的諮訪關係？其實妳默認她應該免費，本身就是把雙重關係帶入了諮訪關係。」督導讚許地看了她一眼。

方芳透出一種恍然大悟的神情：「哦，是啊！我一直覺得有些不對勁，原先是由於我們之前關係的帶入。我只想到幫她，沒有想到我有可能不是最恰當的給她諮詢的人。我們已經認識好幾年了，我是把她當作被幫助對象來相處，溝通時既會談到她的情況，也會說到我自己的一些個人資訊。現在想來，我們的交往模式還是有些像朋友式的，不是諮訪關係式的。」停了一下，方芳又開始迷茫：「可是，如果不是我來做諮詢，必然要幫她找其他諮詢師，也必然涉及到費用，我該如何跟她開口談這些事情呢？我到哪裡去幫她籌錢呢？我覺得有些難。」

督導問：「妳覺得難在哪裡？」

方芳說：「我怕她誤解我，以為我是推卸責任才不做諮詢，再加上談費用，她更有可能誤解因為她不付費我才不接她的個案。如果要找別人諮詢，我覺得幫她籌費用也很難。」

督導說：「確實存在誤解的可能性。但諮詢中很重要的一個環節就是教育來訪者如何做一名來訪者，這其中包括諮訪關係的專業性、付費等問題。妳可以從她的角度進行解釋。心理諮詢中這些設置其實也是為了來訪者的福利。」

方芳仍然是一副為難的神情：「我覺得自己很分裂，一個角色是幫助者的角色，幫她捐錢捐物，另一個角色又告訴她，她需要付費給心理諮詢師，這不是把錢塞進她左手，又從她右手抽回來嗎？與其這麼複雜，不如直接免費給她做諮詢？」

　　督導和大家一起笑起來：「看得出妳對自己的角色有衝突感。妳真的太想幫她了，所以妳不做她的諮詢師是一個明智的決定，否則這位來訪者也會很辛苦，她需要表現出進步，以滿足妳在她身上投注的期待。妳可以保持目前幫助者的角色，這會讓妳更自在，也會讓她更有自由。如果妳願意，妳可以向她解釋心理諮詢的費用問題，這樣她可以有更充分的準備。如果妳覺得為難，可以由她的諮詢師和她談。諮詢師可以由妳推薦，但也可以由她自己去找。最終選擇誰來諮詢，是她自己的決定。如果她有費用上的困難，她可以和諮詢師或機構談，看是否有可能申請減免，或者她需要的話，妳可以用幫助者的身分幫助她籌集一筆做心理諮詢的專款。事情總有解決的辦法。」

　　方芳這次點頭了：「看來我之前的考慮確實欠妥當。聽了大家的討論，我覺得可以和她大大方方地來談了。在她這件事情上，我確實表現出過多的保護性，其實有些越過邊界，過多地替她做決定。她還是需要承擔她的責任。把她應該承擔的責任還給她，其實也是對她的尊重。另外，我在想，如果由我免費幫她做諮詢，她可能會表現出過多的依從、順從，這可能是由於雙重關係帶來的感激、內疚所致，而不是純粹的諮訪關係所帶來的。

在費用設置上，並不是免費就一定好。這對我是一個新的經驗。關於費用的討論對我來說是非常有意義的，讓我更能從專業性的角度來思考一些問題。從專業性的角度來看，有些行為的意義和日常生活中的意義不一樣。比如在生活中，我們認為免費是一件好事，但在諮詢中，可能不是這麼簡單。」

3.4 該漲價還是忍受被剝削？

對諮詢師和來訪者而言，費用也會存在博弈：是來訪者多付一些，還是諮詢師少收一些？需要來訪者比之前多付一些，諮詢師需要和來訪者談漲價；想要諮詢師少收一些，來訪者需要和諮詢師談費用減少。諮詢師對這些情形是如何反應的？它們如何影響到諮詢效果？

和來訪者談漲價

諮詢師沈芸猶豫了一下開了口：「我有一個關於費用的問題，想和大家探討一下。我想問一下你們如何和來訪者談費用調漲的事情。我怎麼覺得比談性還難呢！」沈芸的這個比喻讓大家忍俊不禁。督導請她談得更具體一些。

「我的收費標準是好幾年前訂定的。這幾年隨著自己實踐和功力的增加，費用調漲也提到議事日程上。猶豫了很久，這個月我開始公布並實行新的收費標準。對新來的當事人，這一點還好說，直接按新的標準來收費就行了。但對那些老的當事人，這一點就很困難了。我需要和他們一一來談。我自己都覺得很難開口談這個問題。現在只和一位當事人談過，我覺得一開始談漲價的事情，諮詢明顯就頓澀起來。我也很擔心有老的當事人因此而脫落。我想問一下你們有什麼好的經驗嗎？」

「妳可以按『老人老收費、新人新收費』的政策來執行嗎？這樣不就不存在這個難題了？」一位年輕的諮詢師建議道。「之所以這樣建議，是因為我從來訪者的角度考慮。如果我是老的來訪者，可能也會因漲價對諮詢師有抵觸情緒，因為我剛開始時的收費不是這樣的，而現在收費要發生變化，來訪者似乎很弱勢，沒有辦法和諮詢師談判，只能接受。」

「嗯，我的那位來訪者似乎也有你這種心態，有些不高興，但又不願意當面說出來，我覺得當時的諮詢氛圍都變了。」沈芸贊同地點點頭，但接下來她話鋒一轉：「但如果我實行兩種收費政策，對新的來訪者其實是不公平的，他們也有可能覺得同樣的諮詢服務應該同樣的收費，況且如果執行兩套收費模式，收費過程變得複雜，在收費的環節上容易出錯，一旦出錯也容易造成來訪者的不滿和投訴，我寧可把收費變得簡單一些。」

「妳說到談漲價很難，我想瞭解妳的困難之處在哪裡？」督導問。

「我覺得談漲價很難說出口。諮詢本來是一個專業的助人活動，它

似乎遠離商業性。但談漲價時，我覺得自己的角色就不再是心理諮詢師，而是一個商人了，而且是不仁不義的商人。這種角色感的變化讓我很不舒服。我也不知道該如何和來訪者溝通漲價事宜。」

「關於漲價的溝通，每個諮詢師的做法不同。有的諮詢師會用市場行情去說服來訪者，做各種社會比較。有的諮詢師會把自己的開銷和收入詳細地算給來訪者看，以此讓來訪者充分理解自己的漲價行為。有的諮詢師會詳細詢問來訪者的收入情況，確保自己的收費與其經濟能力匹配。有的諮詢師用諮詢效果作為說服的理由，讓來訪者自己算一筆帳，其內在的改變可能帶來怎樣的收益。妳可以根據自己的情況來決定。但關鍵是妳的角色感。如果妳自己不舒服，妳怎麼都不會說服來訪者。」督導說。

「其實我早就意識到我的收費在市場上偏低了，遇到很難的個案時，會覺得挺不公平的：花這麼多心力，居然只得到這麼一點，也會有被來訪者剝削的感覺。時間久了，也會影響我和來訪者的關係。這不是一種良性的狀態，我知道應該調整。但由於一直不知道怎麼開口談漲價，所以拖了好久。現在終於成長到可以開口談漲價了，但總還不是那麼理直氣壯。」沈芸說。

「溝通漲價不是一件容易的事情，這個過程中可能會發生各式各樣的事情，而且沒有一本教科書告訴妳怎樣做。諮詢師要對複雜性和曲折性有充分的預估。和當事人的溝通是必要的，要讓當事人知道任何事情都是可以談的，包括對漲價的不滿、對諮詢師的憤怒等。只有這樣，才能展現諮

詢真正的意義：任何發生在諮詢中的事情都可能推進諮詢。妳也要做好準備：有來訪者會因此而脫落，並且是對帶著對諮詢師的不滿而離開，根本不給妳探討這些問題的機會。也許妳需要先接受自己目前這種彆扭感，同時和妳的諮詢師去討論背後的動因。可能涉及到妳的金錢觀、妳對自己與他人關係的定位。」督導說。

被來訪者剝削的感覺

諮詢師王琰舉手發言：「剛才那位諮詢師談到被來訪者剝削，我好像被觸動了。我想談一下我這方面的感受。我有一個來訪者，和我一起工作了將近半年，頻率基本是一週一次。他來的第一個月就和我提出他費用上有困難，因為他處於失業狀態，每個月領失業救濟金。按照諮詢機構的政策，我請他提出申請，我和諮詢機構同意減免他的一半費用。後來諮詢到四、五個月時，他提到他需要暫停兩次，因為他要去度假。一開始我沒在意，以為是社區舉辦低收入者進行的旅行，後來他回來後興奮地講起旅遊的詳情，我才得知這次旅行是他到國外的自助旅遊，花費不菲，而且是他自己出的費用。後來我忍不住問他費用是怎麼解決的，他愣了一下，說是炒股得到的贏利。我這才知道儘管他沒有工作，但他還有炒股的收入。或許還有其他收入，但我不知道。」

喝了一口水，王琰接著說：「想著他眉飛色舞地講國外旅行經歷，想到我們給他減免一半費用，我對他就有憤怒感，覺得他剝削了我們。可能

他用『沒有工作』這一點在社會上為自己爭取了一些利益，他也把這一套做法帶進了心理諮詢中。我們沒有辦法很好地鑑定來訪者的收入狀況，所以真的讓這種來訪者佔了便宜。我自己其實還有上當受騙的感覺，覺得被人愚弄。諮訪關係受到了很大影響。」

「那你們後來怎麼處理的？」其他人問。

「我向中心彙報了這一情況。中心後來審核來訪者的經濟狀況時更加嚴格，要求來訪者報告所有的收入，並且增加兩條：一是如果來訪者隱瞞其真實收入，中心有權利停止其諮詢，追究其責任。二是對來訪者的經濟狀況要做動態評估，每三個月要重新評估一次。」

「除了程序上的完善，我和這位來訪者就此也進行了深入探討。他有強烈的阻抗。雖然他也承認他這是打了擦邊球、佔了便宜，但他並不覺得這有什麼不妥。當後來我跟他談及中心會重新評估他的收費狀況，他指責我因為他說了實話而懲罰他。我非常吃驚他竟然會這樣想，而且他對自己隱瞞收入沒有絲毫內疚或歉意，這也大大出乎我的意料。這名來訪者後來就脫落了。」王琰搖了搖頭。

「你自己是如何看待他的脫落的？」督導問。

「他隱瞞收入的做法，又完全不承擔責任的做法，使我們沒有辦法一起工作下去。脫落可能是一個必然的結局。但我反思的是：為什麼不是我提出如果他不遵守我們的收費規定諮詢就會中止，而是這位來訪者主動提出終止？我當初有一個善意在其中，不是強迫他而是力圖說服他接受規

定，這樣可能讓他感覺好一些，也有一個緩衝。但最終由他提出終止諮詢時，我覺得是諮詢師感受到被拋棄感，他也完全沒有意識到自己行為的不當性——其實他的這種不當性引發了他和周圍所有人的衝突，連他的家人都和他不來往。我在想在這一部分我是否可以處理得不一樣。」

督導說：「在這個個案中，費用已不簡單是費用了，它是人際關係的指針。來訪者並不只是對你採用了這種剝削的方式，他和別人也是這樣相處的。這只是他和別人關係的一種縮影。可能除了道德上的判斷，還需要看到他行為背後的動因和防禦模式。如果來訪者配合，這個議題確實可以深入探討，但借此讓來訪者改變，可能是一個巨大的工程。你的來訪者很難有內疚感，從他的表現來看，他可能具有人格上的缺陷，對這樣的來訪者，在短短的幾個月裡很難讓他有很大變化。」

3.5 該如何設定付費的方式及應對欠費？

在很多人的印象中，來訪者付費的方式通常是程序化的：在每次諮詢結束後付費。但當諮詢師們圍繞付費的方式展開細節時，他們發現付費方式其實千差萬別，付費方式反映著來訪者的金錢觀、人格特質以及和諮詢師的關係等。

付費的各種方式及其背後動因

「我們這次的主題是談一談來訪者付費的方式。」督導問。

大家相互對望了一下，有些困惑。有人說：「付費方式？不都是來訪者每次諮詢完了付費嗎？難道還有什麼不一樣？」還有人回應說：「我在諮詢機構做諮詢，從來不用操心收費的事情，收費是諮詢中心的工作人員負責，在費用方面來訪者不會和我發生直接關係，費用的處理方面非常簡單。」

諮詢師說：「如果我的來訪者是做長程個案的，他們會提前付費，一次付掉十次費用。」

「這麼好！為什麼他們會這樣做？」

「一方面這是諮詢機構的政策引導，如果來訪者一次預付十次費用，可以享受費用折扣。另一方面，我會和來訪者說明清楚：經過評估後，如果需要做長程諮詢的，我會和他們商量一個具體的次數，比如說十次或二十次，然後定期評估，決定是否繼續、繼續多少次。絕大多數來訪者都會配合這樣的模式。」

「聽起來不錯，我回去也可以嘗試。但我想瞭解，你有遇到過什麼困難嗎？」

「也會遇到一些特殊情況。如有一個預付費的來訪者在費用還沒有用完時就不來了，她的理由說是工作忙，但我知道，這也是一種阻抗。」

「還有這樣的事情？那你怎麼辦？」有人問。

諮詢師說：「一開始我還打電話給當事人，約她的時間，鼓勵她盡量持續來諮詢。但從她的反應中我感覺到，她沒有來的意願，但也完全沒有提退錢的事情。她把錢預付了，但自己又不來，似乎是在滿足她的一種心理：她讓我時時想著她。她用這種方式讓諮詢師不會忘記她。她似乎很怕別人忘記她、不關注她。但對於她用預付費這種方式操縱諮詢師，我其實感覺並不好，所以我在打了幾次電話後告訴她：我不會再打電話給她，但她需要時可以打電話來預約我的時間。預約諮詢師是當事人的責任。」

督導說：「你有很強的反省力，察覺到來訪者的操縱，並且和來訪者就一部分進行了溝通，讓對方清楚地知道你的想法，也讓對方知道你隨時歡迎她回來。這樣的做法是恰當的。」

諮詢師斐聲說：「我想分享一下我的經歷。我的來訪者也是預付費用，但她的心態不同。她好像特別不能容忍自己欠別人錢。她剛開始來的時候，我們採取每次結清的方式，因為那時處於評估階段，不知道總體需要多少次諮詢。後來確定做長程，我就建議她採用月結的方式，每月月底付費。付了幾次之後，她跟我說想改為預付費，每月月底預付下個月的費用。因為之前沒有人這樣提出過，所以當時我還愣了一下。出於尊重她的考量，我帶她去了收銀那裡商量具體的操作，收銀也是第一次遇到，反過來勸她：『妳預付的話，萬一諮詢次數有變化，到月底還存在多退少補的情況，不如妳月底直接諮詢幾次就付幾次。』但她說：『這樣等於我從月初就欠著你們的錢，我不想欠別人的錢。有一次我月底有事來不了，但因

為想著要付費，所以還專門過來付了一次費。不如我提前預付。』收銀只好讓她破例。我們還沒有機會觸及她為什麼對欠錢這麼敏感，但我察覺到她有過於嚴苛的超我，她的超我是方方正正、有稜有角的，幾乎沒有任何彈性。」

何思這時開口了：「我也想說說我的一位來訪者付費時的狀態：她一定把錢放在信封裡遞給我，而且遞給我時一定不會直接說『錢』這個字，而是用其他字替代。她也不能直接觸摸錢，有一次需要找錢給她，當我把錢遞給她時，她一臉嫌惡地接過去，然後趕緊去洗手。她平時並沒有對其他東西表現出這種潔癖，所以我知道這是對金錢本身的態度。我們從來沒有討論過她的這種表現，但我注意到她的這些行為，我想背後其實有值得探討的部分。在時間合適的時候，我會她探討這個話題。」

小憶說：「你們都比我幸運啊！我遇到的一個來訪者在第一次諮詢結束時是把錢扔給我的，儘管只是扔到我桌上，沒有扔到我臉上或身上，但他的行為真的激怒了我。我是做了好幾個深呼吸才克制住不朝他發火，而是嚴厲地跟他說他這樣的行為是不恰當的。我後來反思了一下，在那天的諮詢過程中，我沒有任何地方激怒他。但他把現實關係帶進了諮詢中，他把我移情為他妻子，他每次就是這樣對待他妻子的，所以他的妻子和他關係非常不好。他和同事的關係也不好，他擅長讓別人感到不舒服，非常自我中心、控制他人，但他似乎毫無察覺。」

督導說：「看來大家遇到的情況還是紛繁複雜的。付費方式本身能夠

說明很多問題。所以諮訪關係中無法迴避付費。這部分應該是可以被討論的。它不應該被忽略。」

遇到欠費的來訪者怎麼辦？

「我沒有你們這麼幸運。我遇到一個來訪者，拖欠我費用，一直到現在都還處於拖欠狀態。」諮詢師施然皺著眉頭說。「本來我們談好的是月結，但一個月到了的時候，她說她手頭緊，能否寬限一個月，我說可以。第二個月結束時，她說她的錢拿給媽媽看病了，請再寬限一個月。我只能再次同意，但說下個月不能再拖欠了。但第三個月結束時，她說自己動了一個小手術，又沒有錢了。這次我提出只有她付了錢，我才能繼續幫她做諮詢。結果她又用來付款的名義來諮詢了兩次，一次刷卡不成功，一次她說忘記帶現金。然後她的人就消失了，一共拖欠了十四次的諮詢費用。我聯繫過她幾次，但她基本都處於不接電話的狀態。我還想問問你們，你們如果遇到這種情況怎麼辦？」

大家面面相覷，欠了這麼多啊！有幾千元吧！有一個人回應說：「我從來沒有遇到過這種情況，來訪者再有各種阻抗，但付費通常都會準時。假設我的來訪者欠費，我個人也無法容忍來訪者拖欠費用這麼久。可能最多第一個月做完、第二個月剛開始就會讓她繳費，如果不繳就暫停。我無法想像來訪者欠費的情況，是妳沒有清晰而堅決地向來訪者傳遞付費方面的資訊嗎？」他的語氣充滿了困惑。

「有可能和諮詢師傳遞資訊有關，但也有可能和來訪者的行為方式有關。這可能是一個非常難的個案。我能否多問一些：你的來訪者是否是邊緣性人格障礙或反社會人格障礙？」督導轉向了施然。施然感受到督導在呵護她，她對督導點點頭。本來在眾人面前談論這件事情已經讓她非常不自在了，大家剛才那種面面相覷的表情又讓她覺得自己傻透了，被一個來訪者玩得團團轉。督導站出來回應，讓她感受到壓力少了很多。

「這是一個邊緣性人格障礙的來訪者，做起來非常吃力，期間她也曾數次表現出要中斷諮詢的暗示，有時是說自己沒有錢，有時是對諮詢師不滿，有時是她想退回自己封閉的世界。我其實要費很大的勁才能保持她和我的黏連性，讓她能夠堅持來諮詢。所以在費用上我沒有特別催她或逼她，而是放她一馬。但她最後玩消失的做法還是非常傷害我的。我覺得我的善意被惡意地利用，非常不舒服。在諮訪關係中，我扮演了一個照料者的角色，但最後這個照料者也被她拋棄了。」施然說。

督導理解地點點頭，「邊緣性人格障礙來訪者的脫落機率非常大，有的統計顯示達到百分之四十甚至更高，可能採用不辭而別的方式。他們特別擔心自己會被拋棄，常用拋棄別人的方式來防止被拋棄的命運。諮詢師常會有受傷害的感覺。有研究者甚至把和他們一起工作稱之為『靈魂的創傷』，建議和他們工作的諮詢師必須要有自己的督導、諮詢師或團隊。國外有些機構對邊緣性人格障礙的來訪者採取預付費的方法，一是增加他們對諮詢的承諾感，二是預防拖欠或不付費的風險。他們有各式各樣的方法

讓諮詢師難以按時收到費用。」

「這樣說來，用預付費會是一個比較可行的方法？」施然的眼睛亮起來，可是很快，她的眼神又暗下來：「可是怎麼操作呢？在一開始時，我沒有辦法判斷，到了一兩個月後，我才慢慢清楚她是邊緣性人格障礙。難道這時我需要跟她說：『由於妳是邊緣性人格障礙，所以要請妳預付諮詢費用』？我想像不出怎樣操作。」

督導說：「確實，如果沒有機構在其中操作，而只有諮詢師和來訪者面對面，有時收費會變得比較敏感和困難。但也許妳可以把這一條寫進『諮詢須知』裡，每一個來訪者在第一次來諮詢時都需要閱讀簽字，然後等妳的診斷清楚明瞭之後，妳再和來訪者詳談。這樣，就不是針對某一個具體的人實施的特定的措施，而是針對某些群體的措施，而且提前有預告，更容易讓來訪者接受。如果諮詢師表現更堅定而清晰的界限，費用的問題更容易解決。雖然邊緣性人格障礙的人非常不習慣諮詢師設定的邊界感，甚至會有阻抗，但他們需要這一部分。他們很容易脫落，但他們也會有可能再次走進諮詢室。他們會進進出出很多次。他們無法和別人建立穩定的關係，但他們又渴望穩定的關係。」

「您說得真對。現在這位來訪者又聯繫我了，想要重新開始諮詢。本來我還在糾結：不幫她做吧，她又需要諮詢，幫她做吧，她壓根兒不提欠費的事情，好像什麼都沒有發生過，我反而成了那個斤斤計較的人。現在經過大家的討論，我得到很多啟發。接下來我會這樣試著去做：我會非常

堅決地請她先付清欠款，然後再預約我的時間。不論她再怎樣裝可憐、怎樣依賴我，我都會堅持這一條。然後我們重新諮詢的第一次，我可能要和她談清楚，要嘛預付費，要嘛每次結清，否則我們的諮詢不能進行。我要告訴她，這也是在說明她建立現實的規則，說明她更好地適應環境。」施然的情緒有些激動。

結語

關於費用的討論要結束了。督導做了總結：「我們這次討論得非常熱烈，也持續了好幾次，這說明關於金錢、費用的話題可能比我們想像得更豐富、更深遠。我想請大家思考為什麼我們的正式訓練中沒有包含如何收費、如何和來訪者談收費等議題。金錢似乎成了一個禁忌或被忽略的話題。我們現實中的一些設置也使得諮詢師遠離收費這個話題：很多機構讓諮詢師置身收費之外，費用不直接付給諮詢師，而是付給機構。來訪者如果有費用方面的問題，需要和機構談而不是和諮詢師談，這樣諮詢師就失去了和來訪者討論金錢及金錢在其現實生活中意義的機會。這是非常遺憾的，因為活生生的、豐富的議題被略過了。但從我們的討論來看，它是一個現實的、無法迴避的問題。我想請大家今後不要忽略或迴避費用這個主題。如果諮詢師能夠在費用設置上發表自己的主張，那最好不過。如果有這樣的機會，請不要完全不捲入或過於抽離，因為這對諮詢師和來訪者都非常重要。只是諮詢師和來訪者在談論這個主題時，雙方都可能會表現出

防禦的姿態，大家對此要有心理準備，要有第三隻眼睛看自己，察覺自己的防禦之後，盡可能保持一種開放。」

④ 避免諮詢中的雙重關係

4.1 在大學裡如何避免心理諮詢中的雙重關係

在諮詢關係中，最為理想的是諮詢師和來訪者之間有純粹的關係，即諮詢師和來訪者在諮詢開始之前沒有過任何關係，雙方的關係完全是在諮詢中建立和發展起來的。但在現實中，諮訪關係可能會更加複雜。該怎樣識別可能的雙重關係？如果遇到雙重關係，該如何處理？以下透過案例研討會的形式展開，討論在大學裡如何界定和應對雙重關係。之所以選擇大學，是因為它是一個相對封閉的系統，有時雙重關係較難避免。

諮詢師和助理能形成諮訪關係嗎？

一所大學的學校諮詢中心正在開案例研討會。諮詢師曉嘉正在報告他的個案。報告的過程當中，他提到一點：這個當事人和他在諮詢中心的活動中相遇，他覺得有些尷尬，不知是該先打招呼還是不打招呼。大家不解，他們怎麼會在這樣的活動中相遇？曉嘉這時才想起來自己沒有說明這位當事人是中心的兼職助理。

　　大家就議論起來：「如果諮詢中心的助理預約諮詢，中心的諮詢師能否接這個個案？」有人說道：「不能接，如果接了，會形成雙重關係，諮訪關係不純粹。因為諮詢中心的很多會議都是諮詢師和助理一起開的。助理清楚所有的內部流程。助理還可以接觸到諮詢檔案，有可能看到諮詢師對諮詢的紀錄和總結。有些案例研討會諮詢助理也是列席參加的。想像一下，如果今天你的當事人也在場，儘管你報告案例時做了匿名處理，但他還是聽得出這是在說他。聽到你在這裡報告他的案例，聽到大家發表各種看法，他的感覺會是什麼？」

　　督導還沒有回答，平時管理助理的老師著急了：「我們諮詢中心對全校師生免費開放，兼職助理也是學校的在讀學生，如果因為他們是助理就不能享受諮詢服務，今後誰還願意來做諮詢助理啊？助理本來就是義工，他們之所以花時間來做這份工作，就是想在做的過程中學習心理諮詢。而體驗心理諮詢是其中的一部分。他們有權利享受諮詢中心提供的服務。」

　　大家看著督導，看督導會怎樣說。督導說：「今天個案中很有意義的一點是大家來討論怎樣的諮訪關係是純粹的、恰當的。曉嘉你接個案時都

沒有意識到你和來訪者會形成雙重關係是嗎？」

晓嘉說：「第一次面接個案時我並不知道，因為來訪者資訊表上只有姓名、性別、專業、年級、諮詢目的等。他是這個學期新來的兼職助理，我也不認識他。後來開會時見到我才知道他是助理。我想他是不是故意隱瞞了這一點？」

督導說：「你說明來訪者身分的方式和來訪者是一樣的。來訪者最初並沒有說明他是這個中心的兼職助理，而你也沒有在開始報告個案時就說明這一點。這會讓你有什麼感覺？」

晓嘉說：「可能我潛意識裡並沒有把來訪者是兼職助理這一點當作很重要的方面。」

督導說：「有可能你的來訪者也是這樣認為的。除非你和來訪者確認過，否則不要輕易推斷他故意隱瞞這一資訊。諮詢機構和諮詢師確保純粹關係方面應該做更細緻的工作。你提到資訊表上沒有這一欄，這表示我們的預約制度上還有待於細緻化，預約表上要增加一欄，請來訪者註明是否有可能和諮詢師存在雙重關係，包括是否和諮詢中心有工作關係，是否和所預約的諮詢師認識或存在師生關係。諮詢師在諮詢前會有一個初步的判斷：是否能夠接個案，是否需要轉介。在大學裡今天晓嘉遇到的情況不是偶然的。可能還會有類似的其他情況：如之前上過課的學生來預約諮詢；或之前在社團活動中認識的學生前來諮詢；或者諮詢師認識的教職員工前來諮詢。這些都有可能形成雙重關係。」

督導接著說：「我們之所以認為雙重關係對諮詢不利，其中一個重要原因是雙重關係會阻礙或限制移情的發生，而移情是諮詢發揮作用的重要方式。我願意和大家分享一個我自己的個案，讓大家瞭解來訪者對諮詢師會有怎樣的移情，而如果有雙重關係，這些移情就不會存在。有一次我和我的一位來訪者在郵局相遇，她驚訝地問：『真的是你嗎？我從來都沒有想過會在諮詢室之外的地方遇到你！』在接下來的諮詢中，我和她就這一點展開討論，她說：『在我眼裡，你是一個完美的人，有著完美的學歷，有著完美的婚姻和家庭，不會遇到任何問題，也不必像平凡人一樣去操心瑣碎事情。』可以看到，她把『完美性』投射在我身上，這其實就是她在現實中遇到的困擾之一：把什麼都想得非常完美，無法接受和容忍任何不完美。在諮詢的初期，她會有這樣的表現，也需要有這樣一個過程，把我想像成為一個完美的人，然後我們才能就這些方面一起工作。如果之前她就認識我，或者在其他場合看過我，她就無法把這部分投射在我身上。」

看到負責助理工作的老師欲言又止，督導說：「我們要盡可能創造純粹的諮訪關係，但在現實中，有可能無法做到這麼純粹。比如大家提到的諮詢中心助理是否可以接受諮詢之事，如果諮詢是短程的，主題不涉及到深層次的自我，可能有輕微的雙重關係也是可以接受的。但如果諮詢是長程的，而且諮詢主題就是關於自我、自我和他人的關係，這時雙重關係就應該盡量避免的。」

師生關係能轉成諮訪關係嗎？

一位諮詢師曉亮舉手發言：「我正在上課的班上有一個學生來找我諮詢，這種情況我能接嗎？」

大家請他講得詳細一些。原來他目前正在上全校公選課，班上有一個學生對他講的心理學非常感興趣，詢問了學校心理諮詢的相關資訊，來到諮詢室預約他的諮詢。「我印象非常深刻的是，他當時說了一句：『我們課堂上講到的這些神經症症狀，我差不多都有。』還沒有接他的個案，我心裡先有畏難情緒，不知他是不是很嚴重。」

「你有雙重關係的顧慮，對嗎？」督導老師問。

「是的，他現在已經是我的學生，每週都會上我的課。如果再成為我的來訪者，應該是雙重關係。但因為我和他不是在同一個系，平時接觸也不多，我在想，這種師生關係轉為諮訪關係是不是還可以？而且我跟他談過轉介其他諮詢師，他說他沒有見過其他諮詢師，不相信他們，只相信我。」

督導請大家談談。

一位資深的諮詢師說：「如果我是你，我會轉介。幾年前我遇到過一次類似的狀況，當時我接了。一開始這種雙重關係沒有影響諮詢，後來我發現上課時他的行為發生了變化：本來他一直是坐在前排的，後來坐到後排了；本來一直會全神貫注視著講臺，後來一直低著頭。諮詢當中我和他探討這個現象。他支支吾吾了半天才說：『我在諮詢室是和你一個人談話

的，但在課堂上，你對那麼多人上課，我覺得不太舒服……還有，你上課會舉很多例子，我很擔心你一不小心就把我告訴你的事情當作例子講了出來，有些提心吊膽。」我們探討了這些現象之後，他上課時行為有所改變，但我開始有點不自在，我始終要高度警覺，審核我在課堂上講的例子是否會讓他產生歧義──儘管我不會講到他在諮詢室中告訴我的事情，但由於他的人際敏感度過高，哪怕我是在講別人、說別的例子，他也有可能認為是在說他。後來這個個案我還是轉介了，我覺得太彆扭了。我由此深深體會到純粹的諮訪關係多麼重要！」

還有一位諮詢師說：「我也和大家分享一下我的經歷。我之前是幫學校的一位老師做過諮詢。諮詢之前我們從來不認識，所以是純粹的諮訪關係。但沒想到後來學校機構改革，她所在的部門和我所在的部門合併了，我們成了同事。我沒有什麼，一切如常，但我發現她不動聲色地避開我，只要我在場，她就盡可能不在場，如果無法避免在同一個會議室裡，她一定也坐得離我最遠。我猜到她很不自在，因為她把內心深處的一些隱私告訴了我。儘管心理諮詢的職業操守規定保密性，但她內心並沒有安全感。我也不知道該如何去改變這種關係。後來過了不久，她就調到另外一個部門去了。我那時是鬆了一口氣。」

曉亮驚嘆：「這真是躺著也中槍啊！我真的不能接這個個案！」

但另一位參加者發言：「聽大家說得都是慘痛的教訓，但我想分享的是積極的經驗。一個學生在上課時認識了我，後來來找我做諮詢，效果非

常好，他成了心理學的忠實粉絲。後來他在學校成立了一個心理學的學生社團，搞得有聲有色，還經常邀請我給他們做一些指點。現在他早就畢業了，我們現在的關係亦師亦友，我覺得諮詢中我們的深度信任是後來交往的基礎。」

督導問：「當時這個來訪者的整體狀況是怎樣的？是不是自我功能較完整？」

「對對對，他來諮詢的是新生不適應，我用了認知行為療法，幫助他一步步做了明確的計畫，所以改變很快。」

督導總結說：「確實，由於大學是一個較為封閉的系統，有時難免會遇到雙重關係的境況。雙重關係是否會影響諮詢效果，通常是和來訪者本人的狀態、問題、諮詢目標、諮詢師的邊界感、容忍度，以及採用的諮詢技術有關。在有些情況下它確實不會影響諮詢效果，但這在諮詢之前是非常難以評估的。保持純粹的諮訪關係是一種專業的設置，是很多諮詢師付出血淚的代價總結出來的規則，它對來訪者和諮詢師的保護最好，所以我們盡可能遵守這個規則。在精神分析中，純粹的諮訪關係有可能成為『容器』，承載來訪者的各種問題、狀況和移情。」

大學可以怎樣應對諮詢中的雙重關係？

「那有什麼辦法可以既避免雙重關係又可以讓助理得到諮詢嗎？」負責管理助理工作的老師又回到了最初的問題上。

「大家有什麼好主意呢？」督導把問題拋給大家。

「我想每個學校都面臨同樣的問題，我們是否可以和鄰近的高校互換諮詢呢？他們的助理找我們的諮詢師，我們的助理找他們的諮詢師。」有一位諮詢師說。

「對對，我們甚至可以在高校心理協會內部成立一個部門，把願意做其他學校諮詢的諮詢師放進資源庫，遇到雙重關係時可以從資源庫中預約老師，從而迴避雙重關係。」

「每個學校裡的諮詢師其實也是由好幾部分組成的，除了專職和校內老師的兼職諮詢師，還有一部分校外諮詢師。可以考慮充分把這部分資源用起來。」

曉嘉這時說話了：「大家提的意見都很好。但我的個案正在進行過程中。現在我該怎麼辦呢？轉介給其他諮詢師？繼續諮詢？」

督導說：「就你已報告的內容來說，這個個案已被設定為一個短程個案，你們也沒有涉及非常深的內容，可以繼續諮詢下去。但你可以在適當的時候和他探討：『你在中心的活動中見到我，是什麼感覺？你是中心助理這一點會影響諮詢？』可能這樣的探討會讓諮詢更深化，也讓雙重關係的影響變得更清晰。它不再是隱形的，而是可以探討的，這對你和來訪者都是有意義的。」

4.2 如何避免把工作關係和朋友關係帶進諮詢中？

諮詢新手常會遇到雙重關係的難題。下面用呈現工作關係和朋友關係對諮詢的影響，以及如何避免雙重關係。

工作關係能轉成諮訪關係嗎？

在一次案例研討會上，諮詢師依依舉手發言：「我現在遇到一個難題，想請大家給我一些建議。我之前一直在資助貧困山區的一所學校。現在這所學校一直和我聯繫的老師到上海來進修學習，我和她見了面，我發現她有很重的憂鬱，所以我建議她接受諮詢。但我現在想問我是否可以幫她做諮詢？」

「能先談一談妳和她之前有怎樣的關係和雙方交情程度嗎？」督導老師問。

「哦，我們認識已經四年。我是旅遊時偶然經過她所工作的山村學校，發現他們缺乏太多的東西，就萌生了給他們捐錢、捐書的想法。每學期開學前我們都會聯繫，主要都是談學校和學生的情況，學校缺什麼我就寄過去什麼。她的個人資訊、我的個人情況相互瞭解並不多。」

「聽起來比較像是工作關係。如果是工作關係轉為諮詢關係，不是完全不可以。但還有一些細節需要確認。妳和她在之前的互動中，關係模式是怎樣的？」督導問。

「基本是我主動聯繫她，因為我更牽掛著資助這件事情，所以總是會主動打電話、發郵件給她。她每次都非常客氣、非常感恩，有時不好意思直接告訴我他們缺什麼，我要猜，或者問很多次，她才會非常委婉地說出來。」依依邊回憶邊說。

「是這樣啊！那大概會影響妳們的諮詢關係，因為妳一直是施予方，而她是接受方，妳主動，她被動，這種既有關係模式可能會帶進妳們的諮詢中。」一位諮詢師說。

督導讚許地看了這位諮詢師一眼，點頭說道：「這個分析很有道理。妳以前的角色是幫助者、資助者，現在要轉變成為諮詢師，即使妳本人可以轉變到位，對方的感受是什麼？」

依依說：「我不知道，我也沒有考慮過。」

督導說：「即使她也可以接受妳做為諮詢師的身分，妳是否想像過妳和她會形成怎樣的諮訪關係？」

依依說：「她會對我非常非常信任，這一點我很有把握。這是她一直掛在嘴上的一句話。所以我們的諮詢進展可能很快，她可能會非常坦誠地什麼都告訴我，諮詢所需的時間可能要比和其他諮詢師要短。」

督導笑了笑，說：「我相信她信任妳，但對諮詢的影響我不像妳那麼樂觀。基於之前的信任她會對妳沒有任何保留，這有可能導致她在諮詢中對妳和她的關係不設邊界，而這對來訪者可能會是一種隱形的傷害。」

依依說：「我確實沒有想到這一點。」

督導接著說：「今後妳用哪一種身分和她相處？只是諮詢師？繼續當資助者？還是兩者兼任？」

依依說：「我沒有想那麼多，我只是覺得資助的事情我肯定還會繼續做下去。我想會有兩個角色吧！既是資助者又是諮詢師。」

督導說：「如果是這樣，事情就會變得非常複雜。因為諮詢中或結束後，妳還會和她以其他方式接觸，妳們的兩種身分會如何相互影響、滲透或污染，還不太清楚。」

「另外，我不清楚一點，妳建議這位老師接受諮詢，她自己怎麼想的呢？是同意還是不同意？是長程還是短程？將來她不在上海了，但諮詢又剛剛開始、很難結束，該怎麼辦？」另外一位諮詢師問。

「對啊對啊！這個我沒有想過。我確實更關注她需要諮詢這件事情上，但並沒有仔細去瞭解她的意願。」依依點頭說道。

「聽起來妳有很強的幫助她的意願，是嗎？特別希望她能夠得到幫助、好轉起來。」督導問。

「是的，我的這個願望非常強烈。」依依說道。

「妳有想過妳的這種意願會怎麼影響妳們的諮訪關係嗎？妳對她改變的需求可能大過她自己的需求，所以有可能會在諮詢過程中推進過快，而對方察覺到妳的這種需求後，有可能會製造出好的假象滿足妳這種需求，因為她對妳一直有感恩心理，而變得符合妳的期望也是感恩的一種方式。」督導說。

「看來並不是好心就能做好事，聽了你們的回應，我決定先和她聊一聊，瞭解她的具體想法，再看要如何幫助她。但我不會幫她做諮詢了。」依依感慨地說。

可以幫朋友的孩子做諮詢嗎？

在團體案例督導會議上，一位新入行的諮詢師曉倩有點膽怯地舉手發言：「我的一位朋友聽我說我在從事心理諮詢行業，她請我幫她孩子做諮詢，她的孩子正在上中學。我想問可以嗎？」

「妳是怎麼想的？」督導鼓勵她發表自己的看法。

「我已經跟這位朋友說了雙重關係的事情，包括雙重關係可能帶來的影響，但她說她保證不從我這裡打聽她孩子在諮詢中說了什麼，遵守保密協議，她特別迫切希望我來做這個諮詢。」

「聽起來妳已經有一些教育工作在其中。那妳會接這個個案嗎？」督導繼續問。

「我想接。因為我現在是新手，迫切需要累積個案的經驗，但很多人因為我是新手而不找我做諮詢，所以有這個機會我就想嘗試。」

大家紛紛點頭，可以理解她這種狀態。

「但妳考慮過妳和家長這種關係會對諮訪雙方造成什麼影響嗎？」有人問。

「我盡量保持中立，應該沒有太大影響。我已經提醒我的朋友了，不

要在孩子面前說她認識我，就當作不認識我一樣。」曉倩說。

「看來妳確實做了一些思考，也有一些措施。但妳想過沒有，這樣的話，妳和家長就有了一個『祕密』，由於這個祕密，妳和家長得站在一條戰線上，保持中立可能就會比較困難。還有，如果萬一有一天來訪者偶然知道了妳和他媽媽是朋友，他會怎樣看妳呢？」

「可能會認為我是一個背叛者，沒有說實話；也可能認為這沒什麼大不了的。」曉倩試圖想像。

「確實挺難現在判斷出來的。這取決於當事人自身的心理狀態、和媽媽的關係，以及和妳的關係。但如果當事人的客體關係發展有問題，本來就有人際困擾，這種『祕密』的揭曉就會影響較大。」督導接著說：「還有一點，即使妳和家長都能夠遵守中立、保密等規則，做為青少年的諮詢，經常要請其家長參與其中，因為孩子的心理問題和家庭環境密不可分。如果妳的朋友也被捲入諮詢中，妳以什麼身分面對她？諮詢師、朋友、諮詢師加朋友？妳到時候應該會很為難。」

「而且諮詢結束了仍然可能會有尷尬存在。」一個諮詢師分享說：「以前我不懂，曾經幫一個朋友諮詢過。諮詢確實對他有幫助，但諮詢結束，我們卻沒有辦法做朋友了，一直到現在我們都沒有再相聚過。我理解，我和他的那段痛苦經歷連在一起，他不想見我也是正常的。」

「那我轉介給另外一個諮詢師做這個個案吧！」曉倩一副忍痛割愛的表情。

「如果轉介給了妳認識的諮詢師，有什麼需要注意的嗎？」督導追問道。

「沒有什麼，他們之間不存在雙重關係。」曉倩很肯定地說。

「妳要想一想，妳是認識他們雙方的，如果妳的朋友來妳這裡打聽諮詢師的個人資訊，或來確認一些八卦，或者對諮詢師說三道四，妳該怎麼辦呢？」

「這個……我就說我不知道。」曉倩抓耳撓腮。

「如果諮詢師到妳這裡來瞭解來訪者更多資訊，因為妳認識朋友很多年，妳很瞭解她家，但孩子在諮詢中很阻抗，諮詢師為了推進諮詢，找妳瞭解資訊，妳怎麼辦？」

「這個……這個應該幫吧！」曉倩猶豫著說：「這是為了諮詢效果好，為了當事人好。」

督導說：「表面看起來是為了當事人好，其效果未必如此。如果孩子發現諮詢師用了一些他沒有提到的資訊在做諮詢，對諮詢師和周圍人的信任度會降低，或有一些其他的感覺。諮訪關係應該建立在諮詢室中。」

「對一個專業的心理諮詢師來說，這麼多需要注意的方面！看來如果我的朋友由我認識的諮詢師做諮詢，我在兩個人面前都不能談論對方。」

「確實是這樣。以前我遇到過這種情況，所以我主動地不聯繫朋友，直到朋友諮詢結束，才恢復了聯繫。」

「諮詢師真是寂寞的職業啊！」曉倩拉長腔調說，她的語氣逗笑了所

有人。

「確實，心理諮詢是一件專業的事情，需要專業的操作。那些專業的設置是有意義的，在諮詢中不要有雙重關係，看起來很基本，但卻很重要。由於強調專業性，諮詢師有時確實會受到職業的限制。」

4.3 在諮詢室外和來訪者相遇怎麼辦？

這是一個一對一的個案督導場景。諮詢師正在學習精神分析的諮詢技術。督導是一名經驗豐富的精神分析治療師。

一坐下，諮詢師就迫不及待地開口：「我想問一下，如果在諮詢室外遇到來訪者，該怎麼辦呢？」

督導：「你能具體談談嗎？」

諮詢師：「我那天在諮詢室附近的餐廳吃飯，當時我吃得非常匆忙，因為接下來還有諮詢。這時我的一個來訪者發現了我，他端了他的飯過來，和我坐在同一張桌子上。我不知該如何面對他，所以等他開口說話。但也不想太讓他尷尬，所以他問我問題時我還是回答。但當他問：『你老家在哪裡？』時，我就非常猶豫，只籠統地回答，沒有很具體地回答。」

督導：「你的感受是什麼？」

諮詢師：「我覺得經過那一次，我和他之間有什麼東西被打破了，好像他入侵了我的地盤。」

督導：「什麼東西打破了？」

諮詢師：「諮詢師的面具。」

督導：「你和當事人談過這次餐廳偶遇嗎？」

諮詢師：「還沒有，我覺得還不到時機。現在談對他來說過早了。他無法領悟到他和我之間的關係就是他和其他人的關係。」

督導：「這一點你比我更有發言權。但將來希望你們有機會討論這一部分。這一部分有豐富的資訊。你可以問來訪者：『在諮詢室之外的地方遇到我，你有什麼感受？』你要知道，不同的來訪者對諮詢師有不同的幻想。有的來訪者覺得諮詢師住在城堡裡，像國王和女王一樣；有的來訪者覺得諮詢師住在辦公室裡，從來不會走出辦公室；有的來訪者覺得諮詢師既不會吃飯也不會喝水，只是治療機器。所以詢問來訪者這個問題是有意義的，他也許意識到諮詢師也是人。」

諮詢師：「可是，在現場時我只是覺得很尷尬，腦子裡想的是如何應對那個場面。」

督導：「可以理解，因為你是被動的一方。但從另外一個意義上說，這是一個積極的信號。只有喜歡自己的諮詢師，來訪者才會選擇坐下來。如果不喜歡自己的諮詢師，來訪者可能會裝作不認識，到另外一張桌子上去。所以在諮詢中你可以問他：『你是怎樣看那天中午我們在餐廳的相

遇？』有的來訪者會認為諮詢師沒有朋友，所以一個人坐在那裡；有的來訪者認為諮詢師應該一個人坐在那裡，因為諮詢師與眾不同。可以看看他是怎麼看的。」

諮詢師：「他還問了非常個人化的問題，我該怎麼回答？」

督導：「我聽得出你不想回答他的這個問題。對此你可以問他：『你是怎麼想像的？你覺得我的家鄉應該在在哪裡？』你要知道，有時候諮詢師不告訴來訪者自己的個人資訊，是為了來訪者考量，他們瞭解諮詢師的個人資訊越少，就有越大的空間，可以把自己的幻想投射在諮詢師身上。諮詢師暴露的個人資訊越少，來訪者能夠幻想的空間越小。」

諮詢師：「可是我還是不知道下次和來訪者在諮詢室外的其他場合時相遇該怎麼辦。」

督導：「你這次其實做得很好。你保持了一定諮詢師的面具，有一定距離，但同時也和他有一定的接觸，沒有拒絕他坐下來，或者馬上站起身就走，你還是做真實的自己。這種平衡是必要的。有些做法可能是非常不恰當的：如驚惶失措，如避瘟疫般馬上逃離，或者邀請他一起吃晚飯，或者表情誇張、大聲叫出他的名字等。」

諮詢師：「哦，你這樣說我就放心了。我其實在掙扎：在諮詢師的角色和社交者的角色之間掙扎，最後只能是一個平衡。」

督導：「我可以想像出他對你有正向移情才會和你坐下來吃飯。只是目前你暫時可以不去處理這些正向移情。這些正向移情通常和來訪者對諮

詢師的理想化有關。但隨著諮詢的進展，你終有一天需要走到這一步，和你的來訪者探討理想化問題，把自己還原成為一個實在的人。你需要慢慢地向來訪者流露一些資訊，如你還有其他的來訪者，你還有其他的社會角色等。當你成為一個活生生的人時，你的來訪者也接受他自己做為人的部分。這對有些諮詢師來說，是困難的一步。有些諮詢師不願意從神壇上走下來。」

諮詢師：「我還想起來一件事情，在我們剛剛開始諮詢時，我的助理有一次在接待室和我商量一個專案，來訪者進來了，聽到了我們的一些談話。等我的助理一走，他馬上問我：『你要去某某機構做專案嗎？我認識那裡的負責人。需要我幫你們牽線搭橋嗎？』雖然我婉拒了，但我覺得這對諮詢關係可能會有微妙影響。從此之後我不再當著來訪者的面和別人談話。我希望建立純粹的諮訪關係。」

督導：「可以理解，諮詢關係確實越純粹越好。我也曾經遇到過一件類似的事情。有一次我在地鐵上坐著看書，突然聽到耳邊傳來很熟悉的聲音，抬頭一看，是我的一名來訪者正在和她的同行者講話。因為車上人很多、很擠，所以她沒有看到我。於是我繼續看書，耳邊傳來她們的說話聲。還好她們的談話內容比較積極向上。等我到站時，我必須得經過這位來訪者，所以我經過她時，輕輕對她揮了揮手打招呼。等我下車後，我聽到隨著車門的關閉，她的一聲尖叫傳出來：『天啊！是她啊！』後來她來諮詢時，一進諮詢室就迫不及待地說起她和我的偶遇，她非常興奮，她的朋友

也非常興奮。這是她的閨蜜，她什麼都對她說，所以她的朋友對我也耳熟能詳。她埋怨我為什麼不早點打招呼，這樣她就有機會向她的朋友介紹我了，因為她的朋友一直想見真人版的我，沒有見到很遺憾。於是我知道她對我的評價很高，她有很好的朋友，可以和她分享很多私密的資訊。這些資訊是一次偶遇帶給我的。當然，在我的情境中，我是有選擇的，而在你的情境中，你是沒有選擇的，所以感受可能會不同。但不論怎樣，這種場景是諮詢中的禮物，你可以充分利用。」

諮詢師：「感謝妳擁有這樣神奇的魔力，把任何已發生的事情都變成諮詢中可以討論的部分，把一次偶遇變成禮物。本來我非常尷尬，但現在我覺得這些都是有意義的。」

督導：「諮詢本來就是這麼神奇，諮詢中任何資訊都是有意義的。關鍵看諮詢師如何運用這些資訊。如果不去討論，可能這些資訊就沒有用。如果探討，這些資訊可以推進諮詢。」

44 如何與當事人的家庭成員溝通？

這是一個一對一的個案督導場景。諮詢師正在學習精神分析的諮詢技術。她跟督導討論自己正在做的個案，她的問題是不知道該如何面對當事

人的家庭成員。

諮詢師：「我最近在做一個新的個案，我非常棘手的是不知道與除了當事人之外的其他人該建立什麼關係。」

督導：「能簡單說明一下基本資訊嗎？」

諮詢師：「這是一個因情感問題走進諮詢室的來訪者，女性，二十三歲，剛剛大學畢業，目前在一家公司工作，但處於試用階段。她才來諮詢三次，但我已經接到她舅舅和舅媽、爸爸和媽媽電話各一次，我不知該如何面對除了她之外的這些人。」

督導：「她已經是成人了，為什麼還會有這麼多人向你打聽她呢？」

諮詢師：「其實這個來訪者不是自己主動求助的，而是被舅舅送來的。因為她失戀後一直把自己關在家裡，舅舅一家人覺得她有問題了，然後把她送過來了。」

督導：「為什麼不是她父母送她來？」

諮詢師：「哦，我之前忘記說了：她是在外地大學畢業後來到上海找工作的，住在舅舅家，而父母在外地，所以是由舅舅送過來。」

督導：「原來是這樣。對這個個案你會用家庭治療的技術嗎？」

諮詢師：「也許將來會用到，但目前階段我覺得還不需要。當下的關鍵是安撫來訪者的情緒，讓其慢慢恢復正常的起居作息。」

督導：「理解了，所以接下來我們談的內容都是在個人諮詢的基礎上來談。你能說說為什麼來訪者的家人要打電話給你？」

諮詢師：「他們都想透過我瞭解來訪者的情況。舅舅和舅媽是為了對孩子的父母有個交代，所以打電話來問具體情況，而孩子父母是放心不下，所以會直接打電話給我。」

督導：「你能說說他們打電話的具體經過嗎？」

諮詢師：「第一次諮詢後是舅媽和舅舅打過來，先是舅媽問我來訪者的情況，還特別想知道來訪者在諮詢中是怎麼說自己的，後來舅舅也加進來，想要瞭解他們是否該讓來訪者去旅遊。」

督導：「那你是怎麼回答的？」

諮詢師：「我不知道該如何回答，對來訪者的舅媽就和她打哈哈，說了一些讓她多關心來訪者、不要苛責之類的話。但舅舅的問題我就謹慎多了。我覺得對這個問題的回答是要擔責任的，所以就說這個問題比較複雜，電話中說不清楚，沒有直接回答。」

督導：「聽起來你對舅舅和舅媽的回答是有區分的，你是出於什麼考量？」

諮詢師：「我覺得舅媽是對來訪者的隱私部分感興趣，而我做為諮詢師，是要遵守保密協議的，所以我不能透露任何資訊。」

督導：「你有把保密原則告訴來訪者的舅媽嗎？」

諮詢師：「我沒有，但我在諮詢中向來訪者說明過。難道我需要告訴來訪者的舅媽嗎？」

督導：「心理諮詢的一個功能是對來訪者的教育，在必要的時候，

要向來訪者及其相關人員說明諮詢的基本設置、規則、倫理要求，以及心理諮詢是如何發揮作用的。如果你不解釋，他們不會意識到他們做得不妥當，下次仍然會這樣做。他們甚至有可能直接去詢問來訪者，從而給來訪者帶來一定的壓力。」

諮詢師：「你說得挺有道理的，但我當時沒有想到。」

督導：「你對舅舅的提問回答得更謹慎，為什麼？」

諮詢師：「因為我自己也不知道答案。我猜舅舅一家出於好意，可能想勸來訪者出去散散心，做一次旅行，但我的來訪者沒有提到任何這方面的資訊和計畫，所以我無法回答。」

督導：「你的謹慎是有道理的。如果你直接給出一個『是』或者『否』的回答，有可能舅舅和舅媽一家會把這個當作一個權威的建議，不是去和來訪者商量，直接要求她，如果他們表述的方式不當，有可能會使你和來訪者的關係受到破壞。」

諮詢師：「我倒沒有想到這一點，但確實有這種可能性。」

督導：「來訪者的父母打電話的具體情況是怎樣的？」

諮詢師：「他們是覺得自己不瞭解女兒失戀的經過，想從我這裡得到一些資訊，另外也想知道女兒整體的狀況是不是很嚴重。」

督導：「那你是怎麼說的？」

諮詢師：「我請他們不要過分焦慮，來訪者的情況正在好轉。但其他的我就沒有再說了。」

督導：「對和來訪者父母的電話，你的感覺是什麼？」

諮詢師：「我覺得被他們追著，而我只能拼命躲。」

督導：「聽起來你有些被動和無奈。」

諮詢師：「是的，我只知道要遵守保密原則，但在來訪者家人打電話的情況下如何遵守保密原則，我覺得操作起來有困難。您能不能給予一些具體的指點，比如怎麼和這些人溝通，哪些能說、哪些不能說。」

督導：「我們可以一起來探討。首先，這些人願意打電話來是一個積極信號：他們關心來訪者，他們願意和諮詢師合作，願意以他們的方式參與諮詢。其次，通話的過程也給諮詢師機會，從家庭的角度觀察他們對來訪者的看法、溝通方式等，可以補充和豐富個人諮詢中的資訊。從這兩個角度來看，諮詢師不應該是一味地躲藏，而是要利用機會，更好地瞭解來訪者，如果有可能，做一些促進工作，創造推動來訪者行為改變的家庭氛圍。」

諮詢師：「原來電話溝通有這麼重要的意義啊！您這樣一說我想起來，我覺得這幾位長輩中，好像舅舅更理性，他的關注點不是在於來訪者說了什麼，而是怎樣做對來訪者更好。我覺得他是一個很好的資源。如果多做一些他的工作，對來訪者來說肯定有意義。」

督導：「你的想法很好。我想和你探討一下和家庭成員溝通時的一些基本原則：一是遵守保密原則。我想這一點你已經做到了，只是要向家庭成員解釋這一點，並且要告訴他們為什麼要這樣做，讓他們更加配合和支

持。二是在諮詢一開始需要和來訪者商談工作的關係框架，接下來就按照這個工作框架行事。比如在第一次，你可以和來訪者、送她來的舅舅花幾分鐘商量：誰是來訪者，諮詢只在你和來訪者之間開展，還是讓舅舅等家庭成員也參與進來。通常是諮詢師只對來訪者負責。」

諮詢師：「我確實沒有在一開始就把這部分釐清。下次諮詢時我可以做這部分的工作。」

督導：「三是如何和家庭成員談對來訪者的評估和諮詢進展。其實來訪者舅舅問的問題涉及對來訪者情緒、精神狀態和興趣愛好的評估，如果來訪者有重度憂鬱，就不適合獨自外出旅遊。但如果來訪者一向透過回歸大自然的方式療愈挫折，那就是一個好的選擇。包括來訪者父母問到嚴不嚴重，也涉及到對來訪者整體功能的評價。」

諮詢師：「這部分該怎麼談呢？我覺得分寸很難把握。談多了，洩露隱私，不談，他們又想知道。」

督導：「確實有一個分寸的問題。基本原則是：談的目的是為了來訪者的福祉，而不是滿足其他人的好奇或窺視欲；談總體而不涉及具體細節。談不談的標準是為了來訪者，把握住這一條特別重要。如果確定是可以談的，那麼談的也是總體性的結論，不會透露細節性資訊。」

諮詢師：「如果判斷下來不應該談，該怎麼說比較好？」

督導：「可以這樣說：『由於諮詢中我必須遵守保密原則，所以我無法告訴你關於來訪者在諮詢中的任何資訊，但如果你要告訴我更多關於來

訪者的資訊，我可以聽著』。這樣你不會被動，你還是有機會觀察家庭成員是怎樣描述來訪者的。」

諮詢師：「聽起來確實比我的處理要好。」

督導：「我還想問你：你和你的來訪者探討了她家裡人打過電話的事情嗎？」

諮詢師：「這個可以討論嗎？我覺得她家人打電話是背著她的，所以我沒有想到和她說這些事情。」

督導：「在諮詢中所有的事情都是可以討論的。如果不討論，就等於你和來訪者的家人有溝通，而你的來訪者被排除在外，你在某種意義上和她的家人是同謀。不管來訪者是否會透過其他管道知道這件事情，但這件事情本身會影響你和來訪者建立關係。」

諮詢師：「天啊！我根本沒有想到這一點。但您一說我覺得確實是這樣的。和她父母通過電話後，我在諮詢中變得有些小心翼翼，避開關於說她父母的一些話，因為我不想讓她知道其實我聽過她父母講話，能夠想像得出他們是如何和她溝通的。有時她說起討厭舅媽，我特別能理解，因為她舅媽確實是個會愛管閒事的人。」

督導：「所以和家庭成員的這些溝通已經成為諮詢有機組成部分，不可能把它剝離出去。」

諮詢師：「我現在理解了。我還想問一個問題：和這些家庭成員溝通所花的時間是否能算諮詢時間？」

督導：「這是一個很好的問題。你是怎麼想的？」

諮詢師：「但我覺得有些不好開口，如果對方本來只打算打個三～五分鐘電話，結果我還提到收費，顯得太斤斤計較，但其實舅舅、舅媽那次打了三十分鐘，時間太長了。再加上後來她父母的通話二十多分鐘，加起來接近一次諮詢的時間了，我覺得不算錢我自己的投入太多。」

督導：「我通常建議這是可以和當事人談、和通話者談的。大部分諮詢師會有一個免費時間，比如第一個五分鐘或十分鐘不收費，但超過時間的會收費。或者有的諮詢師對這部分電話溝通統一不收費。可能在電話溝通一開始說清楚會比較好。」

諮詢師：「理解了。我還有一個問題：是不是付費者有更多的權利瞭解諮詢效果？這個諮詢是由來訪者的舅舅付費的，因來訪者本人目前還沒有能力支付諮詢費，所以我覺得舅舅因而有了一種我付費我就應該有權利瞭解更多諮詢的優越感。」

督導：「哦，這確實是一種比較複雜的情況，特別是對成年來訪者而言。如果諮詢者和付費者不是同一個人，可能要在關係框架方面做更多的討論，和來訪者、出資人明確各自的邊界。這些邊界是共同討論出來的，而不是被暗箱操作出來的。」

諮詢師：「謝謝您的指導。」

督導：「不客氣。」

二

◈ 團體督導的基本設置 ◈

2.1 團體督導的基本工作原則有哪些？

這是一個團體督導的場景，是一個新成立的督導小組第一次做督導。督導老師花時間和全體成員討論督導工作的基本設置，包括督導小組是否需要封閉，怎樣報個案，每一次督導如何做。

保密和分享的基本原則

督導老師問大家：「我們先來討論應該設置哪些基本工作原則，所有

人在未來的督導工作中都要遵守這些原則。你們會提出哪些？」

「我覺得首先是保密。」一位諮詢師首先發言。「我們在報個案時要隱去來訪者的個人資訊，要對來訪者進行保護。通常的做法是用一個假名或代號，還需要把所有會暴露個人資訊的地點、經歷等進行處理和掩飾，讓別人認不出來這個來訪者。」

「確實這是最基本的。保密還有什麼其他內涵？」督導老師欣賞地望著第一個發言的諮詢師。

「還應該包括我們所有的討論都應該留在督導教室裡。當我們走出督導教室時，我們不再談論報個案的諮詢師，不再討論個案。」一位資深的諮詢師介面道。

「對，非常棒！大家知道為什麼要這麼做嗎？」督導老師問。

「這其實和心理諮詢一樣，關注 here and now，當下的事情當下解決，運用現場的動力來工作，在固定的場所、固定的時間進行討論，但不把這些帶到其他場合和地方。」那位諮詢師補充說。

「對，非常好。除了保密原則外，我們還需要討論我們如何發表自己的意見和看法。團體督導和個體督導不同，團體的動力結構是非常重要的。團體動力結構需要穩定而有張力、健康而有活力，大家發言時如何做才能創造這樣的氛圍呢？」督導問。

「不要隨意批評別人。」有人說。「我有一次在另外一個小組中報個案，結果督導變成了對我個人的『批鬥會』，每個人都可以挑出我在諮詢中做得不好的點。當時我真的很生氣，很想大吼一聲：『有本事你們來做

這個個案呀！你們說得那麼好聽，在諮詢中你們真的能實踐你們說的那些嗎？』所以我現在對參加團體個案督導心裡有恐懼感。如果不是諮詢中心要求，我可能也不會坐在這裡。本來我打定主意堅決不報個案，但我覺得如果設定好規則，有安全感之後，我可能會報個案。我很欣賞督導老師能利用第一次督導機會來設定規則。我覺得這很重要。」有一位諮詢師義正辭嚴地說。

督導點點頭。「確實有些野蠻的團體督導會傷到報個案的人、發表意見的人。非常感謝這位諮詢師用自己的親身經歷來說明這一點。我們能否來討論一下：如何發言是恰當的？如何發言才能讓大家既暢所欲言同時又富有建設性？」

經過討論，大家達成以下共識：一是重點在於談出自己的看法，不是給對方人生的建議，也不是指點對方；二是要用一種平等之心來溝通，不用高高在上的態度與他人對話；三是當人們有不同看法時，並不意味著別人就錯了，所以即使反駁別人的看法也不要用「你輸我贏」的口吻和思維；四是不能進行任何人身攻擊。

督導老師特別強調：「報個案的人本身就有特別的貢獻，因為他（她）有勇氣把自己的個案置於眾人面前，而且還要花時間和精力來整理個案、寫個案報告，這些本身就是值得肯定的。從某種意義上，報個案的人本身就處於一種非常微妙和脆弱的位置上，大家需要小心翼翼的呵護，保護其不受到傷害。其實不僅是對報個案的人的保護，而是對團體中每一個人的呵護。」

報個案要告知來訪者嗎？

接下來有一個諮詢師提問：「如果我們報個案，需要告知來訪者嗎？」督導老師還沒有回答，大家就七嘴八舌地提出了各種看法，有的說需要，因為來訪者有知情權。有的說不需要，因為督導是諮詢師個人的事情，和來訪者無關。然後大家把目光投向督導。

督導問：「如果不告知來訪者，你在接受督導，在諮詢中會發生什麼？」

大家有些不理解，有人回答說：「什麼都不會發生啊！一切都還是會照舊。」但有一位諮詢師若有所思地回答說：「我有一段時間接受個案督導，每週都會有一次督導我的同一個個案。我當時沒有告訴我的來訪者我正在接受督導這件事，因為我覺得這是我自己的專業成長，和諮詢無關。但當我的督導結束後，有一次我的來訪者提到：『以前我總覺得你像一個智慧老人一樣給我很多啟發，但不知為什麼，你最近很少用智慧老人這個形象。』我當時心裡大吃一驚，因為他描述的那個智慧老人其實是督導的形象。來訪者居然能夠敏銳地察覺到接受督導和不接受督導的區別！我在想其實督導還是對我的諮詢有很大影響。在這件事情之後，如果再接受督導，我會告知我的來訪者。」

督導點點頭，「這是很好的分享。如果我們告訴來訪者我們正在接受督導，對諮詢會有怎樣的影響？」

教室裡一陣沉默。過了一會兒，有一位諮詢師說：「我曾經把正在接受督導的資訊告知了我的來訪者。然後有幾次我的來訪者毫不客氣地問我：『你跟你的的督導是怎麼議論我的？你的督導有沒有給你一些方法，讓你怎麼治療我這種來訪者？』剛開始，我覺得他這是在對我的權威的挑戰，好像很看不起我，有點嘲諷我。但我後來靜下心來，和他探討：『你覺得我們會怎樣談論你？你覺得我的督導給我了怎樣的建議？』我覺得可以藉機探討來訪者怎樣看待別人眼中的自己。經過討論，我覺得他對別人怎樣看他非常敏感，有很多不切實際的幻想。所以我現在也是會告訴來訪者督導的資訊。」

　　督導總結說：「確實如兩位的分享一樣，如果報個案，一般情況下我們需要向來訪者告知我們正在接受督導。這樣做有多重原因，一是來訪者有知情權，諮詢師需要把接受督導這一點告知來訪者，如果有必要，可以展開討論。也許來訪者會對怎樣督導好奇，或是對被督導有不安，諮詢師要向來訪者進行說明和澄清。二是諮詢師和來訪者之間不應該有祕密，所有的事情都可以拿出來討論，所有的資訊都可以成為諮詢中有意義的資訊。在某種意義上，督導是諮詢中的第三者。第三者的介入需要讓來訪者瞭解到。三是督導會影響諮訪關係，這種影響可能是多方面的，可能會強化諮訪關係，但也有可能讓兩者的強度變弱。諮詢師要對這一點有心理準備。」

　　「該如何告知來訪者呢？需要簽署書面的知情同意書嗎？」

「一般情況下只需要口頭告知就可以了。單獨為此簽署的書面知情同意比較少見。畢竟這只是告知來訪者。有些諮詢機構會在來訪者第一次諮詢時簽署一份協議書，裡面包括了來訪者和諮詢師的各種權利和義務，會有一條涉及諮詢師接受督導的狀況。」

「如果報的是以前的個案，來訪者已經聯繫不上了呢？」有人問。

「在督導中，我會首先請大家報正在做的個案，這樣的督導可能更能直接幫到做個案的人，也更能讓所有參加者受益，因為我們可以看到現實的進展，有一些資訊也有可能得到補充，有一些設想也可以得到驗證。對正在做的個案，諮詢師要告知來訪者正在接受督導。如果是已經完成的個案且來訪者已經聯繫不上，可能只能變通。」

個案督導小組需要封閉嗎？

有一個諮詢師提出一個新的問題：「有一個同行問我能否參加這個督導小組，我想問一下督導的意見。」

督導問大家：「這是一個很好的問題，涉及到我們如何定義督導小組的設置，它應該是開放的，還是封閉的。你們怎麼看？」

大家紛紛發言，有的說應該封閉，參加者應該固定下來，這樣大家更

有安全性；有的說應該開放，這樣可以聽到更多觀點；還有的說要看是誰提出參加，如果是資深的諮詢師，就可以加入，這樣督導的品質會更好，如果是從來沒有接過個案的人，就不能吸納進小組。

督導最後說：「小組的邊界和我們如何定義小組的目標有關。如果我們希望做深入的團體督導，那麼一個小組的人數不要太多，這樣才能維持每個人在每次督導中都有機會發言，而且團體要封閉，一旦成立，就不再有新的人加入，這樣大家相互之間比較瞭解，容易建立安全感和信任感，團體動力也容易掌控，一個成員也有機會連續數次報個案。如果我們只做偏重技術方面的督導，有可能人數較多，不一定每個人都有發言機會，不一定每個人都有機會報個案。我們今天需要達成一致：大家要用哪一種方式來展開督導。」

經過討論，最後大家一致同意：用封閉式的形式展開督導。人數控制在八～十二人之間。同一個人可以報連續個案，但最多不超過六次。每半年左右有一次團隊開放：組員可以決定繼續參加還是退出。一旦有退出的人，則可以增加相同名額的新成員。新成員需要經過督導的面試方能加入。

有一個諮詢師提了一個問題：「那些如果從來沒有做過個案的人想參加我們的督導小組，我們是否允許？」

督導問：「我想先確認一下：參加我們這個督導小組的同學有沒有從來沒有做過個案的？」

沒有人舉手。督導說：「如果我們讓沒有接過任何個案的人參加督導，團體的組成就比較複雜了。做過個案和沒有做過個案的諮詢師對個案的感受是不同的。我個人是希望被督導者具有同質性，你們的想法呢？」

經過討論，大家同意了督導的意見，因為這是一個封閉的督導小組，大家希望能夠走得更深一些，具有同質性對團體更有幫助。

「如果將來有教學或示範教學活動，也許我們會有一次或兩次的開放督導。但如果有這樣的活動，一定會提前徵求大家的意見，徵得大家的同意。」督導補充說。

督導和被督導者之間是否要避免雙重關係？

「在諮訪關係中，我們要避免雙重關係。我想確認一下，督導和被督導者之間是否要避免雙重關係？」有一位諮詢師問。

「這是一個非常好的問題，值得我們探討。」督導再一次引導大家展開討論。

大家的看法非常不一樣。有的說不存在雙重關係，督導和被督導本來就是老師和學生的關係，這和諮訪關係中的純粹性完全不同。有的說存在雙重關係，比如督導老師和被督導者不能再發展出其他關係，比如說督導

不能給被督導者提供心理諮詢。還有的說要看具體情況，如果是開放性的督導小組，基本不存在雙重關係，有可能督導都不認識坐在下面的人，但對封閉式的督導小組，要避免雙重關係。

督導說：「你們說得都有道理。我自己奉行的是：盡量保持較為純粹的督導與被督導關係。督導老師與被督導者之間最好不再有其他關係，如大家已經提到諮訪關係，也最好不要有同事關係、師生關係或朋友關係，這樣方便在督導過程中雙方能夠自由地溝通。在督導中也有各式各樣的關係發生，有可能是和諮詢中諮訪關係的平行，有可能是諮詢師把個人的情節帶進來，有可能是來訪者攪動諮詢師使得諮詢師不像平時那樣表現……不論哪一種情況，如果督導和被督導者之間的關係越純粹，越有可能展開自由地討論，而不會受限於其他關係。」

有一位諮詢師分享說：「我曾經參加過一次團體督導，第一次去，我大部分時間是在聽，我聽到有一些人在相互攻擊。有一個人炮轟所有人。然後督導老師每次都是各打五十大板。我覺得整個過程都是刀光劍影。後來我聽說那位督導老師把自己的被督導者、來訪者放在一起組成了一個督導小組，而且是開放的，任誰繳錢都可以參加。那個炮轟所有人的人其實是一個來訪者，並不是諮詢師。當時我就在想：怎麼會這麼亂？在這種關係中搞不好就會中槍或中劍，還怎麼開展督導呢？我後來再也不敢去了。」

督導說：「團體督導的設置其實非常重要：關於人員、邊界、時間、

地點、工作方式等。在團體督導小組成立開始，花時間討論這些是非常必要的。」

❷.❷ 如何處理團體督導帶來的傷？

這是一個團體督導的場景。團體成員已接受過長達一年的每週一次的團體個案督導，但督導老師不是固定的，督導老師可能督導一個月，也可能督導一個相對完整的個案。團體成員是一個諮詢機構的諮詢師，而督導老師是由諮詢機構外聘的。

督導個人風格對團體的影響

這一天，剛剛換了一個新的督導李老師。她笑吟吟地跟大家做了自我介紹，然後說想討論一下接下來如何安排督導課、如何報個案。她注意到，當她說完之後，現場非常安靜。她以前聽說這是一個非常棒的諮詢師

群體，非常活躍，有很多高品質的探討，為什麼她看到的不是這樣呢？她把自己的疑惑直接說了出來。

「謝謝您直接跟我們說出這一點。」曉潔先發言。「您是一個直言不諱的人，我也就直接說了：我覺得我們在上一階段的團體督導中受了傷，所以大家現在都有點不知道該怎麼辦了。」其他人紛紛點頭，很同意曉潔的說法。

「妳能不能說說受了哪些傷嗎？也許在進行新的案例督導前，我們需要先處理這一部分。」李老師溫和地說。

「我自己的感受是上一位督導老師使勁地批評報個案的人，而我們拼命保護她，所以整個督導場景就是兩個陣營之間在鬥爭。有時督導老師明明是在向報個案的人提問，但如果我們覺得那個提問本身太具有攻擊性，我們就會搶著回答，並且替報個案的人打抱不平。」曉潔一邊說一邊看大家，其他人都讚許性地點頭。

「聽起來上一位督導老師讓你們感受到不公平感，能具體談一下嗎？」督導說。

「還是我來說吧！因為我的體會最深刻。」王琳開口說道。「我就是那個報個案的人。我連續報了八次同一個個案。每次我都會寫好三、四頁的個案報告，在督導前發給老師和所有參加者。但從第一次起督導老師就對我有種種不滿。先是說我的個案報告寫得不好，格式不對，我請他告訴我他認為好的格式是什麼，我可以改，結果他不說，但每一次都批評我的

格式。有一次他不理解我在報告中的一個用詞，很不高興地問我是什麼意思，我解釋給他聽。然後他在這個問題上糾纏了半個小時！甚至因而否定了我的整個報告。到督導結束時，他還不放過，要求我把這個地方改正，再重新發一次案例報告給所有人。這個要求真的激怒了我：我辛辛苦苦寫了幾個小時的案例報告不僅沒有得到認可，反而被揪住一個小辮子。我後來堅決不重寫。我的整體感覺是我怎麼做他都不會滿意：他抱怨我報告的字體太小，我把字體改了；然後他開始抱怨我發郵件的時間太晚，我於是一做完諮詢就寫報告並發給大家。但當他抱怨說他收不到我的郵件、他的列表機卡紙、他的電腦崩潰時，我覺得我無能為力了，他提的這些事情都不是我能幫他的。到督導全部結束後我意識到：不論我怎樣努力，他都不會對我滿意的，因為他對整個世界都不滿。本來他是一個怎樣的人和我們沒有關係，因為他只是我們的案例督導老師，但由於他個人把這些鮮明地帶進了團體督導中，所以我們就被波及到。」王琳嘆了口氣。

「我同意。我們之前也遇到過一些風格很鮮明的督導老師，比如有的老師很幽默，在談笑之間讓我們領悟到很深刻的一些東西；有的老師很嚴謹，有可能來訪者的一句話就可以分析出十多種不同的解釋；有的老師很鬆散，總是告訴我們諮詢怎樣做都可以，但這些風格都沒有影響督導品質。從來沒有一位老師讓我們覺得不論做什麼都是錯的。而讓我覺得自己很傻的就是自己當時居然還做各種努力想讓他滿意。他不可能有滿意的時候。」丹妮說道。

團體督導的邊界設置

「就是就是！」小琪馬上回應。「他不光是對報個案的人強烈不滿，也對我們強烈不滿。他批評我們不積極發言，其實並不是我們不願意發言，而是他督導的方式更像是對王琳一對一的督導，他所有的問題都是直接提給王琳的。一開始我們還盡量參與，但不論我們做了怎樣的發言，他都不做任何回應，給我們的印象是他既不歡迎我們的發言，也不需要我們的發言。那我們就少發言，我們以為這是他的期待。但我們真的這樣做了之後，他又去跟中心主任告狀，說我們發言不積極，主任又回過頭來讓我們積極一點。」小琪說著說著有些激動了：「他為什麼不把他的不滿直接放在團體裡來討論呢？他為什麼不直接告訴我們他的想法？他為什麼要在團體外另外開一個窗口？我覺得非常不好的一個結果是在團體督導之後，我們還需要私底下談話來療傷。我們需要再有一些溝通，來談發生了什麼，來談感受，來談對督導老師的不滿。但我個人非常不喜歡這種結構。我喜歡的是團體內的事情在團體中解決。」

「我非常贊同妳的想法：團體督導應該在團體內解決督導中發生的問題，而不應該再用其他場合、和其他人談論，除非是和團體內談論之後無法達成共識，需要借助外力。我希望這一條成為我們的工作規則。我也申明一下：我的督導課歡迎大家提問，歡迎大家談出自己的想法。」李老師回應道。她心裡想：這個團體確實發展得很好，對團體督導有很深的觀察

力和反思。

「在上一位督導那裡，我們曾經想和他溝通如何更好地來做督導，但每次我們一談這部分，督導老師就環顧左右而言他。他完全迴避談這一部分。我們至今不瞭解原因。但我觀察到每次我們發起這樣的話題之後，他在接下來的督導過程中總是更猛烈地攻擊報告個案的人。」發言的是阿瑛。她充滿同情地看了一眼王琳。「所以從他的行為我猜測他把我們的提議當作是對個人權威的挑戰，所以他用了消極攻擊：不理睬我們的話題，但直接用行動表達攻擊性。」

李老師：「你們的觀察力很強，也展現了你們的專業精神。在我們的督導中，所有的問題都是可以討論的。團體本身可以成為我們的邊界。我希望我們有一條安全的邊界。」

「您提到邊界，我想說幾句。」一直沒有吭聲的小傑說話了。「有一次在沒有提前告知我們的情況下，督導老師帶來了五個人，有可能是他自己的學生，反正他也沒有很清楚地介紹。我們雖然很驚訝，但覺得他是老師，所以就沒有再說什麼。然後王琳報告完個案，這幾個學生就開始發言了。他們上來就說王琳什麼地方做得不好，不符合什麼理論。當時還把我們唬住了，因為他們用了很多理論名詞，聽起來很高深。督導老師在一旁完全沒有制止他們的意思。後來我們打聽了一下，那幾個學生根本還沒有做諮詢的資格，連真正的來訪者都沒有見過！他們居然會被帶進我們的團體督導現場，而督導老師完全沒有給他們任何培訓，讓他們知道參加團體

督導的一些注意事項，如保密原則，如建設性回應原則等。我覺得這是對我們傷害最大的事情，因為它破壞了團體督導最基本的設置：封閉性和安全性。對我們團體來說，應該是一個封閉的團體，任何對其他人的開放應該被討論，達成一致後才可以允許其他人進入。我們本來以為是一點已經約定俗成，但不停地換督導這一點使得這一點也成為奢望。」

「我也想談一下。其實那一天我的感觸是最深的。」王琳說道。「那天我剛說完第一段話，就遭受到了猛烈的炮轟，一開始我就傻住了，因為他們的批評是非常粗暴野蠻的，我一時沒有反應過來。在這個團體裡待了一年，我們已經發展出來一套討論的話語系統：不針對個人，只針對事情；用建設性的、積極的口吻來談話；基於個案資料。而他們的發言則是橫空出世，完全脫離資料。我即使要反駁，也是很困難的，因為我總不可能和理論本身去抗衡。而且我不知道如果我真的表達我的憤怒後，督導會是怎樣的反應。畢竟是他帶來的人。在那種狀態中，我是非常難過又委屈。讓我感動的是在老師一言不發的情況下，團隊成員們跳出來為我打抱不平，他們直接把那些粗暴的評論頂回去。那一刻我覺得我是被保護的。」

在小小的沉默後，李老師說：「看來在上一次團體督導中確實發生了很多事情。我很慶幸曉潔提了一個話頭，讓我們有可能來討論大家的感受，從而為新的督導奠定基礎。我非常贊同大家所說的邊界。由於大家是一個長期的案例督導團體，我非常同意團體應該是封閉式，讓每個人都擁有安全感和相互信任感。團體督導可以走得更深遠。未經討論的、不恰當

的讓陌生人參與，會影響團體的動力結構。所有的開放都應該是小心翼翼的、被討論過的、達成一致的。我也非常欣賞大家所說的如何談出自己的觀點。每一個團體中的人都應該得到尊重，每一個報告案例的人都應該得到呵護。報告案例本身就有很多自我暴露，報案例的人其實處在一個脆弱的狀態，督導需要做好引導工作，既能讓大家暢所欲言，又讓報告案例的人有心理上的安全感。案例督導的目的不是為了讓大家評判做個案的諮詢師哪裡做得不夠好，而是透過案例的呈現讓大家學習應該如何和來訪者互動、如何更好地幫到來訪者。團體督導的目的本來是為了幫助諮詢師，但如果做不好，確實有可能傷害諮詢師。」

李老師接著說：「在我們剛才的討論過程中，我注意到大家並沒有去評價之前的督導老師，而只是就他的行為展開討論，更多的落腳點在於我們今後的督導可以怎樣展開。我覺得這本身是非常有意義的。」

曉潔說：「我們應該謝謝您用非常開放的態度對待這次討論。這樣的討論是出乎我們意料的。透過這一次討論，我個人感覺到在團體督導中受的傷得到了一定程度的癒合。我對新的團體督導充滿期待。」

三

◈ 對移情和反移情的督導 ◈

❸.❶ 「來訪者把我移情為男朋友」

　　這是一個一對一的個案督導場景。諮詢師正在學習精神分析的諮詢技術。她正在跟督導討論一個剛做了三次的新個案。

　　諮詢師：「這次我想討論一個新個案，我剛接手做了三次。最近一次發生了一些事情我不太有把握，我想和您探討。」

　　督導：「請妳先說明一下個案的簡單背景。」

　　諮詢師：「這是一名正在讀研究所的女生，她由於情緒低落走進諮詢室。我們一共有三次面談，每一次她都塑造出不同的形象，第一次是非常無助的、情緒低落的，特別需要別人的幫助；第二次是各方面都非常能幹的、很會調節自己情緒的，第三次的狀態又變得不好，而且在諮詢中大哭

不止。」

督導：「妳覺得她會是躁狂和憂鬱雙相障礙嗎？」

諮詢師：「我也考慮過這種可能性，但我覺得她不太像。怎麼說呢？通常雙相障礙的人無法控制自己情緒的高漲和低落，但我覺得她是可以控制的，而且收放自如。在這次諮詢中她大哭不止，像是崩潰了，我不得不額外多給她二十分鐘。當時因為有其他安排我必須離開諮詢室，但我對她充滿著擔心，提出讓另外一個諮詢師臨時陪伴她一會兒，結果她反應激烈，堅決推辭，然後眨眼間就把自己的情緒調適好，變成一個看起來正常的人。」

督導：「妳能具體談談當時發生了什麼嗎？」

諮詢師：「在這次諮詢中，她主要談的是和前男友的感情糾葛。她其實在第一次諮詢時就提到了她和前男友的分手，已經分手一年多，但當時沒有提細節。在這次諮詢中，她提到了很多細節。我注意到，當她提起男朋友對她的關心時，她的整個臉都是放光的，嘴角有發自內心的微笑，整個人變得非常溫柔。後來她提到了分手，然後情緒就開始變化，剛開始只是一邊說一邊有眼淚無聲地滴下來，後來她是嚎啕大哭，一邊哭一邊說，像是失控一樣，又像是崩潰一樣。她哭了有二十多分鐘。」

督導：「聽起來來訪者具有很強的表演性。妳當時做了什麼？」

諮詢師：「我只能陪伴她吧！我知道如果來訪者陷入自己的情緒中時，諮詢師不論說什麼，對方都不會聽進去。所以我只能安靜地坐在那裡，

默默地關注著她的情緒，但我沒有嘗試在那時去勸導她、安慰她。」

督導：「這樣的處理是恰當的，她有可能更需要的是陪伴而不是勸導。我想瞭解妳在那時的感受是怎樣的？」

諮詢師：「我感受到來訪者有很深的後悔感。她其實很後悔自己和前男友分手。那些眼淚中有很多是悔恨的眼淚。她其實也有怨恨，她怨恨她的前男友拋棄了她，儘管是她先提出分手的，但由於她的前男友同意了她的分手而沒有苦苦哀求她不要分手，她把這種同意也看作是一種拋棄。」

督導：「妳能感受到這些，表示妳很敏銳。我想問：為什麼在妳們諮詢第三次時她會有這樣的表現？聽起來是非常強烈的情緒發洩，妳甚至用到了『失控』這個詞。通常來訪者不會輕易失控，除非其人格特徵上有某方面的缺失，或有重大的生活事件發生。而這個來訪者和前男友的分手發生在一年多前，不是當下發生的事件，她為什麼會突然爆發？」

諮詢師：「我……我其實不知道該如何回答。好像沒有什麼特別的原因。不過，讓我想想，我在諮詢中其實有種感覺：她特別想讓她前男友聽到她這些深情告白，把她對他的想念、不捨、掛念都告訴他。但她從來沒有這樣當面做過，所以她就在諮詢室裡『演出』了這一幕，起碼讓她對前男友那種滿滿的情緒釋放一下，不然這些情緒可能會湧出堤壩、氾濫成災。她不想在現實中再去聯繫前男友，她的自尊不允許她這樣做。她這樣算是把我移情為她的前男友嗎？」

督導：「妳能有這樣的自我察覺是非常了不起的。來訪者確實有可能

把妳移情為她的前男友了。」

諮詢師：「其實在諮詢中我並沒有察覺到這一點。是您剛才提問時我才聯想到的。」

督導：「由於移情非常複雜，有時諮詢師和來訪者在當時都沒有察覺。能在案例討論中察覺，也是非常有意義的。我想瞭解：來訪者把妳移情為前男友，這對諮詢有怎樣的影響？」

諮詢師：「我需要想一下。」

過了一會兒諮詢師回答說：「我注意到您剛才提到來訪者的表演性，我覺得她其實要用這些『表演』操控別人。現在諮詢次數還太少，沒辦法看出她是否也用同樣的模式和別人相處。但就那一天在現場的狀況，我是多給了她二十分鐘諮詢時間，這多給的時間是對她的特別關照。在某種意義上，也是她操控的結果。她需要諮詢師把她當作特別的人對待。」沉思片刻，諮詢師問：「我現在開始懷疑我當時多給她二十分鐘是否恰當。」

督導：「為什麼這樣想？」

諮詢師：「因為她想操控前男友這個願望透過讓我延長諮詢時間得到了滿足，這其實是幫助她實現對別人的操控。一想到我是被操控著多給了她二十分鐘，我就有些不舒服。我的本意是更好地幫助來訪者，但我現在覺得自己被利用了，感覺有些不好。」

督導：「我能夠理解妳的不舒服感，很多諮詢師都對來訪者的操控保持著警惕，也會對自己被操控有不安感，妳的反應是正常的。我想和妳繼

續探討：如果妳不給來訪者延長諮詢時間，直接按約定的時間結束，情況會是怎樣的？」

諮詢師：「我想像不出來。」她低頭想了一下，「即使準時結束了諮詢，我還是強烈不安，因為我非常擔心來訪者會因情緒不穩定而出現極端情況。她崩潰的樣子雖然有表演成分，但仍然是真實的情緒流露。如果準時結束，我自己也會覺得自己太『冷血』。」

督導：「確實，我們有時候需要在遵守諮詢時間設置和打破時間設置之間做出選擇。每個諮詢師對時間設置的靈活性和容忍度不同，最終會在諮詢師的個人原則和來訪者現場的狀態之間取得平衡。時間設置要服從於對來訪者福祉的考量。雖然妳這次在一定程度上被來訪者操控了，但有時候諮詢師確實要允許自己為來訪者所用。來訪者透過對諮詢師的使用、操控而修通自我的某些部分。」

諮詢師：「聽您這樣說我心裡好受多了。不過，我心裡好像對來訪者的操控有一些恐懼，我很驚訝對方竟然在我完全沒有感覺的情況下操控了我。我好像一下子離來訪者太近了，似乎我站得遠一些才安全。」

督導：「我聽到了妳的感受。我建議妳和自己的治療師討論一下妳對被操控的恐懼感。恐怕這個問題已經超出了督導的範疇。」

諮詢師：「謝謝您的提醒，我會去做的。另外，我還想到：其實來訪者對前男友雖然有很多牽掛和不捨，但還有很多怨恨和責備，如果有可能，她肯定會折騰她的前男友的——說不定前男友就是因為受不了她的折

騰才同意分手的。她既然移情我為前男友了，也會把她對前男友的互動關係模式帶進來，也會在一定程度上『折騰』我的。」

督導：「妳的分析很有道理。妳覺得來訪者的移情會怎樣影響妳們接下來的諮詢？」

諮詢師：「我只有模糊的感覺，我覺得來訪者可能還會不斷地測試我，測試我和她的前男友反應是否一樣。」

督導：「這很有可能。妳會如何反應呢？」

諮詢師：「我想自己會有一個基本原則，就是您剛才所說的那句話：以來訪者的福祉為重。我允許她利用我來療愈分手帶來的創傷，但我同時又對她的操控保持一種警惕。」

督導：「我覺得妳這個原則是合理的。只是，做為剛開始運用精神分析技術的新手，有時並不一定能精準地察覺這些利用和操控，並區分合理與不合理。」

諮詢師：「那該怎麼辦？」

督導：「諮詢會是一個歷程。我建議妳可以適當慢一點。也許我說得不對，但我感覺到在第三次諮詢中就出現這樣的情緒大爆發，妳們有些太快了。我不知道這種快速是由妳來引導的，還是來訪者向前奔跑帶動的，但感覺上妳們諮詢向前走的速度非常快。妳的來訪者可能更適合慢一點、非常穩定的速度。來訪者一下子袒露太多對諮訪關係未必是件好事，她會事後因為自己暴露了那麼脆弱的自我而後悔，會向後撤，甚至會遷怒於諮

詢師。這時還需要去做諮訪關係的修復。與其出現這樣的狀況，不如開始時更緩慢、謹慎一些。」

諮詢師：「您講得非常有道理。在下次諮詢時我會調整。謝謝您的督導！督導在很大程度上幫助了我，不僅僅是技術層面的，而且是心理層面的。只要想到解決不了的問題可以在督導時進行探討，我就對個案有了更多信心。謝謝您！」

❸.❷ 「我是如何被來訪者移情為父親的？」

這是一個一對一的個案督導場景。諮詢師正在學習精神分析的諮詢技術。她正在跟督導討論一個剛做了兩次的新個案，她重點想討論其中的移情。

諮詢師：「我想和您談一談我正在做的個案。上次諮詢中我感覺到一些奇妙的事情。」

督導：「能先簡單說明一下來訪者的資訊嗎？」

諮詢師：「哦，她是一個在學的大學生，由於在戀愛關係上受挫前來諮詢。」

督導：「她的諮詢目標是什麼？」

諮詢師：「想要知道自己為什麼談戀愛不能長久？她的身邊不乏追求者，但她每次都談不久，短一點幾天，長一點幾個月。她想瞭解為什麼會這樣。」

督導：「她的目標不是改善戀愛關係而是想瞭解原因？」

諮詢師：「是的，我和她確認過，她確實更想找到原因而不是改變。她表達出來的想法是：一旦她找到了原因，自己就有可能解決。」

督導：「聽起來她非常關注掌控性，而且對自己能夠解決問題充滿了信心。她似乎不願意過多地依賴諮詢師，她想更多地靠自己的力量解決問題。」

諮詢師：「這些確實是我和她接觸後的印象：她有非常清晰的自我意識，對自己的問題娓娓道來，說起話來滴水不漏，沒有一句廢話。雖然她非常坦誠，談及自己很多個人成長史，但我仍然覺得她像是在正式場合對著很多人進行的一個彙報，而不是在諮詢室中進行的一對一晤談。她完全不帶任何感情色彩，似乎講述的是別人的故事。我覺得自己不那麼被需要。她似乎掌握著更多的主動權，更想控場，所以諮詢開始時我一直跟隨著她，既滿足她的這部分需要，同時也觀察她的行為方式。」

督導：「聽起來這是一個高度理智化的來訪者，有可能用了情感壓抑的防禦。但這需要更多的觀察。」

諮詢師：「是的，我也這樣認為。我現在想分享我的奇妙感受。我剛才提到她第一次來諮詢時其實是帶著一定防禦的，我把它看作是一種正常的防禦，在諮詢開始時大多數的來訪者都會表現出這種試探和不確定性。當時我預想的是有可能我需要花更多的時間才能和她建立信任關係，因為她很不放心把自己交到別人手中，包括諮詢師手中。但第二次諮詢時，在諮詢的後半段，她突然變得非常開放，不僅說了自己的感受，而且表達出強烈的情緒，甚至流下眼淚。那一刻，我其實和她有很深的連結，我完全可以體會到她的難過和悲傷。其實整個諮詢我都沒有說太多的話，但我在很深的地方理解了她。我相信她也完全感受到了這一點，因為一直到結束時，她都還沉浸在諮詢的情緒中，她直接走出了諮詢室，直接走出了接待室，忘記付費了。諮詢的設置是每次結束時付費。」

督導：「妳說了太多資訊，我們一點一點來探討。妳能否先談談在她變得開放之前，發生了什麼嗎？」

諮詢師：「我不覺得發生了什麼特別的事情。在第一次諮詢時，我和她達成的共識是我們利用二～三次來做評估，所以在第二次諮詢時她介紹了自己的家庭，講她的父母，講她自己和父母的關係。從她所講的資訊、她講述的方式可以看出，她塑造出來的形象是一個獨立自主的形象，很小時就開始住校，並且經濟獨立，一直想自己養活自己。但其實她的家庭條

件完全可以讓她衣食無憂。」

督導：「看來她提到了童年。有些當事人在提到童年時，會啟動童年的人際互動狀態，會有退行。」

諮詢師：「哦，您這樣一說，我有了感覺：來訪者在那個時刻，確實退行到孩子的狀態。她有一個長長的沉默，正是在那個沉默中，我覺得一片悲傷籠罩了她。然後那種悲傷簡直是以清晰可見的速度和方式，一點點瀰漫開來，把我也籠罩進去，把我們連結在一起。我其實不知道發生了什麼，但我可以感受到悲傷從我心口下面的地方襲上來，很快走到我的眼睛裡，讓我的眼睛濕潤。有那麼一小會兒，我無法開口，因為悲傷太濃重了。」

督導：「妳描述的這個場景確實非常奇妙，妳和來訪者有了深度共感，我相信妳確實在那一刻讀懂了她。不是透過她說的話，而是非言語的部分。即使妳現在回憶這一部分，我仍然能感受到妳的情緒波動，那種悲傷的殘餘仍然流淌出來。我可不可以問一下：妳覺得在那一刻妳是誰？」

諮詢師：「我是誰？我想回答說『我是諮詢師』，但我又覺得可能不是這麼簡單。讓我想想……」經過一小會兒的思忖，諮詢師慢慢開口說：「我覺得我是來訪者的父親。我覺得……在那一刻，來訪者需要她的父親來見證她童年的這一段心路歷程。有可能她父親從來都不知道她有過這樣的經歷和想法，她也從來沒有跟父親講過這些，但她內心非常渴望讓父親瞭解這些，讓父親心疼她。所以，我在那一刻成為了父親，去見證她那一

段的經歷。」

督導：「聽到妳有這樣的自我分析，真的很替妳高興。因為妳很敏銳，不論是對來訪者還是妳自己，妳能很快從中找到線索。妳有情緒湧上來，但並沒有為情緒所左右。但我很好奇：為什麼是父親而不是母親？」

諮詢師：「對不起，這部分的資訊我沒有提及。是由於她在描述中流露出對母親的抱怨和指責，她之所以那麼小就獨立，聽起來像是被母親逼迫的。而她描述出來的父親更積極正性，她似乎更認同父親。」

督導：「嗯，妳這樣說很有道理。妳剛才還提到她忘記付費，可能和移情有關係：人們不會給自己的父親付費的。父親傾聽自己、幫助自己是理所當然的。」

諮詢師：「嗯，這一點很有意思。我沒有把這兩件事情聯繫在一起，但您這樣一說，我覺得有道理。她那天的狀態確實不是不想付費，有可能仍然處在移情中有關。」

督導：「我想接著問妳一個問題：妳是怎樣走到父親的位置上的？妳說過，來訪者其實有一定的防禦，為什麼在那一刻她打開了防禦，把妳邀請進她的世界？」

諮詢師：「這個問題真的是一個很好的問題，讓我非常有感覺。我需要想一想。」諮詢師低下頭，沉思著，然後抬起頭慢慢說：「可能是我先邁出了一步，然後來訪者把我推到了父親的位置上。我記得當時聽完她講自己童年的經歷，我輕聲地說了一句話：『聽到妳這些經歷，我很心疼，

因為有些事情不是這麼小的妳該去操心的』，現在想起來，這句話可能就是一個催化劑，我說完之後，她就馬上退行成為父親的女孩，而把我移情為她的父親。有可能在她心裡，她一直盼著父親能這麼心疼她。」

督導：「妳能找到這個啟動點，真的非常棒！這表示妳在諮詢中已經有了一定的洞察力。有時這個啟動點很難找。有些諮詢師直到全部諮詢結束仍然不知道是什麼發揮出作用，而妳在這次諮詢之後就能反思到這一點。」

諮詢師：「這和您的提問有關。您問了很好的問題，可以讓我不斷反思。」

督導：「謝謝。我還會問更多的問題：妳為什麼會在那個時刻說那句話？說那句話時，妳是誰？」

諮詢師露出了有些困惑的神情：「我為什麼說那句話？因為我在那個時刻就有這種感覺，『如果她是我的女兒，我一定不會讓她吃這些苦』，乍聽起來她從小就很能幹，但我聽得很心酸，因為我從那些話語中聽到的是她的脆弱和渴望，她明明就很渴望得到父母的愛，但表現的方式卻是離他們遠遠的，如果父母不把目光投向她，她就在心底認定他們不要她了；如果父母把目光投向她，她不停地質疑：『你們真的愛我嗎？真的愛我嗎？』不會投向父母的懷抱。但她並不自知這些，她只是淡淡地講事件本身，這種不自知讓我感受到她是一個穿著大人衣服的小孩，特別需要別人的疼愛。」

督導：「聽起來妳在那個時刻像一個父母，照 Winnicott 的話來說是一個『足夠好的媽媽』（good-enough-mother）。妳之所以說那句話，是因為妳在那個時刻以父母的角色自居，同時也因為她對妳有這種期待、有這種需要，而妳認同了這種期待，也就是妳和來訪者之間有了投射性認同。」

諮詢師：「照您的說法，其實是我和來訪者共同促成了這種移情的發生。我是按照來訪者的需求走到父親這個角色裡的。我明明是女性，卻被來訪者移情為一個男性的角色。如果不是真的在諮詢中發生過，我會不敢相信。」

督導：「諮詢師的性別、年齡等個人特徵確實會影響來訪者的移情，但移情的發生非常複雜，它會超越性別和年齡。照 Gabbard（2004）的話來說就是『當動力學治療深入之後，性別甚至是性取向在治療中都變得相當不固定 (註 1)』，來訪者在有些時候會把諮詢師體驗為以往經歷中的某個客體，把諮訪關係體驗為以往的某種客體關係。」

諮詢師：「您剛才說我以父母角色自居，這對來訪者是不是不好？」

督導笑了：「剛開始學習和運用精神分析技術時，諮詢師對移情確實有很多誤解和擔心。妳可以放心，在這個個案中，妳報告出來的這部分移情不會引起來訪者的感覺混亂。一是因為她的移情是正向移情，這是諮詢可以利用的資源；二是來訪者的移情是會發生變化的，除非諮詢師有意操縱，否則來訪者的移情不會固著。來訪者大多數時候意識不到自己移情的發生，也較少能察覺自己把什麼投射在了諮詢師身上。在敏銳的諮詢師眼

中，移情部分正是諮詢師可以和來訪者展開工作的地方。」

諮詢師：「謝謝您的提醒，讓我知道不能固著在這種移情中。我有一個新的問題：在學習精神分析的理論和技術時，一直有老師強調諮詢師不能做得太快。我現在只是第二次，來訪者就有這樣的移情，我是不是走得太快了？我是不是要慢下來？」

督導：「確實，由於精神分析的個案經常是長程個案，所以在諮詢剛剛開始時，諮詢師確實需要謹慎一些，花一些時間瞭解來訪者，花一些時間和來訪者建立信任關係，瞭解來訪者的節奏後，用雙方舒服的節奏展開。有時太快地進入過深，有可能會讓來訪者嚇壞，或者讓其沒有安全感，或者讓其感受到很大的威脅，有可能對諮詢反而不利。但心理諮詢的魅力就在於每一個來訪者都是獨特的。是妳在面對來訪者，妳會得到更多資訊來判斷諮詢現場該做什麼。我想問的是：妳覺得妳的節奏過快了嗎？」

諮詢師：「我覺得很難回答。一方面，這個來訪者似乎是有備而來，她似乎已經在內心裡和自己對話很多次，所以到了諮詢室她就有很多資訊噴湧出來。另外，她的思維非常敏捷，反應非常快，所以為了呼應她，我也變得比平時更快一些。是她的節奏奠定了諮詢節奏的基調。」

督導：「妳覺得這種節奏對諮詢來說是合適的嗎？」

諮詢師想了一下：「我覺得還是有點太快了。快本來是她的優勢，但在一定意義上也是她的防禦，因為她一快，就來不及體驗感受，就來不及有情緒出來，她表現出來的是行動，是 acting out（付諸行動）。而諮詢的

目標之一就是建立長久的親密關係，她可能需要更多體會，需要慢一點，需要感受自己的情緒，而不是把自己當作一個機器人。」

督導：「妳能有這種領悟是非常了不起的。另外，我注意到，在今天的談話過程中，妳對來訪者有很多感覺，一方面，這可以幫助妳和來訪者更好地工作，但另一方面，這些感覺很多都是猜測，是要在今後的諮詢中被驗證的。如果與真實不符合，可能需要及時修正。」

諮詢師：「謝謝您的提醒。確實目前我直覺的部分會更多。隨著諮詢的深入，我會不斷地做調整的。」

註1：Gabbard 著，陳珏等譯：長程心理動力學心理治療基礎讀本（2004），人民衛生出版社。56頁。

❸.❸ 如何利用諮詢師的感受來瞭解來訪者？——案例督導課上的呈現與發現

在團體案例督導課上，按照預先的約定，研討潔的個案。這是第二次討論她的個案了。在上一次的研討會上，她就報告過這個個案，並且提到她的困惑：來訪者第一次來就說她可能幫不了他，在接下來的數次諮詢中，來訪者表現出阻抗，曾有兩次約定好了但不來，但有兩次是潔自己忘記了約定的時間。她知道來訪者非常需要幫助，但不知道怎樣可以幫到來訪者，有無助感。大家熱烈討論了她的個案，督導老師建議她直接和來訪者溝通兩人都曾忘記諮詢這件事情，把她的困惑做為與來訪者互動的資料。在這之後，她在諮詢中這樣做了。她提前向老師和小組成員發送了案例進展報告。

上課之前，曉月問潔：「能不能說明一下妳發給大家的案例報告的主要內容？我沒來得及看。」潔大致說明了一下：「我按老師說的方法去做了，來訪者承認是他的問題造成現在的局面。」

課堂上的現場感受

一上課，潔就舉手問老師：「老師，我想聽一下您對我上次做的個案有什麼看法？」

老師說：「我想先聽一下大家的看法。」教室裡安靜下來。

討論了一會兒，曉月舉手說：「我其實想提一個問題：諮詢師和來訪者談了自己的感受，來訪者把不好的感受歸因於自己，這種歸因並不是客觀的歸因。請問這種自我揭示的方法只是偶爾使用就好，做為開啟與來訪者信任的大門，還是在諮詢中可以一直使用？」然後晶晶也給了回應，小李提了一個新問題。大家順著小李的提問，開始討論起一個新的問題。

過了一會兒，潔大聲問老師：「老師，我想聽一下您對我上次做的個案有什麼看法？到現在，我還沒有聽到大家談和我個案有關的回應。」曉月和晶晶轉頭看了潔，她們覺得自己剛才已經做了回應啊！

老師還沒有回答，晶晶就說：「我想談談自己的觀察：我感覺到潔不在意同學的回應，她只在意老師的回應……」

潔大聲打斷她：「不，妳誤解我了！是因為你們都不講案例，我才請老師給回應的。我在意你們的看法。」潔的聲音那麼大，大家全都看著她。

小張小聲說：「讓晶晶先說完吧！」

老師說：「也許我需要重申一下案例討論的規則：每次一個聲音說話。」

晶晶停了一下接著說：「這只是我的觀察。而潔的這種表現是和她的焦慮有關。在個案中，來訪者需要諮詢師扮演一個好媽媽，這是來訪者的投射，但諮詢師可能發現好媽媽的角色好難，所以她會有焦慮，這種焦慮帶進了案例督導中。」

老師回應說：「這是很好的觀察。」

小李柔和地說：「我也有一個觀察：在剛才的討論過程中，我確實分神了，而且大家可能討論其他問題去了，而潔的反應讓我想到：對來訪者而言，是否別人不關注他，就會感覺到憤怒？他是否需要別人時刻關注他？如果真的是這樣，那父母只要不關注他，就會傷害他。」

潔在一旁頻頻點頭，同時不停地記筆記。

這時，小張站起來說：「我可以談一下我的感受嗎？在潔不停地要求大家給她的案例回應時，我感受到了壓力，似乎我不發言就會有內疚感。」

老師說：「很棒！『內疚感』這個詞很有意義。因為來訪者在諮詢中也出現了內疚。這種內疚是怎樣引起的？和他的憂鬱情緒是否有關？」接下來大家圍繞這個部分進行了一些討論。

在課程結束時，老師說：「這是我上過的最棒的案例督導課，因為大家會用現場自己的反應和感受來工作。諮詢師需要有這種敏銳性和察覺力。」

課堂後的互動

老師離開了教室，潔大聲招呼大家：「能否請大家多留十分鐘？因為我想再和大家多說兩句，關於這個個案。」大家留在了教室。潔先說：

「今天我真的沒有忽略大家看法的意思，也沒有給大家壓力的意圖。我只是覺得你們之前都沒來得及看案例，如果你們為回應而回應，那也太形式化了，不如我們把時間節省下來給老師。再說老師讓你們發表看法時，你們也沒有說啊！」她的聲音越來越高，小張站在她身邊，用手輕輕地拍潔的肩。

曉月和晶晶脫口而出說：「我們給過回應啊！」

潔的聲音又高了起來：「曉月，妳只是問了一下問題。妳真的是為了我而問的問題嗎？妳為什麼不承認那是為妳自己而問的問題呢？妳不是也想從老師那裡得到回答嗎？」

曉月的聲音也高了起來：「我為什麼不能為我自己問問題呢？這是案例督導課啊！」看起來她被激怒了。

潔的臉色漲紅了，聲音也更高：「我覺得你們都沒有真正給回應！」然後她轉頭對小張說：「你這樣一直拍我的肩，是什麼意思？你覺得我需要安慰是嗎？我不需要！」她這是要攻擊所有人嗎？

小張解釋說：「是的，我想安慰妳，因為我察覺到妳很焦慮。」她的聲音是平穩而低沉的。

潔仍然高聲：「我當然焦慮。把案例拿出來讓大家討論，放到誰身上都會焦慮。」原來，這才是她聽不到別人回答的真正原因。當她說出這一點之後，現場的高壓馬上降低了一些：原來，她並不是有意想要這樣做的。她不是針對組員的，那些行為只是焦慮驅使的表現。

小張用安撫的聲音說：「妳確實是非常有勇氣的。提供案例本身就是非常有勇氣的。」

潔大聲說：「可是我不需要你的安慰！」多麼倔強的個性！很像不安全依戀模式孩子的反應。

曉月問：「那能不能告訴我們，在此時此刻，妳需要我們做什麼？」

潔說：「我需要大家的回應。」

曉月說：「我現在有一個回應給妳。」她閉上眼睛片刻，體會了一下感受，組織了一下語言，然後睜開眼睛說：「就在妳剛才問我問題時，我體會到了很情緒化的感受，而我平時很少會有這種感受。我想會不會是妳的來訪者的感受？剛才那一刻我覺得非常委屈，同時又非常憤怒，因為被妳誤解了，妳完全誤解我了。另外，妳提問的方式讓我感受到被攻擊，我感受到威脅，我似乎被逼到牆角裡，不得不自我防禦，因而我想逃，逃開妳。我在想這是不是妳的來訪者在諮詢中的感受？他確實有兩次沒有來。」

潔飛快地記筆記：「這對我是有意義。」她的情緒已經沒有那麼焦慮了。

小李說：「我在想，來訪者和父母的關係到底是怎樣的呢？」她談了更多。她的聲音讓潔的情緒明顯得到安撫，潔開始和她討論起細節。

在她們停下來後，曉月問潔：「妳剛才說妳不需要安慰，妳只需要我們給回應，但我很納悶，我們的回應為什麼在妳看起來不是回應呢？」

潔正想說話，晶晶馬上接道：「我是這樣理解的。曉月雖然是以提問的形式說的，但其實說明了她的觀點，她其實對妳的諮詢是有意見的，是這樣嗎，曉月？」

曉月點頭道：「不能說是意見，但如果我是諮詢師，我確實不會這樣處理。上次案例討論課時，我就覺得妳忘記諮詢時間是非常不專業的做法，當然，老師後來解釋這本身是對來訪者的反移情表現。這次妳諮詢之後，來訪者其實是帶著內疚的心離開。妳是輕鬆了，但來訪者沉重了，我覺得這對來訪者不公平。來訪者明顯是不正確的歸因，把所有的過錯攬到自己身上。其實這也是來訪者來做心理諮詢的原因之一。在諮詢過程中這一點反而被強化了。」

潔一拍巴掌大聲說：「妳如果剛才就這樣說多好！我現在明白妳的意思了。我趕緊記下來！」

曉月一臉困惑地說：「為什麼我就不能像上課時那樣說呢？我那樣說妳為什麼不明白呢？以前我接受的訓練就是案例督導時不要針對諮詢師本人，而是針對案例來討論，不要讓諮詢師本人有尷尬感，所以我都是用第三人稱來談的。」

晶晶笑著說：「可能對妳來說做到這一點很難，這麼直來直去地說話。但潔確實喜歡這種風格。」

潔使勁點頭：「對對，我就是這樣，承受力很強，不會認為這些是針對我本人的。我們只是在討論案例。」

小張說：「可是不是每一個人都這樣啊！妳剛才上課時應該讓晶晶說完話……」

潔打斷她的話說：「可是她誤解了我，我必須要澄清！」

小張在一旁笑了：「妳看妳看，妳又來了，又打斷我了。妳至少要讓別人講完話。」

潔說：「可是我就是這種個性啊！想到什麼我馬上要說出來。」

小張說：「在生活中妳是一個怎樣的人都沒有關係，但做為一名諮詢師，必須要訓練這種素養，要給別人說話的機會。再說，晶晶剛才也只是談她的觀察和感受，她並沒有說這是事實。妳也可以有和她不一樣的觀察。」

小李點頭道：「確實，諮詢師要有一顆包容的心，能夠接受各種不同的觀點。」

晶晶說道：「這樣的討論其實是非常有意義的，因為它是此時此地發生的，能夠幫助我們更好地成長，從而更好地幫到我們的來訪者。」

在團體案例督導過程中，老師巧妙地引導大家關注到自己的移情和反移情，把諮詢師本人做為工具，運用諮詢師的現場反應和感受，來瞭解來訪者的內心世界，從而更好地與來訪者互動。而學員們也活學活用，在課後進一步深化了對案例的討論。只有比較成熟的諮詢師之間都會展開這樣的討論和反思。

❸.❹「我有了新感覺」──
精神分析初學者的狀態

這是一個一對一的個案督導場景。諮詢師正在學習精神分析的諮詢技術。他和督導談到當他使用精神分析技術時自己的新感覺，他對這些感覺是陌生的。

諮詢師：「我想和您談一談我正在做的個案。其中有些感覺對我來說是全新的。」

督導：「能先簡單說明一下來訪者的資訊嗎？」

諮詢師：「哦，他是一個即將畢業的大四學生，對自己的未來很迷惘。」

督導：「他的諮詢目標是什麼？」

諮詢師：「想要瞭解自己看重什麼，自己的價值觀是什麼，以便更好地決定選擇怎樣的工作。」

督導：「嗯，他的基本資訊可以先瞭解到這裡。你想說有哪些新感覺？」

諮詢師：「在第一次諮詢時，我觀察到他的坐姿很放鬆，兩條腿岔

開，佔據的空間很大，像坐在主人位。他在諮詢中一直很少和我有目光接觸，他的目光基本落在他面前的茶几上，只是偶爾抬起頭。儘管是第一次諮詢，但我大多數時候在傾聽，在沉默，給了他很多時間和空間，讓他自由聯想。我從來沒有在第一次諮詢中這樣嘗試過。通常在第一次我需要給來訪者做評估，向來訪者說明諮詢中所用的技術，然後才開始有比較多的沉默。但這位來訪者沒有經過這個過程。」

督導：「對這些你的感覺是什麼？」

諮詢師：「我覺得和他很有默契。他不像一個第一次來的來訪者，他像一個有過很多次諮詢經驗的來訪者。面對沉默他不覺得尷尬。我當時還以為他有過諮詢經驗，並且是以精神分析為導向的諮詢，但一詢問，他其實是生平第一次接受諮詢。

但在第二次諮詢時，這種感覺就發生了變化。他進入諮詢後仍然基本不看我，我問他『這一週過得怎樣？』，他只回答了一句『還不錯』，就開始接著上一次諮詢的話題開始說起來。我不時會和他確認他的感受，他通常否定我的說法，他會換一個詞，或者說程度沒有那麼強，或者會換一個角度。比如說，我說『你感受到擔心和害怕』，他會說『不，沒那麼強烈』，我說『你不敢往前走，因為你怕走錯路』，他會說『不，我只是擔心走錯了機會成本比較高』，我說『你感覺到不安』，他說『不，我只是特別少和別人談自己』，其實這種否定在第一次諮詢中就發生過，但這一次我更強烈地感覺到他的糾正。我開始思考他不斷糾正背後的含意是什麼。我不覺得我給他的回應是真的沒有到重點上，或全部都不精準，但不

知出於什麼原因，他需要不停地否定。我在想：他是不是只是在自己說給自己聽？他似乎不需要我的回應。想到這一點後，我甚至低垂了目光，有那麼片刻的分神。然後我很快回來了。

我還注意到他的手會說話，不論他說話時還是沉默時，他的兩隻手都在『說話』，一會兒緊握在一起，一會兒捏在一起，一會兒鬆開。儘管他在沉默，但他的內在一直在說話，因為他的手一直在動。在一個很長的沉默中，我打破了沉默。我說『我覺得你現在不需要任何人的幫助，所以我只是在這裡等你，等你準備好』，但我現在在想，這樣的揭示是否太早了一些？」

督導：「我可能還需要你談更多的資訊才能知道這部分是否太早。有時在諮詢室會發生很多事情幫助諮詢師做出當下的反應，但這些部分不能全部用語言描述出來。來訪者是怎樣反應的？」

諮詢師：「他沉默了一下說『在生活中通常我是坐在你那個位置，我通常是幫別人做諮詢的那個人。我不太習慣對別人講那麼多話』，然後他就開始幫我做起了諮詢。」

督導：「他幫你做諮詢？聽起來很奇妙。這是怎麼發生的？」

諮詢師：「他問我：『你對成功是怎樣定義的？』」

督導：「很有意思，你是怎麼回答的？」

諮詢師：「我說：『在我回答這個問題之前，能否告訴我你為什麼問這個問題？』」

督導：「不錯，這個回答很好。他的回答呢？」

諮詢師：「他說：『我想從有經驗的人那裡收集各式各樣的回答。』」

督導：「哦，這很有意思。他把你定位為一個有經驗的人而不是諮詢師。」

諮詢師：「但他仍然再次提問，逼著我回答。他一共追問了兩次。」

督導：「他這樣做讓你有什麼感覺？」

諮詢師：「我非常不耐煩，我不想糾纏在這個問題上，因為我可以感覺得到，他不需要我的答案本身，他只需要我回答這個動作。在逼問的過程中，他似乎有些生氣。他似乎在測試什麼。測試什麼呢？我現在回想起來，在第一次諮詢時他幾乎沒有給我什麼時間自我介紹，我只是說了自己的名字之後，他就直接切入主題，帶著我一直向前奔。他似乎是諮詢的主導方。他想用這個問題來測試他是否掌握著諮詢的主動權。」

督導：「有這個可能性。那你怎麼做的？」

諮詢師：「我說：『我很猶豫該怎麼回答，一是我擔心自己的回答會影響到你；二是我覺得你其實並不真正需要我的回答。我在想你的問題與你來諮詢的目標之間有什麼關聯。你是來諮詢什麼對你是最重要的。你是想瞭解成功對你是否最重要，是嗎？』」

督導：「嗯，你能夠把他的問題和諮詢目標聯繫在一起，很好。」

諮詢師：「是的，到這裡來訪者開始有了變化，他說：『成功並不是唯一的詞，可以換一個詞，我其實想探索生活的意義。』我覺得這個問題

還挺有意思的，我也願意探討，我鬆了一口氣。這時他嘆了一口氣。我注意到他嘆過好幾次氣，而且每次幅度都不小，整個肩都會跟著動。我說：『你是不是覺得很多東西壓過來，讓你覺得很累？』這一次，他說『對』。接下來他重新回到來訪者的角色中，並開始真正聽我所說的話了。」

督導：「非常棒。你對這個部分有怎樣的反思？」

諮詢師：「我會有多重反思。第一重，我覺得自己能察覺到和他的這個張力是一件很好的事情。我在之前的諮詢中，從來沒有和一個來訪者在前兩次諮詢中就達到這麼深的互動。不，更準確的說法是：在之前的諮詢經歷中，也許曾經有過這樣的時刻，但由於我的敏銳度不夠，所以我無法捕捉到。而這次我能夠在現場就感受到這些，我能夠清楚地看到諮詢室中正在發生的事情，除了語言之外，還有其他很多事情同時在發生。我覺得自己的敏銳度提高了。」

督導：「你覺得敏銳度是怎樣提高的？」

諮詢師：「一方面我在學習新的理論知識、不斷接受督導，另一方面，我自己也在接受分析。來訪者的角色讓我對諮詢中的很多事情有了深入瞭解。」

督導：「我也有這樣的感覺，因為你在描述這個過程時，你有一種遊刃有餘的感覺。你和來訪者之間是流動的，有很多事情發生在你們之間。你們的互動確實達到了一個深度。而且難能可貴的是你允許自己有這種敏銳度，同時沒有讓這種敏銳度帶來的資訊淹沒來訪者。有些新學精神分析

的諮詢師會對這些感覺很陌生，從而很焦慮，有些不知所措，或過分地專注在自我的感覺上，會忽略來訪者，或想把所有的感受全部分享給來訪者，淹沒來訪者。但你這方面能夠把握分寸。你越給來訪者心理空間，來訪者就開放，你也會越開放。」

諮詢師：「謝謝你的鼓勵。但我還有第二重感覺。我覺得我從第一次開始就有點過急了。看起來好像是默契，來訪者說、我聽，但其實這是來訪者的選擇，他更願意和自己談話，我的沉默給了他更多的空間讓他自言自語。我隨著他的節奏走。但第二次諮詢時他不想沿用這個節奏了。這時我就跳進去攪了場，給他回應，這讓他感覺到他被分析，這讓他不安，結果他就和我 PK 諮詢的主動權。如果我再慢一點，也許他會說更多一些。」

督導：「你的這段話有很多資訊，我們一一來看。如果他是在自言自語，那你的身分呢？他是允許你做為另外一個他和他在一起嗎？根據你提到的資訊，他很少向別人講起自己。當你給他回應時，你是做為他的新自我，他對這個新的自我是一種什麼態度？」

諮詢師：「我沒有考慮過這個角度。他是把我當作一面鏡子，透過我照出他自己。但他似乎覺得這面鏡子中照出來的不是他。他很多次否定可能是對我的拒絕和否認吧！」

督導：「也有其他可能性，一種是他用這種方式邀請你更走近他，更精準地認識他，所以他的『不』後面有澄清。另外一種是他本身是一個固執、僵化的人，除非你的回答完全符合他的期望和要求，否則他都會說

『不』。」

　　諮詢師：「讓我想一想……他不是一個固執的人。從很多線索看出，他具有靈活性，可以接受新的東西。所以有可能是一種邀請。也許他已經用了他最大的信任在和我對話，但我仍然覺得在被他拒絕。看來我有點急躁了，所以犯了錯。」

　　督導：「我發現你有些自責。你正在學習精神分析技術，做不好是正常的。我有點猶豫是否要告訴你這一點：在諮詢中，其實沒有『做錯』這一說。諮詢師有可能做得不完美，如果察覺到，馬上和來訪者澄清，把這些錯誤或不完美做為諮詢的素材和來訪者探討。在諮詢室中發生的任何事件都是有意義的，都可以成為來訪者前進的臺階，關鍵看諮詢師如何學習、領悟和實踐。我之所以會有些猶豫地說出這一點，因為我擔心新手會用這一點做為藉口，不再深入反省諮詢中到底發生了什麼。」

　　停頓一下，督導接著說：「我想告訴你的是：不論你怎樣做，都是可以的。就你目前所做的而言，沒有做錯之說。來訪者和你有互動，你看得見回應，你會知道自己做得怎樣。如果做得不夠，下次只要調整即可。沒有完美的諮詢。」

　　諮詢師：「我理解了。謝謝。」

　　在整個督導過程中，督導採取了非常包容和非常開放的態度，運用了開放式的提問，讓諮詢師有機會通過一些線索反思在諮詢室中發生的事情。督導也有溫和的鼓勵和支持，使諮詢師可以更安全、更深地探索自己。對諮詢師的疑問，督導也有指導和分享。這些對諮詢新手都非常重要。

四

◈ 對家庭治療個案的督導 ◈

❹.❶ 夫妻諮詢個案的督導：基本原則和構面

這是一個一對一的個案督導。由於是兩個人之間的互動，所以諮詢師和督導老師可以深入細緻地探討個案中的各種問題。諮詢師彙報的是一個老年夫妻來諮詢的個案。其諮詢目標是如何提高婚姻品質。

老年夫妻的諮詢特點及其構面

諮詢師：「這次來的是一對老年夫婦，兩人早就退休了。我做起來覺得很辛苦，很難推動兩人的改變。之前做其他的夫妻諮詢沒有這種吃力感，為什麼會這樣？」

督導：「你可能之前做的年輕夫妻諮詢更多。老年夫妻的諮詢和年輕夫妻的諮詢不同。年輕夫妻有很強的動力改變，他們的婚姻生活才剛剛開始，還有很長的路要走，他們改變的動力會更強。但老年夫妻已經不再年輕，未來的時日看得見。他們彼此太熟悉了，又有很多的經歷，對生活、對彼此也沒有太多幻想，他們只是接受現實，很難改變。所以諮詢起來會比較辛苦。」

諮詢師：「在這個個案中，看起來先生參與諮詢的動力並不大。主要是妻子有強烈的意願來進行諮詢，而丈夫只是陪同角色，一臉『沒我的事』的表情。該如何面對夫妻雙方投入的意願和動機不同的狀況？」

督導：「這是夫妻諮詢中常見的情況：雙方投入度不同，意願不同，期望也不同。女性，也就是妻子一方往往有更高的投入度和更強的意願。做為諮詢師，在前期要做這方面的評估，瞭解他們在動機、投入意願、諮詢目標上的差異，並由此制訂諮詢策略：是讓雙方先就諮詢目標達成一致，還是先從雙方的互動結構入手，再慢慢觸及諮詢核心。通常對那些矛盾和差異不太大的夫妻，可以採用前一種方法；而對那些特別困難的夫妻，則適用於後者。」

諮詢師：「在這個個案中，一開始夫妻雙方還心平氣和地談，但談

了一會兒雙方就會有爭執，會打斷對方，語氣也變得激烈起來，該怎麼處理？」

督導：「你目前是怎樣處理的？」

諮詢師：「在第一次諮詢中我還是以傾聽為主，不論哪一方說，我都會仔細聽。當雙方爭執起來時，我就會提一些客觀性的問題，讓大家盡可能回到事實層面，如『你在家排行老幾？』、『你父母是做什麼職業的？』、『你們結婚多少年？』等等。」

督導：「你處理得非常好。還可以做一些預防性工作，比如在諮詢開始時就可以設定一些需要夫妻雙方共同遵守的規則，如一時段只有一個人說話，不打斷對方。這跟團體諮詢的規則是一樣的。諮詢師要不斷地觀察雙方，必要的話，可以打斷一方的發言，或邀請其中的一方發言。諮詢師需要瞭解一些事實性的資訊，雙方在這個方面不會爭吵，比如各自原生家庭的家庭成員、兄弟姐妹、父母職業、經濟狀況等。」

諮詢師：「我覺得做夫妻諮詢會有很多困難。其中一個是如何創建諮詢構面。在這次諮詢中，我始終是和兩個人在一起談話，但明顯是妻子說得多、丈夫說得少，但我不知道該如何改變這種狀態。」

督導：「諮詢結構在初期就需要穩定地被創建出來。如果你需要觀察夫妻之間是如何互動的，可能第一次可以和兩個人一起工作，看他們兩人之間是怎樣溝通的、和你是怎樣溝通的。但如果一直是妻子說得多、丈夫說得少，在下次時你就需要創建一種新的構面，先和他們一起談十～十五

分鐘，然後分別和妻子、丈夫有十五～二十分鐘的談話，最後再和他們一起談話。這樣兩個人就有可能分別和諮詢師發展關係，說出自己的想法和願望。這種結構也適用於帶孩子來的家長。」

夫妻諮詢中諮詢師的定位

諮詢師：「我其實很擔心，擔心夫妻雙方都會把諮詢師做為工具，希望透過諮詢師達到自己的目的，比如希望諮詢師去批評、教育另一方，或者讓諮詢師去傳話。如果遇到這種情況怎麼辦？」

督導：「確實，有時會遇到這樣的情況。比較恰當的做法是在諮詢開始界定彼此的責任和義務，明確諮詢師不是審判者，不是彼此的傳話員，即使是對夫妻雙方，諮詢師也恪守保密原則，他們想對對方說的話，應該直接告訴彼此，而不是由諮詢師在其中傳遞。諮詢師更重要的任務是幫助雙方相互理解。」

諮詢師：「我還會擔心，和丈夫、妻子分別談話時，如果他或她告訴諮詢師一個祕密，比如說自己移情別戀，或自己是同性戀，這是一件好事還是壞事？」

督導：「這是一件麻煩事。如果夫妻某一方把自己的祕密告訴諮詢師，這時諮詢就變得很難。諮詢師成為一個擁有祕密的人，和擁有祕密的

人會站在同一個陣營中，這會使諮詢師不再中立，非常難展開工作。說出祕密的人似乎也把包袱丟給了諮詢師，似乎自己就可以不必承擔那麼多責任了。諮詢師這時必須要針對祕密展開工作：『現在我很難進行夫妻諮詢了。你必須要先處理祕密。你打算怎樣處理祕密？你是否會告訴對方？什麼時候告訴？如果不告訴，你打算怎麼辦？祕密怎樣影響了夫妻關係？』在夫妻諮詢中，揭曉祕密的應該是擁有祕密的那一方，不是諮詢師。」

　　諮詢師：「在這個諮詢中，我發現自己其實非常認同妻子的一些看法，因為在生活中我也有這樣的體會。但為了表現出中立，我不得不壓抑對她的認同，這讓我有些不舒服，也有些困惑。我應該怎樣做才能保持中立？」

　　督導：「做為諮詢師，在這種個案中，往往會把自己在家庭中的角色帶進諮詢室，所以這種個案是訓練諮詢師反移情能力的重要機會。可能當事人說的話、諮詢中出現的場景，都會讓諮詢師聯想到自己的家庭，或帶進自己的角色。諮詢師要時刻意識到自己的反移情，並及時處理。有時儘管你不說，但諮詢師不論怎樣都無法背叛自己的感受，來訪者還是可以從你的表情、動作等非言語中察覺你的立場，比如你對她丈夫說的話皺眉，而對她說的話微笑點頭，或者你對她所說的話沒有做任何回應，而對她丈夫的話追問了兩三個問題，這些你都是無意識中做的，但來訪者就會知道你在支持誰、你在意誰。」

　　諮詢師：「這麼難啊！那我肯定流露出過這樣的信號。我想知道怎麼保持中立？」

督導：「諮詢師可以反覆用下面的問題提問，用這樣的提問保持中立：『我聽到你說……，是這樣嗎？』、『你聽到對方所說的話了嗎？』、『你同意對方所說的嗎？』、『你怎麼看對方所說的話？』、『你為什麼同意對方？』、『你為什麼不同意對方？』這些問題更多是鏡像的反應，並沒有表現出傾向性和偏好。」

在夫妻諮詢中瞭解原生家庭的重要性

諮詢師：「在這個個案中，夫妻結婚後長期住在公公婆婆家。妻子對丈夫的原生家庭頗有怨言，覺得婆婆、公公對待自己不公平，偏向『他們家』的人，把自己當外人看，做事情一向都是雙重標準。而丈夫對這些則很不在意，覺得這些只是雞毛蒜皮的小事。如果談論這方面的話題，需要花比較多的時間，我是靜下心來瞭解這方面的資訊，還是應該很快地推動他們去談論一個新話題？」

督導：「在家庭諮詢中，有必要瞭解雙方更多的背景資料。有時看起來是兩個人的矛盾，其實是源於原生家庭，舉一個例子：妻子一直對丈夫非常不友好，在諮詢中找到原因，原來她非常憎恨父親。她只是把丈夫當作父親的影子來對待。這樣的例子非常多。我接過的一個個案，看起來是

丈夫花心，找了第三者，其實是妻子重演自己母親的故事，把丈夫推到家庭之外『讓』他去找第三者，就如同她媽媽對爸爸所做的一樣。在這個個案中，丈夫在維護自己的原生家庭，丈夫和自己的母親在同一個戰壕裡，這是一種常見現象。婆婆常常是戰爭不動聲色的發起者，而妻子需要和婆婆競爭，造成婆媳關係很差。婆婆常會摧毀兒子的婚姻生活。有時妻子甚至意識不到自己和婆婆的競爭關係，但她會自然地做出防禦的動作。這個個案中的妻子顯然是這樣。婚後長期住在一起常會惡化雙方的關係。」

　　諮詢師：「這讓我非常困惑，因為照您所說，需要瞭解一些具體的資訊和細節，但這樣的話，可能夫妻雙方就會陷入談論家庭瑣事中，再次重複他們在生活中的爭吵部分。這樣怎能推進諮詢呢？」

　　督導：「夫妻諮詢有一個非常好的地方：諮詢目標非常明確。所以諮詢師需要和雙方就諮詢目標達成一致，所有的資訊都是圍繞諮詢目標的。不需要挖太深，關鍵是解決問題。那些和解決問題無關的資訊可以忽略、不去觸及，或觸及但不展開。」

❹.❷ 夫妻諮詢個案中的諮訪三角關係

這是一個一對一的個案督導，即一名諮詢師和一名督導老師一起討論個案。它的好處是可以細緻深入地探討某一個案。諮詢師彙報的是一個老年夫妻來諮詢的個案。其諮詢目標是如何提高婚姻品質。但夫妻諮詢到第二次就結束了，因為妻子說出已被診斷為憂鬱症，諮詢師建議妻子先進行治療並接受個體諮詢，然後再進行夫妻諮詢。

諮詢師的內疚感及其處理

諮詢師：「做完這個個案之後，我覺得有內疚感，似乎沒有更好地幫到來訪者。我本來可以為來訪者做得更多。」

督導：「你覺得還可以多做哪些？」

諮詢師：「我覺得妻子的主要訴求是讓丈夫聽到她的聲音，讓丈夫理解她。所以儘管她有憂鬱症，但我們還是可以再進行一次諮詢，把她所有內在感受充分表達，確保她當下情緒被聽到，然後再看是否轉為個體諮詢。」

督導：「確實如你所說，她需要很多方面的說明：她的憂鬱情緒，她與丈夫的溝通，她如何度過更年期，她有可能把你的建議當作對她的一種責備，責備當下婚姻是由她的憂鬱症引起。不過，我想確認的是，之前她

丈夫知道她得憂鬱症嗎？」

　　諮詢師：「不知道。她一直沒有跟丈夫說這件事情，完全是她一個人在硬撐，她對憂鬱情緒有非常強烈的感受，她甚至用『魔鬼』來形容憂鬱症，所以我猜她肯定是被這種情緒深深地擾動了，有非常強烈的無助和絕望。」

　　督導：「看起來她完全沒有辦法跟丈夫溝通，所以憂鬱是她的一個祕密，一個巨大的祕密，而你在諮詢中讓她對你有足夠的信任，在諮詢中有足夠的安全感，所以她願意把這個祕密講出來。只有當你成為夫妻兩人共同的聯盟時，她才可能說出這一點。而這僅僅是第二次諮詢，這表示你做得很好。」

　　諮詢師：「你這樣說讓我感覺好很多，但我還是在想我結束得是否太快了一點。」

　　督導：「我理解夫妻同來諮詢的個案是比較難做的個案。夫妻總是有問題了才來做諮詢，在諮詢中會遇到各式各樣的問題，如有的夫妻想要浪漫，有的遇到了第三者，有的完全與對方無法溝通。在各種個案中，相對來說中老年夫妻諮詢會更困難，因為他們對人生的追求已和年輕夫妻不同。有可能你確實結束過快了，但也有可能在諮詢室中，在你現場的感受中，從夫妻諮詢轉為個體諮詢是一個更好的選擇。都很難說。你的感覺是什麼？」

　　諮詢師：「在第二次諮詢結束時，我確實覺得同時推進夫妻雙方有些

困難：妻子有很強的內省精神，對很多方面有很深的洞察，但她的情緒過於低落，一直在哭泣，而且她一直在談過去的事情；丈夫情緒上比較穩定，但缺乏內省，而且只看未來，不願意回首過去。我能夠利用的資源非常有限，而他們又期望能在短期內解決問題，我覺得無法做到。」

督導：「你其實可以和他們溝通這些方面，由他們和你共同決定是把夫妻諮詢轉為個體諮詢，還是延長夫妻諮詢的次數。這樣不論最後是哪一種情況，可能你都不會那麼遺憾。」

諮詢師：「我沒有想到這一點。所以我內疚的原因是由於這是我單方面的決定，而不是來訪者充分參與的決定。」

督導：「這對你是一個很好的經驗。我可以分享一下我的經歷。我很少做家庭諮詢個案，其中一個原因是由於我的成長背景，我來自一個大家庭，家裡孩子很多，每天都是鬧哄哄的，無時無刻你都會聽到有人在鬧。對我來說，做家庭諮詢，如果夫妻吵鬧起來，馬上就會讓我回想到我自己家庭的那種氛圍，我就受不了，那對我來說太累了，像爬山一樣，所以後來我決定不做家庭諮詢。就這個個案而言，重要的是你從中學到：可以運用自己的感覺和反應去理解來訪者，並用這些幫助他們。」

丈夫和妻子在諮詢中的不同特點

諮詢師：「我感覺到在諮詢中推動丈夫是一件很難的事情。我覺得丈夫一直意識不到他妻子在家庭中遭受了多大的痛苦，對他們多年前的婚姻危機，他只是輕描淡寫地說『事情都過去了，不要再多想』，我覺得讓他意識到事情的嚴重性很困難。」

督導：「確實，這是很難的事情，在一、兩次諮詢中很難做到，這可能是由他的個性決定。而且這麼多年他都這樣過來了，你在諮詢中要讓他回頭看他多年前的行為帶來了怎樣的結果，這會讓他無法接受，他會本能地遮罩，會有阻抗。」

諮詢師：「我採用的方法其實是溫和地面質，想讓他反思自己的行為，想讓他站在妻子的角度考慮問題。但似乎不奏效。」

督導：「你要學會與男性來訪者工作，他們會需要具體的內容，更看重你給出具體的方向，他們需要你告訴他們怎樣做。而女性則更看重情感，更看重內省。聽起來你用在丈夫身上的方法和用在妻子身上的方法一樣，想推動丈夫做內省，但這對他來說很難。如果他真的有這種反省能力，可能他妻子就不會拖他一起來諮詢了。在中老年夫妻諮詢中，大多數妻子都會覺得讓丈夫聽見自己、聽懂自己是件困難的事情，所以在這樣的諮詢中，我常邀請夫妻同來，這樣可以創造一個平臺和機會，讓兩個人相互被聽到、相互被聽懂。這樣的改變可以在兩個人身上同時發生。但如果只有一方來了，我也常常鼓勵他們：即使只有你一個人來，如果你的行為有改變，對方也可能發生變化，如你說話的方式改變，對方回應的方式會變。」

諮詢師：「在諮詢中，我表揚了丈夫，說他願意參與諮詢、配合諮詢是很好的，第一次諮詢結束後對妻子更好，這也是非常好的。但我注意到我其實沒有表揚妻子。我在想我表揚丈夫是否是為了取悅他？」

　　督導笑了起來：「男性對待表揚不會多想，接收到表揚，感覺很好，但轉眼就忘記了。男士通常只在一個水準上思維，要嘛是好，要嘛是壞，要嘛是贏，要嘛是輸，他只需要這麼多。在男孩子身上表現為『媽媽表揚我了，這很好』，然後該做啥做啥。而女性則會要求不同，如果媽媽表揚了，女孩就會琢磨：『媽媽為什麼表揚我？接下來還有什麼？會不會抱抱我？會不會給我一個玩具？』我想知道的是你為什麼沒有表揚妻子？」

　　諮詢師：「因為我擔心自己表揚了妻子，就會失去中立性，就會失去丈夫對諮詢的支持。因為在我的內心裡，我很認同妻子的一些看法，我覺得她很深刻、很敏銳，看到婚姻中一些深層次的問題。我覺得我和她已經站在同一戰壕裡了。我需要時時刻刻提醒自己不要失去諮詢的中立性。」

夫妻諮詢中諮訪的三角關係

　　督導：「這是很有意義的自省。讓我們來看一下：在夫妻諮詢中，丈夫、妻子和諮詢師會形成一個三角關係，你內心裡和妻子站在一起，但卻

只表揚丈夫，讓我們看看是什麼原因。你平時是否也不表揚自己？你是否對自己要求很高？你是否很少呵護自己，很少善待你自己？」

諮詢師：「我覺得主要原因不在這裡。你的問題並沒有讓我覺得被觸動。不是我對自己好不好的問題。」

督導：「哦，是這樣哦！那讓我換一個方向。你對丈夫這位來訪者的印象是什麼？討厭他？喜歡他？」

諮詢師：「我覺得他和諮詢這件事情保持著距離，和我也保持著距離，他似乎是一位旁觀者，審視著諮詢，評判著諮詢。我覺得他可能會批判諮詢。」

督導：「你對他的感覺是什麼？」

諮詢師：「我覺得他像一塊巨大的石頭，我推不動，也移不動，很少有感情色彩。」

督導：「這也許是來訪者妻子所感受到的。你能感受到她所感受到。那你能感受到丈夫對妻子的感覺嗎？」

諮詢師：「在妻子單獨與我談話時，她一直不停地說、不停地說，翻來覆去地說。諮詢的時間是有限的，眼看著她要用光所有的時間而我還沒有機會說話，看著她不停張合的嘴唇，有那麼一刻，我真是很煩躁很煩躁，拚命在心裡說：『停！停！別說了！』」

督導：「所以你也會感受到他所感受的。這真的很可惜，你能感受到他們所感受到的，但他們卻不會再回來，否則你可以用這些資訊很好地幫到他們。讓我們再來看一下三角關係，當你單獨和丈夫、妻子在一起時，

和你和兩個人在一起時有什麼不同嗎？」

諮詢師：「和妻子單獨在一起時，我特別能感受到她的難過、無助、傷心和委屈感，但當丈夫進來後，我就得和她保持距離，不能對她有更多同感；和丈夫單獨在一起時，他會更放鬆一些，更有彈性，更願意開口，但當妻子進來後，他就和我拉開距離，穿上一層保護衣。」

督導：「在這個諮詢中，諮詢師和丈夫、妻子兩個人會形成新的三角關係。這個三角關係和他們家庭之前的關係有點像：夫妻雙方加上婆婆，只是那時妻子和婆婆有競爭關係，而丈夫和婆婆是在同一個陣營中。我不太知道丈夫和妻子會對諮詢師有怎樣的移情，聽起來丈夫更像把你移情為自己的母親，單獨相處時他更放鬆，但妻子加入後會變得防禦心；而妻子把你移情為一位『好媽媽』，能夠傾聽她、懂她的好媽媽，不是與她競爭和對抗，而是試圖理解她。雙方都是正向移情。但諮詢師能否同時承擔起兩個被投射的角色？諮詢師本人更認同哪一種投射？這個三角關係非常複雜，如果諮詢的次數更多，可能其中內在的動力結構會更清楚。」

4.❸ 對兒童來訪者家庭的觀察

這是一個一對一的個案督導場景。諮詢師正在學習精神分析的諮詢技

術。她正在跟督導討論一個兒童來訪者的個案，是一個七歲的男孩龍龍，他的父母參與諮詢中。

兒童個案中的身體接觸

諮詢師一來就迫不及待地問：「在兒童諮詢個案中，諮詢師能否擁抱孩子？」

督導：「妳能談一下具體情況嗎？」

諮詢師說：「是這樣的，在諮詢結束時，我想擁抱一下龍龍，因為他在諮詢中表現非常好、非常配合。龍龍是因為多動症來諮詢的，爸爸媽媽說他是個坐不住的孩子，但整個諮詢中他很克制，雖然後半段他也會走來走去，但盡量不影響我和他父母的談話。我看到他的努力，想要表揚他。」

督導：「如果是我，我會給孩子擁抱。對孩子來說，他們的身體反應是非常直接的，他們還沒有像成人一樣學會去控制自己的身體反應，或者停止運用自己的身體。所以從擁抱中可以得到很多資訊：孩子是否抗拒擁抱，孩子是否會回應擁抱，或者只是機械地接受擁抱。另一方面，孩子的身體可能比成人更需要接觸，他們會本能地需要這種身體撫觸。但我想確認一下，為什麼妳會這麼不確定，督導的第一個問題就是關於這方面

的？」

諮詢師想了想說：「因為我接受的訓練是說盡量不要和當事人有身體接觸。我和成人做個案時基本會嚴格遵守這一點，但和兒童做個案，我發現遵守這一點有些僵化。我想跟著自己的感覺走。」

督導：「確實現實會和教科書的場景不一樣，我們需要有靈活和變通。我可能還會繼續問：妳是在什麼場景下擁抱他的？他的父母有看見嗎？」

諮詢師：「嗯，是在諮詢結束時，是一個告別擁抱。當著他父母的面，他們看見的。」

督導：「他們有什麼反應嗎？他們是否也當著妳的面和孩子有身體接觸？」

諮詢師：「他們沒有特別的反應，但他們應該能夠感受到我對龍龍的喜愛。我注意到他們從來沒有當著我的面和孩子有身體接觸。」

對家庭關係的觀察

督導：「妳對這個家庭的印象是怎樣的？」

諮詢師：「我的感覺是：父母其實是孩子，他們不知道該如何教養孩子。在諮詢師面前，他們就如同小學生坐在老師面前一樣。身體姿勢是這樣，臉部表情和語氣也是這樣，畢恭畢敬。給我的感覺是整個家庭是缺失家長的。有時候，我覺得是龍龍在控制著整個家庭。但這一點還需要更多

的觀察。」

督導：「哦，這是很有趣的觀察。能談一下妳是如何察覺到這一點的？」

諮詢師：「是這樣的：他們提到孩子出門前還在和奶奶爭吵，因為奶奶說晚上吃紅燒肉，龍龍堅持要吃牛排，而且一定要做七塊，因為每人一塊，而他一定要吃三塊。奶奶說索性多做一些，誰喜歡吃多少都可以，結果他就發脾氣，大聲喊叫，說不能多做也不能少做。奶奶趕緊答應了。而在這件事情上，父母完全拿孩子毫無辦法。看起來孩子不光是指揮自己的父母，還指揮著爺爺奶奶一家。」

督導：「妳怎麼區分這是父母給孩子自由，還是父母被孩子操控？」

諮詢師：「如果是父母給孩子自由，應該會給孩子更多的支持和鼓勵，但到目前為止我沒有看到父母有這樣的舉動。我看到更多的是父母不知該如何做決定，索性就讓孩子來做決定：我們諮詢中心有多個諮詢師，選哪一個諮詢師是由孩子來決定的。雖然這很讓人驚訝，但確實是孩子把頭伸進每一間諮詢室，『面試』了每一個諮詢師後，然後提出要找我諮詢的。進入諮詢室後，是孩子指著位置讓父母坐下的，所以是孩子安排了父母的座位；當父母講述情況時，孩子不時插嘴，而父母完全接受孩子的這種做法，孩子和父母說話的方式讓我感覺到孩子是在糾正父母。包括最後確定下次來諮詢的時間，都是孩子直接做的決定，父母只是附和同意。」

督導：「如果妳的觀察是正確的，這意味著妳的諮詢中有很多工作要

做。妳不光要做孩子的諮詢，也要讓父母成長為能夠承擔責任、能夠做決定的父母。」

　　諮詢師：「確實是這樣。我一度想過是否讓父母找另外一個諮詢師、我只做孩子的諮詢，但我有一個很大的顧慮，擔心另外的諮詢師和我的理念不同。我希望父母為孩子創造更寬鬆的環境，但另外的諮詢師可能建議父母對孩子更多約束。後來我和當事人父母談如何設置諮詢，他們希望都能在我這裡諮詢，因為再找一個諮詢師對他們來說費用太高。於是我們達成一致，全部都由我一個來做。目前的設置是這樣的：每次諮詢我和龍龍先一起待二十五～三十分鐘，主要用玩遊戲的方式來做諮詢，其餘的時間，我和父母探討如何教養孩子。如果有特殊情況，我們可以靈活調整。」

　　督導：「妳和家庭成員待在一起時，有觀察他們三個人之間的互動嗎？」

　　諮詢師：「有。龍龍好像和母親更親近一些，坐的時候他也是讓母親坐在他旁邊。說起他的資訊時，也是母親講得多。但現場父親也會管教他，讓他說話聲音小一點，對父親的管教龍龍會聽。有一點我有些困惑：我對父親的印象是非常矛盾的。在他沒有進諮詢室之前，我不見其人先聞其聲，我在做前一個個案諮詢時聽到他用很大的聲音教訓孩子，當時我以為是一個非常自大的人。但真正坐在諮詢室的父親，其實是一個順從度很高、說話聲音比較低、說什麼都會聽的人。」

　　督導：「妳能觀察到這一點很好，可能需要更多的時間才能瞭解到原

因。他這樣的兩面性對孩子會有怎樣的影響？從妳的描述來看，龍龍並不排斥自己的父母，這是一件好事。」

諮詢師：「在第一次諮詢時，我邀請全家三個人在一起。我注意到父母區分不出來哪些話可以當著龍龍的面說，哪些話最好不要當著龍龍的面說。通常父母不會在孩子面前說孩子做得不好的地方，但龍龍的父母這樣做了，而且不停地說，說了很多，一邊說一邊抱怨，在那個時刻，我真的很替龍龍難過。我看了龍龍的表情，他似乎無動於衷，似乎習慣於這樣的場景。我其實很想告訴他們不要當著孩子的面說孩子不好的地方，但我覺得當著孩子的面這樣教育他父母不是很妥當，於是我後來就打斷他們問『那龍龍有哪些方面做得比較好？』用這種方式引導他們，否則他們塑造出來的龍龍的形象太負面了。」

督導：「你做得很對。看來父母是沒有邊界感的，和孩子的邊界，也許還有其他事情的邊界。妳之前提到父母像孩子、孩子像父母，其實也是和邊界有關。妳有問過孩子在家是否有自己的房間，是否擁有獨立空間？」

諮詢師：「不清楚這些資訊。但我同意您說的邊界感。父親曾經當著眾人的面，在接待室指責過龍龍不應該用手指著別人。如果我是龍龍，我會覺得尷尬。」

督導：「所以今後諮詢中妳可以成為他們建立邊界的榜樣，他們會從妳身上看到妳是如何設立邊界的，然後運用在和孩子的相處方面。」

諮詢師：「感謝您今天的督導。」

五

邊緣性人格障礙者
個案的連續督導

　　以下呈現的是對同一個來訪者的連續督導。這個來訪者被診斷為邊緣性人格障礙 (註 2) 者。來訪者是一個剛剛出社會工作、剛進入職場的大學畢業生。對她的諮詢是一個長程個案，持續了半年多。督導也持續了這麼久。對她的督導可以呈現出邊緣性人格障礙者在諮詢中表現出的典型特徵，以及該如何與邊緣性人格障礙的來訪者工作。所有的督導均為一對一的個別督導。

5.1 「我為來訪者做得太多」

這是第四次面接結束後的一次督導。

在督導一開始諮詢師就迫不及待地說：「這次諮詢可能是一次突破，因為來訪者的模式會有改變，但對我來說是一次非典型精神分析的諮詢，因為我說得太多。」

「發生了什麼？」

「這是來訪者第四次來諮詢。諮詢一開始，來訪者就迫不及待地說起來，像是高壓噴泉一樣噴湧出來。她的說話速度比平時快很多，情緒張力也比較大。一開始她就說自己最近兩個星期做噩夢，不敢睡，很恐懼。還說她又想自殺，又想割自己。我被她的情緒帶動，我想做些什麼，停止她的噩夢，想幫她。」

「你具體做了什麼？」

「因為她需要確認她沒有回到過去，她是在往前走，所以我試圖讓她區分當下與過去。當她說能夠體會到孤獨，並且開始需要人陪伴時，我說她不再需要用割自己的方式來讓自己有感覺，因為她已經能夠感受。」

「聽起來你做得很好啊！你用她的話語系統和她對話，她需要區分當下和過去，你就做了這些工作。你需要知道的一點是：危機對她來說是很重要的。她隨時需要有控制感。對邊緣性人格障礙的來訪者而言，割自己並不是自殺，只是他們釋放情緒的方式。他們非常擅長做這些事情，在皮膚裡面還是外面，在什麼地方，是祕密的還是顯示給別人看的。你需要確認割自己的含意是，她只是在應對機制上的功能不良，還是真的要自殺。

我有一個來訪者，在治療過程中談到割她自己。我問了一句：『妳是用割自己的方式在打電話給我嗎？』因為她在心裡想著打電話給我，但她沒有勇氣打。」

「您說到這裡，我想起來，在兩週當中，來訪者也曾致電諮詢中心，想和我通電話，但因為我出差，無法回電話，所以我請她發郵件給我。但她沒有發。」

「所以，她有選擇，她可以選擇較為健康的發郵件的方式，也可以選擇割自己的方式。我還有一個來訪者需要確認我沒有遺棄她，她每天都會在我的錄音電話上留言，說說自己每天過得怎麼樣。我跟她談好：『我不會回電給妳。但如果妳需要我打電話給妳，請在留言裡告訴我。』以前她每天都有留言，但現在留言就少很多了。」

「原來還可以這麼做。」

「你剛才還提到你想讓她停止做噩夢，這是一個瘋狂的想法。沒有人能做到控制別人的夢。這個目標本身就不現實。你需要慢慢地探索她的感受。」

「哦，是這樣啊！」

「即使我們這樣說邊緣性人格來訪者割自己的模式，仍然不能輕視，還是需要做危機評估，要確認她是否有自殺計畫，如果有，會怎樣做，比如她提到用刀，那就要確認她用刀是割傷自己，還是用來自殺。如果是自殺，有沒有具體時間等等。」

「這個我知道。在諮詢中最困擾我的是：在來訪者的步步緊逼下，我為她畫出了一張圖，解釋她的人生，為她勾勒出未來的目標。而我畫的時候就意識到這樣做是不妥當的。」

「你要瞭解，目前來訪者是要求你照顧她，她要求你去幫助她解決她的問題。她以前對家人也是同樣的方式。現在你已意識到你做了太多。這個個案還有很長的路要走。接下來她一定還會製造你對她的失望。她一定會讓你對她有感覺，讓你心心念念她，在任何時候都掛念她。她也會對你失望，她自己也會有很強的受挫感。」

「嗯，我覺得這對我是很大的挑戰，因為來訪者的狀態會影響我自己。這是我接的第一個邊緣性人格案例。」

「這會是一個非常好的個案。你可以閱讀 Winnicott 寫的 Hate in the countertransference(註 3)。」

「我會去看的。」

「我想提醒你：不要把來訪者的情緒和反應個人化。當他們有情緒時，正是他們改變的時候。當他們抱怨你、恨你、攻擊你時，正是他們開始好轉的時候。他們需要把黑的、白的揉合在一起而不是拼命分開。」

「嗯，這次是她家人陪她一起來的，看起來她需要家人的陪伴。我覺得這是積極信號。」

「她開始學習依賴別人，這確實是一個積極信號。」

結束時督導說：「邊緣性人格障礙的來訪者會教會你很多。」

註2：邊緣性人格障礙：邊緣性人格障礙是一種人格障礙，主要以情緒、人際關係、自我形象、行為的不穩定，並且伴隨多種衝動行為為特徵，最主要的感受是被拋棄感，常有自傷、自殘、自殺等行為。在心理諮詢和治療中常脫落。

註 3：Winnicott, D.W. (1949). Hate in the Counter-Transference. International Journal of Psychoanalysis, 30:69-74.

❺.❷ 一週內變好的來訪者

這是第五次諮詢結束後的督導。

諮詢師報告了諮詢中主要發生的事情，提到來訪者說自己拿到了四個單位的錄取通知，她猶豫不決，不知該去哪個單位，對自己有深刻的反思。

督導說：「聽起來來訪者是一個懂得自省的人。她是一個有心理能力的人。你做完之後有什麼感覺？」

「我覺得她這次想扮演一個好女孩的形象，所以說的、做的都很棒。但回頭再審視一下她的言行，我在想：她是否真的有可能在一週之內變得

這麼好？我有些懷疑。她只是講給我聽，還是行動上也會這樣做？」

「你的懷疑是有道理的。世界上沒有人會變化這麼快。綜合所有你談到的資訊，可以看出她在測試你。」

「測試我什麼呢？」

「測試你什麼？讓我這樣說吧！邊緣性人格的來訪者很有意思。他們會操縱別人，但他們意識不到。他們滿腦子想的是『我必須讓諮詢師改變我』，『我必須要得到諮詢師的建議』，『我必須要最大限度地利用別人』，但他們很少低頭看看自己腳下的立足之地。你的當事人還沒有應徵成功，就已經在考慮是否能成為一名總經理了。」

「那她要測試我什麼呢？」

「她測試你是否看穿了她。她變化這麼大，她要知道你會如何反應。你做得很好，你只是傾聽，你告訴她得依靠自己。你看穿了她，但你仍然以接受的態度傾聽她。你看著吧，下次會發生什麼。」

「下次會發生什麼？」

「下次有可能她會對你生氣。她已埋下了伏筆。」

「為什麼她會對我生氣？我想知道她憤怒的機制。」諮詢師有些茫然地說。

「這次她向你顯示她是一個多麼好的女孩，你會喜歡上她。而一旦你喜歡上她，她就會覺得你是愚蠢的。你記得嗎，她在這次諮詢一開始就說了她不配得到愛。她會為你喜歡她而感到憤怒，儘管她不知道怒火從何而

來。我告訴你這個機制，並不是讓你直接在諮詢中告訴她，而是提醒你。對邊緣性人格障礙的人而言，他們把好的和壞的區分得很開，這次是好的，下次可能是壞的，她可能會遲到，她可能會怪罪你。你要做的是幫助當事人把好的和壞的統合在一起。而當她開始發火時，可能正是治療的佳時，可以和她討論這一部分。」

「您提到遲到，我想起這次諮詢，我們兩人都遲到了：她遲到了一分鐘，我遲到了兩分鐘。進入諮詢室後，桌上的鬧鐘又壞了。我不知道，所以後來多做了十分鐘。」

「這是很有意思的。邊緣性人格的人沒有界限，而時間幫助他們設置界限。我想知道她會如何看待你多做了十分鐘？她很生氣嗎？」

「我當時沒有發現鬧鐘壞了，但我發現時間特別長。我沒有帶錶。她戴了錶。她看了一眼自己的手錶，沒有說什麼。又談了一會兒之後我問她幾點了，她告訴我時間到了。但那時已過了十分鐘。」

「哦，看起來她很樂意時間被延長了。她是不是會把這個看作是一個對好女孩的獎勵呢？『我是一個好女孩，請多給我一些時間。』你要知道，邊緣性人格的來訪者有時會和其他來訪者競爭諮詢師的時間。在家裡他們會和兄弟姐妹競爭。她是獨生女嗎？」

「她是。」

「在家裡她沒有和兄弟姐妹的競爭，但在學校裡可能會表現出來。」

「她在小學表現很好，但初中就不好了。所以初中是她最黑暗的時

間。」停了一下，諮詢師轉到了一個新話題：「我覺得她上次在情感上離我更近，這次回到了她自己慣常的位置上，沒有像上次那麼近了。我還有一個感覺：她雖然帶著問題來找我，但她似乎並不看重我給她的答案。她說有四個錄取通知很難選擇，但我覺得她似乎已有答案。她似乎是在測試我的答案是否和她的答案一致。」

「嗯，很有可能測試是在這裡。但你在諮詢中用自己的言行告訴了她：選什麼答案是她自己的事。」

「我其實還想到了一點：當我聽說她一下子拿到了四份錄取通知時，我其實情不自禁想要大聲叫好，在我的理解中，在一週之內拿到四家公司的錄取通知，是非常不容易的事情。但事實上我只是輕聲細語地說：『嗯，妳真了不起，一下子拿到四份錄取通知。』」

「這一點你需要自我警醒。你說出了你想表達的意思，但卻壓抑了自己的感情。有可能你是從她身上獲得的投射。她無法表達自己的情緒，很多時候她是壓抑自己情緒的。你為什麼會壓抑情感呢？難道你覺得她的四份錄取通知是假的？」

「我不知道。在您問我之前，我沒有考慮過這一點。我只是想說，在這麼短時間內，在這座城市裡，做為一個沒有任何工作經驗的、非名校畢業的學生來說，一週之內拿到四份錄取通知，不是一件容易的事情。」

「那你喜歡她嗎？」

猶豫。「談不上喜歡。但也不討厭。她只是我的來訪者。」

「那你曾經有喜歡或不喜歡的來訪者嗎？」

想了一下，「沒有。我的工作習慣是把來訪者當作來訪者。」

「你有你的工作習慣，而且你受到過良好的訓練，這無可厚非。但如果你想在精神分析的道路上更進一步發展，你需要意識到自己對來訪者的感覺。這些感覺可以幫助你更好地和來訪者工作。」

「我聽到了，但還需要理解。」

「結束之前還有什麼問題嗎？」

「今後有機會我想談談她的夢。我覺得那個夢很重要。」

「好。」

❺.❸ 邊緣性人格障礙者的極化思維

這是第六次諮詢結束後的督導。

諮詢師：「這次諮詢結束我充滿了驚訝和疑惑。」

督導：「為什麼？」

諮詢師：「她一坐下來就說她準備下週一去上班。我就問她接受了哪一份工作，因為上週她還在為四份工作中接受哪一份感到困惑呢！但她居然說她拒絕了上次說過的四份，而接受了一份新的。我非常驚訝。」

　　督導：「我也非常驚訝。發生了什麼？」

　　諮詢師：「我也詢問了她為什麼做出這樣的決定。她說她詢問了親戚，他們建議她接受這份工作，她自己也想先沉澱累積實戰經驗。而且這份工作離家近。但在上次的諮詢中，我真的感受到她內心非常渴望去做當老師那份工作，似乎只要我稍微一鼓勵，她肯定會接那份工作。我當時真的在內心非常傾向於她選擇教師那份工作，我真的很有衝動鼓勵她選擇這份工作。但我壓抑了自己的這種衝動。由於我沒有鼓勵她，所以她沒有選擇這份工作。我其實很想和她討論她的決策模式，為什麼她不能聽從她內心的引導。但我感覺到如果我和她討論，她有可能會改變她的決定，不接受這份工作。目前對她來說做一份穩定的工作可能是重要的。所以我沒有和她討論這個話題，我想等她穩定之後再開始觸及這部分。」

　　督導：「這部分不光是她如何決策的模式，而是她如何操縱這個世界的模式。」

　　諮詢師：「這是什麼意思？」

　　督導：「你看，上次你感覺到你會影響她的決定，所以你沒有鼓勵她。但你還是影響了她的決定，她沒有選擇教師那份工作。不論你怎樣做，你都影響了她。你對她有影響力。想到這一點，你的感覺是什麼？」

諮詢師：「我會更加小心，我不想成為影響她那麼大的人。上次諮詢結束後我反思到：我之所以會有傾向她選擇教師這份工作，其實和她談論這份工作的方式有關，只有這份工作她是花了比較多的時間來談，而且談的時候充滿了情感，其他三份工作她只是一帶而過。就我個人而言，對她做哪份工作我其實並沒有傾向性。」

督導：「對，這是大多數人的反應，因為沒有人想為她承擔那麼大的責任。我不想說邊緣性人格障礙的人不好，但這確實是他們的行為方式，他們無意識也罷，有意識也罷，他們會讓別人為他們負責。他們會非常大地影響別人。」

諮詢師用手抱住了自己的頭：「天啊！我居然這樣深地受到她的影響！原來影響別人的方式並不一定是強勢的、壓制性的。我完全是無意識地受了她的影響。」

督導：「這是邊緣性人格障礙人的特點。不論你做什麼，你都會影響她，因為她是根據你所做的來反應。你有所行動，你會影響她；你無所作為，你還是會影響她。你在這次諮詢中已經在猶豫，到底是談論還是不談論她的決策模式。這就是邊緣性人格障礙，她需要你時刻想著她，在她當下的心智狀態中，她處於不停要求的狀態，她要整個世界圍繞著她轉，她操縱整個世界，她要感覺到她是全能的，只要她有需求，整個世界必須完全滿足她。」

諮詢師：「我理解，這其實是很小的嬰兒所處的全能感 (註 4) 階段。

那看來我和她還有很長的路要走。」停了一下諮詢師又說：「我其實非常困惑，我現在對她的印象和她第一次來時完全不同。第一次她來到諮詢室時，她是一個被全世界拋棄的人，沒有人愛她，沒有男朋友，沒有親密朋友，學業上非常失敗，天天被老師罵，她的情緒非常憂鬱，動不動還自傷、自殺，但她這次來，給我的感覺是她能找到工作，還能一下子拿到好多份錄用書，她這次還談及她曾有過兩個男朋友，而且一直到現在還有男孩在追她，她只是猶豫著還沒有答應。這完全不是同一個人。」

督導：「這一點讓你的感受怎樣？你會問自己為什麼沒有早一點看到？還是在想她為什麼用這種方式來呈現她？或是你懷疑自己看到的是否是事實？」

諮詢師：「我感覺到很困惑，她到底是一個怎樣的人？為什麼先把黑暗的部分顯示給我，然後再顯示光明的部分？我沒辦法早一點看到，因為她一開始呈現的就是黑暗和悲慘的部分。」

督導：「所以她是一個非黑即白的人。」

諮詢師：「當我看到黑暗的那部分時，我是多麼擔心，我覺得她真的是一個高危險來訪者，隨時可能自殺。但現在她的狀態完全不同，她似乎什麼都能做好。我在想，她或許並不需要像我想的那麼多幫助。她完全有能力做好所事情。」

督導：「哦！你有這種感覺太好了。你能察覺到這種感覺太好了！讓我們來看看這次諮詢中的動力結構：她一來就告訴你她選擇了新的工作，

不是上次討論過的那些選擇。她不需要和你討論，她自己搞得定。而其實你在這一週中還在想什麼對她是最好的。這其實是一個信號：『我有能力，我能夠獨立做決定』，在這個背後其實是她的恐懼：『我害怕依賴諮詢師』，所以她的做法是在告訴你：『我不需要你，我不需要你的幫助』，而她的這種做法讓你自我懷疑：『是不是我沒有做對？是不是我的能力不夠？』、『我為什麼沒有幫到她？』這其實是邊緣性人格障礙人傳遞出的資訊：『我不需要你』，在現實世界中，這對很多人來說都是最可怕的資訊，這會嚇壞其他人。更何況她採用的是兩極的方式，一會兒是『我需要你』，一會兒是『我不需要你』，她跳躍得非常自如和輕鬆，但別人會非常慘，完全跟不上她的節奏。」

諮詢師：「她在諮詢室和我建構的關係模式，其實也是她在現實世界中的關係模式，她和父母的關係如此，她和朋友的關係如此，她和男朋友的關係也是如此。」

督導：「她和以前男朋友的關係是怎樣的？」

諮詢師：「兩個都是持續一年吧！但她覺得配不上對方，所以分手。」

督導：「是她主動提出分手的還是對方提出的？」

諮詢師：「這我倒沒有問。但根據她的描述，她通常是逃避那一方。第二個男朋友，她說交往了三至四個月她就提出了分手，但分分合合也持續了一年。我在想，也許三至四個月是她能夠容忍的最長時間。我們的諮詢也會面臨這個節奏。」

督導：「你們諮詢到現在已經多久了？」

諮詢師：「有三個多月了，但期間因她出差而停過一段時間。我在想是不是也快到蜜月結束的時間了？」

督導：「我有些猶豫和你談以下的話題，因為我怕誤導你。精神分析和認知行為療法不同，它更多要啟動來訪者內在的動力。你需要提前做好準備，促使她更多地投入諮詢中。比如問她對諮詢的感受，比如問她對諮詢師的感受。我不太知道目前的時機是否合適，或者她是否會對這些問題反感。但不論怎樣，這一部分你需要去碰觸，需要介紹新的關係模式給她，或者更重要的是讓她體驗到新的關係模式。透過這樣的方式可以增加她對諮詢的承諾感。」

諮詢師：「我覺得目前確實還不到時候。即使我問她對諮詢、對諮詢師的感覺，她給我的回答也有可能是膚淺的或是她認為是我想聽的。」

督導：「這是有可能的。你在諮詢室中，你更清楚恰當的時機。當時機來臨時，你會感覺到。」

諮詢師：「其實在這次諮詢中，她有兩次說到她沒有什麼好說的，她不知談什麼。她還讓我把諮詢計畫告訴她。看起來她更多指望從我這裡得到，而不是她做什麼。」

督導：「你是怎麼回應的？」

諮詢師：「我告訴她我可以告訴她計畫，但計畫最終是我的計畫。我希望從她的內部能夠生長出新的東西和新的力量，需要由她來決定她的進

程。」

督導：「這很棒。你要知道，在和邊緣性人格障礙互動的過程中，讓他們承擔責任是不容易的。對諮詢師來說，需要保持沉默，讓來訪者自己開始談論。她需要自己找到話題，而不總是對別人的話題做出反應。」

諮詢師：「但不知為什麼，我其實很有衝動主動去挑起一個話題，比如上次提到她不配得到愛這個話題，我就覺得可以繼續深入。我覺得我拒絕她，讓她自己去選話題有些於心不安。」

督導：「其實你的於心不安也是她操縱的結果，她讓你感到你需要照顧她，照顧她是你的責任。」

諮詢師：「天啊！我沒有想到這也是一種反移情，是一種投射性認同：她需要我照顧她，而我認同了，我也想這樣做。這麼微妙！」

督導：「邊緣性人格障礙的影響就會這麼大。在諮詢中會發生很多事情。」

諮詢師：「其實回頭看上次的諮詢紀錄，我發現我們進展得太快了。可能需要慢下來。」

督導：「這是一個很好的建議。」

諮詢師：「和其他的來訪者做諮詢時相比，我更不容易讓她沉默。對其他人我很容易等待，對她就不容易。」

督導：「邊緣性人格障礙的人內在的空間是空虛的，他們可能很不習慣沉默，但要透過諮詢讓其能夠容忍沉默。這確實不容易。」

諮詢師：「我覺得之所以我難以讓她面對沉默，其中一個原因是由於我很擔心諮詢對她的幫助太小，她會不來，否則她脫落的可能性很大。」

督導：「確實，能夠讓邊緣性人格障礙的人有黏連性是不容易的。」

註4：全能感：弗洛伊德用「全能思維」（ominpotence of thought）這個詞，指嬰幼兒最初的體驗充滿魔力和幻想，認為自己完美無缺、具有控制世界的能力。後來溫尼考特用「主觀全能感」（subjective omincomptence）這個詞，指嬰幼兒感受到自己是一切事物的中心，是自己和自己的願望創造了所有的事物。

⑤.④ 不想成為來訪者的人生導師

　　這是第七次諮詢之後的個案督導。在這次諮詢中，來訪者提到她炒了老闆。

　　諮詢師：「我這週諮詢下來，感覺當事人對諮詢有阻抗，有可能脫落。如果不是她預先一下子繳了多次的費用，很有可能就脫落了。」

　　督導：「你覺得是什麼造成她脫落？」

　　諮詢師：「在諮詢中她一次又一次地讓我給她建議，而我一次又一次地拒絕，這會讓她有沮喪感。」

　　督導：「也就是她沒有得到她想要的。這會不會引發她的移情反應，感覺你就是她生活中那些不滿足她的人？」

　　諮詢師：「很有可能。平時每次諮詢中她通常只提一次請我給建議的要求，我只要解釋一次我們諮詢方式的特點，她就會接受，自己去想可能的答案，但這次諮詢中這樣的過程我們有好幾個回合。」

　　督導：「你有沒有和她確認她對諮詢的感受？」

　　諮詢師：「確認了，她覺得在諮詢中的進步沒有以前大，對諮詢沒感覺。」

督導：「你同意她的看法嗎？」

諮詢師：「我不同意。透過這七次的諮詢，她對自己的瞭解更加深入，能夠看到自己與人相處的模式，甚至提到了她是如何因害怕被拋棄而率先拋棄別人的模式。她也能夠很好地表達自己的感受了。但她看不到這些。」

督導：「是的，做邊緣性人格障礙來訪者的一個特點就是他們看不到自己的變化，他們不會對諮詢師有任何感激之心，而且動不動就拋棄諮詢師。這往往是讓諮詢師非常沮喪的方面。即使是這樣，詢問他們對諮詢的感受也是重要的，這樣可以增加來訪者對諮詢的黏連性。另外，你也需要不時地做一些教育工作，讓她學會成為心理諮詢的來訪者。當事人有時不知道該如何成為來訪者。」

諮詢師：「對的，這次諮詢中我們一次又一次地做這樣的工作。我覺得我們很像在打太極，像在做太極中的推手。」

督導：「我很喜歡太極的比喻。但太極中的推手只是她推過來你推回去，在諮詢中，你不光是用她給你的力道和速度推回去，同時還要抓住她，讓她待在諮詢中。」

諮詢師：「抓住她？這個比喻很新奇，我能夠想像出這個動作，但我不知道該如何操作。」

督導：「具體來看這次的個案。來訪者上了一天班就不去了，這是一件很大的事情，你需要在這部分展開，你可以問很具體的一些問題，比如：『我很想幫助妳，妳能不能談一談在第一天上班時發生了什麼？老闆欺騙

妳，這種欺騙是怎麼發生的？妳是如何做的？』透過這些詢問，讓她和你分享這些資訊，一方面是說明她理清自己，另一方面也讓她把你做為她的資源，你可以和她共同面對她的憂慮和不安。她可以慢慢學會，把你做為她的資源。」

諮詢師：「我沒有做這些。其實在一次又一次拒絕她要求我給建議的請求時，我心裡有不耐煩的感覺，覺得她提太多次了，同時也有小小的內疚，擔心這種拒絕會不會傷害到她。但我仍然堅持不給她建議。」

督導：「不給建議本身是對的，但你有提供支援給她嗎？」

諮詢師：「我提供的是不批判的態度，任何時候都陪伴她、接納她。」

督導：「這很好，這些可以讓她有安定感，邊緣性人格障礙的來訪者很多時候沒有安定感，只有在兩端之間的搖擺。但我還是想問，除了這些之外，你有給她提供具體的支援嗎？」

諮詢師：「我沒有。自從有一次您在督導中提到她對我的操縱後，我一直對她的操縱非常警惕。那次她對我的操縱就是讓我扮演人生導師，給她提出具體的建議。我對自己的那個角色感覺到非常尷尬。從此之後，我就一直保持警惕，也和她保持著距離，生怕再陷入她的被操控。」

督導：「你覺得她能夠感受到你的這種距離感嗎？」

諮詢師想了一下說：「應該能夠感受到。她是一個非常敏感的人。」

督導：「是的，很多邊緣性人格障礙都有這種天賦，他們能夠感受到別人心裡想什麼。這也是他們能夠在這個社會上生存的重要原因。其實，

如果你退得太遠，也會中了被她操控的圈套，因為她希望你拋棄她。如果你退得太遠，她就會先拋棄你，不論怎樣，諮詢會中止。你看，這也是她的一種操控。」

諮詢師：「天啊！是這樣啊！我從來沒有想過這一點。」

督導：「是這樣的。邊緣性人格障礙是世界上非常難以相處的一種人，一不小心就會陷入他們挖的陷阱中。所以在諮詢中你需要慢一點，先建立情感上的連結，再一點一點推進諮詢。你也需要一點一點地給她營養，讓她很空的內心有一些東西。比如當她說起她上了一天班就辭職時，你可以看到她的模式：只要有一點失望，她就馬上辭職。她沒有在面試時問清楚，在老闆說要加班時也沒有談判，而是馬上激烈地採取行動：不去上班，這樣她就不必去爭取她自己的利益，不必去和別人談這個問題。」

諮詢師：「確實我沒有做這部分的工作。她沒有談，我就沒有問。但我能夠感受到她在這件事情上確實非常需要別人的幫助。」

督導：「你需要有敏銳性，上了一天班就辭職，這件事情對她而言是一件大事，是一個重大的挫折，因為邊緣性人格障礙的人很不擅長應對挫折。你需要在這裡多花一些時間，詢問她的感覺，在這裡展開發現之旅。做邊緣性人格障礙的個案，諮詢師有點像母親，要支持、支持再支持。來訪者會一次又一次地認為你會拋棄她，而諮詢師要一次又一次地向她確認：『我愛妳，我不會拋棄妳。』不要急躁，就像打太極一樣，不急不躁，看起來推手的雙方都是掌控者，但諮詢師是最重要的掌控者。」

❺.❺ 善於發現人性黑暗面的人

這是第十二次之後的督導。

諮詢師：「來訪者這幾次一直在談過去經歷對她當下的影響，比如她詳細談了初中時老師對她的責罵、家長對她的苛責。她還提到了想辭職。」諮詢師彙報了更具體的內容。

督導：「我想確認一下：來訪者提到她又想從目前的工作辭職，她是認真的、準備去實施的，還只是一個想法？」

諮詢師：「我覺得目前這還只是一個想法，但隨時有可能辭職，這取決於她在新工作中遇到多大困難。」

督導：「你看，這就是她的模式。當她發現新環境不能滿足她時，她就有可能拋棄新環境。對上一份工作，她已經有過這樣的表現。」停了一下，督導問：「你自己對這幾次的諮詢有什麼感覺？」

諮詢師：「我有預感她可能會拋棄我了。上上一次的諮詢取得了很大進展，但她還不滿意。上一次諮詢讓我覺得有些乏味、單調。而且她遲到了五分鐘。我想也都是預兆吧！是她要拋棄我的預兆。這是她的防禦模式。」

督導：「你有和她探討遲到嗎？」

諮詢師：「沒有，因為只發生一次，她沒有提，我也沒有提。如果她持續如此，我會詢問的。」

督導：「你看，你對她有意見。用 Winnicott 的話來說，是諮詢師對來訪者的恨，那篇文章〈hate in the counter-transference〉我上次推薦你閱讀的，你在恨她。看起來是諮詢乏味無趣，是她遲到，但實質卻是她操縱你拋棄她。她會迫使別人拋棄她。你要知道，有很多事情發生在諮詢過程中。有些事情不是你以為的是你自己本能的選擇。她已切斷你眾多的選擇項，你只是選擇了她給你的選擇。邊緣性人格障礙的來訪者有一種天賦，他們可以找到你身上人性的弱點。如果你內心深處有不安全感，他們就會啟動你的不安全感。如果你有其他黑暗面，他們就會啟動這些黑暗面。他們會撬開你身上的某一部分，掌控諮詢師。而且他們總是比諮詢師走得快，一直走在你前面。」

諮詢師：「我聽到您在講什麼，但我似乎不太理解。」

督導：「我給你舉一個例子吧！我曾經有一個邊緣性人格障礙的來訪者。在諮詢中，她塑造出我的形象是這樣的：『妳生活富裕優越，從不為柴米油鹽操心，不像我生活在社會底層，天天為生活發愁；妳的生活完美無缺，要風得風、要雨得雨，不像我處處遇到阻礙；妳的家庭幸福美滿，不像我遇人不淑；妳看起來青春亮麗，永遠不會擔心自己沒有吸引力，永遠不會擔心自己的身材，不像我沒人會多看一眼，不像我要和自己的體重

抗爭。』可是，天啊！她塑造出來的那個人是我嗎？我都不認識她說的那個諮詢師。天知道當她這樣一次次說我時，我心裡多沮喪，因為我有自己的人生難題，我也在一些事情上苦苦掙扎。她塑造出來的那個完美形象幾乎要毀了我，她讓我對自己感覺差透了。在那個個案結束後，我一直問自己：她怎麼知道我內心的自卑，從而用這種人造完美形象來扼殺我的自尊感？我只能說是她的直覺。但她確實成功地引發了我對自己的不滿。」

諮詢師：「我現在理解了您剛才講的那些話。」

督導：「你剛才提到當事人有拋棄諮詢師的可能性，你有沒有和她確認她對諮詢的感受？」

諮詢師：「有的。我有問她對諮詢的感受。除了她告訴我的，我能夠察覺她對諮詢其實有不滿。」

督導：「在確認她對諮詢的感受時，要讓她講真話，講出她真實的感受，而不是諮詢師想聽的話。你要知道，邊緣性人格障礙有時不會有自己真實的感受，他們也很難瞭解自己真正的感受。讓她說出真實的感受能夠增加她對諮詢的認同感。諮詢的任務之一就是說明他們認識自己。這不是一件容易的事情，因為和他們工作會很單調乏味，而且他們通常不會感激諮詢師。」

諮詢師：「回想一下，我覺得我給她的正面回應不夠。在諮詢中有時候她的自我反省能力很強，對自己有非常深刻的剖析。」

督導：「通常邊緣性人格障礙不瞭解自己，但你說當事人有很強的自

知力。這一點很特別。你為什麼沒有給她肯定呢？」

諮詢師：「她一直不停地要奶喝，我不停地拒絕。因為我害怕她的操控，我退縮了。我對她有些冷淡。」

督導：「你對自己有很強的察覺力。邊緣性人格障礙的來訪者很擅長讓諮詢師瞭解自己的感受。我能夠理解你，你在自我保護。邊緣性人格障礙的人內心是僵死的，他們也會帶你走向僵死，透過諮詢中的單調乏味讓你體會僵死。諮詢師要做的工作是教他們學會走路，把他們從椅子上拉起來，學會站立。」停了一下，督導問了一個新問題：「你剛才說這個來訪者有很強的自知力，我想確認一下，她是真的有這種自知力，還只是顯得很有自知力？邊緣性人格障礙的來訪者通常心理能力有缺陷，但有時他們會表現出來似乎有很強的心理化能力。只是這並不是真的，只是他們表現出來的，並不是他們真正擁有的。你可以看一下Fonagy的文章或書（註5），他對這部分有專門的闡述。」

督導的時間已經到了，但諮詢師深吸一口氣說：「剛才您提到邊緣性人格障礙的來訪者會啟動諮詢師身上的黑暗面，這句話觸動了我。在諮詢中，來訪者也提到過她會帶我走向黑暗，當時我的心裡有一種恐懼。現在我的心裡也有強烈的恐懼感。我不知該如何面對這種恐懼？」

督導：「我能夠體會你現在的感受，因為我也是這樣成長的。因為你提到自己的恐懼，我想把我這段經歷和你分享。通常我不會分享這段經歷，因為它會讓我再回到不愉快的體驗中。」督導講了那個故事，最後說：

「這個教訓會跟隨我一輩子。」

諮詢師：「我很感動，你和我分享這個故事。我現在沒有那麼恐懼了。我也需要有一種警醒。」

督導：「我特別理解你前面提到的恐懼。有可能你在家人或親密朋友面前才展現自己的一些弱點，但在諮詢中，邊緣性人格障礙的來訪者會讓你這些弱點暴露無遺，你會有被入侵的感覺。但你要知道，你本身有這些弱點，他們才有可趁之機。」

諮詢師：「是那個比喻嗎？只有當諮詢師有勾子時，來訪者的那些感覺才能掛得上。」

督導：「非常精確。但在結束之前，我還想和你說另外一點，邊緣性人格障礙的來訪者並不總是讓人心生恐懼，他們身上也有溫情的一面。在長久的諮詢中，他們會發生很多變化，他們也會關心諮詢師。」

諮詢師：「謝謝您溫暖的補充。您延長時間來分享這些資訊，緩解我的恐懼感，這些本身就讓我感到溫暖。謝謝您！」

註 5：Peter Fonagy, Gyorgy Gergely, Elliot L. Jurist. (2004) Affect Regulation, Mentalization and the Development of the Self. Karnac Books.

5.6 保持諮詢師和來訪者清晰的邊界

這是諮詢十三次後的督導。

諮詢師：「我想跟您談談我在回顧這個個案時的感受。那天我利用一天的時間來整理和回顧個案。在那個下午，我體會到了深刻的孤獨感。而且那個下午我拒絕了各種活動，一直陷入那種孤獨感中。那是我從來沒有體會過的感受。」諮詢師詳細講述了那天的情況，然後說：「晚上我突然意識到：下午的感受不是我的感受，而是來訪者的行為方式和她的感受。她是如何潛入到我的潛意識中？後來好幾天我都在思索這一點。我體會到：來訪者表現出來深刻的孤獨感、被遺棄感、不值得愛、不配得到愛，這些是人類的弱點，每個人身上都有。我在整理個案的過程中不斷思索，她對這些負面情緒的體驗是非常深刻的，我成長過程那些情緒也被啟動，所以就有了那天下午怪異的舉動。只是我很快清醒過來：儘管我體會到這些情緒，但我不是來訪者，因為在來訪者的世界中，這些是全部的情緒，而在我的世界中，這些只是很少的一部分情緒，我還有能力體驗其他各種情緒，包括積極情緒。」

督導：「哦，天啊！你有這麼神奇的經歷，你讓我更深地理解了邊緣

性人格障礙，也更深地理解了他們的操縱性。每個人身上都有他們體會到的情緒，只是他們的世界是黑白分明的世界，而我們的不是。」

諮詢師：「嗯，我也是第一次察覺到。不知之前是否有這樣的感受但我沒有意識到。我覺得學習精神分析技術後，好像更敏銳了。」

督導：「你像你的當事人一樣行動和反應，這說明你和你的當事人在心理上非常近。我記得你之前談過你要和她保持距離，是嗎？是否是因為這樣親近你才會想到後退的？」

諮詢師：「這真的是一種很奇妙的感覺。之前我主要是用認知和行為療法的，在諮詢中我說得比現在多，但我從來沒有和來訪者如此接近的感覺。在精神分析的諮詢中，我說得很少，但我卻非常瞭解我的來訪者，而且有一些深刻的部分，在諮詢早期就有可能顯現出來。而如果用認知和行為療法的話，有時這些部分要挖掘很久才會暴露出來。」

督導：「你能領悟到這一點真是可喜可賀。你真是很快就悟到了精神分析中的重要特點。回想我自己當年剛剛從業時，一開始我常常陷入掙扎中，投入太多精力和心血在我的來訪者身上。我的督導總是問我：『為什麼妳會陷入這麼深？』然後在我自己不斷接受分析的過程中，我漸漸和我的來訪者能夠分離了。你是從認知和行為療法進入的，這也不失為一種好的途徑：先學會保持距離，然後再來拉近距離。」

諮詢師：「我現在理解到為什麼精神分析技術的學習一定會要輔之以督導和被分析。如果沒有這兩者，一個新手在個案中很難支撐住的。」

督導：「確實精神分析的新手在剛剛從業時，很難不被來訪者淹沒，很難不被來訪者吞沒。你能否談一下，你那天後來的反應是什麼？」

諮詢師：「那天情緒體驗大概有半小時左右，在體驗過程中，我感覺自己非常彆扭，非常難過，非常扭曲，非常做作。晚上當我回想白天所發生的一切時，我知道我似乎被來訪者附身，去體驗了她的感覺，去按照她的想法做事。想通這一點時，我沒有害怕，我沒有特別驚訝，因為之前我已經聽同行提到過類似的經驗。」

督導：「你的直覺力很強，幫助你分清自己和來訪者。你很快意識到你和她不一樣。我也很高興你沒有害怕。當你講起自己這段經歷時，我聯想到：之前你提到過和來訪者在一起時你覺得單調乏味。我當時就在想：咦，怎麼可能？邊緣性人格障礙的人會單調乏味？發生了什麼？他們從來不會讓自己和他人的生活單調乏味的。」

諮詢師：「回顧個案時，我也注意到這一點。我記得主要是由於當事人一次一次要奶喝，而我一次又一次拒絕，讓我感覺到乏味。她如果一次諮詢只有一次提出要我給建議、指導和方向，我覺得還可以接受。但如果她在一次諮詢中連續三、四個回合，我就覺得太多了。」

督導：「理解了，所以模式就變成：她撲上來，你退回去；她要東西，你堅決不給，這樣，諮詢中那種創造性和生命力就被關閉了，你們的關係就會僵死，而僵死的東西是單調乏味的，僵死的東西是不會帶來成長的。這也是來訪者的操縱：她製造了一種局面，她永遠得不到她想要的東

西，而她得到的永遠無法滿足她。看起來你的乏味感是由於諮詢內容所引發的，但實際上還是她操縱的結果。」

諮詢師：「我沒有想到這一點。也就是說，我一方面需要容忍這種單調感，另一方面，要跳脫它去思考，找到改變的契機，而不是任由單調乏味殺死諮詢。」

督導：「確實是這樣。在我的諮詢中，如果我產生了困倦、單調乏味感、不能集中精力，我發現多半都是由來訪者引發。如果來訪者製造了僵死，諮詢師是無法和僵死抗爭的。有一次我和在一位長程個案的來訪者發生了這種情況，我問對方：『在這次諮詢中，我發現自己無法集中精力，我不知道是怎麼回事？』對方說：『哦，你不是第一個對我這樣說的人。其他人也對我這樣說過。』接下來我們就開始探討原因。你看，這不是因為諮詢師的原因。」

諮詢師：「我注意到您說這是一個長程個案，所以這樣的探討會是在諮訪雙方的相互信任都非常深的時候。我有一個問題：什麼時間給回應好？我自己在做諮詢紀錄時，發現很多線索其實已經蘊含在來訪者所說的事情中，但我擔心在那時給回應太早了。所以我想瞭解怎樣判斷給回應太早還是太晚？」

督導：「回應可能永遠不會晚，只要給。但如果諮詢師感覺早，那就是早。諮詢師需要有耐心。來訪者的行為模式不僅是在一件事情上表現，有可能在很多事情上、每一件事情上體現。所以只要等待時機就可以了。」

諮詢師：「我發現來訪者即使瞭解自己的行為模式，他們的行為也不一定會改變。比如說來訪者已經意識到她對上司的害怕，是由於她把對中學時老師的害怕投射到了上司身上，這一點在諮詢中已經談及，但她在工作中仍然處理不好與上司的關係。」

督導：「通常不會那麼快。但這種揭示可能是一個起點，至少讓她瞭解：這個世界上的很多事情並不是她所想的那樣，上司不是老師。這是透過諮詢瞭解到的資訊。」

諮詢師：「我發現在中國邊緣人格比較多，除了諮詢室中的來訪者，還有些是朋友的朋友，有些是新聞報導中的人物，我覺得可能和中國的文化有關。」

督導：「你能具體談談嗎？」

諮詢師：「我覺得中國傳統文化中有一些方面很容易催生邊緣性人格障礙患者，一是中國傳統家庭教育和學校教育中都強調批評為主，把所有的注意力放在孩子缺點的部分、弱勢的部分，這很容易讓孩子覺得自己是被冷酷無情地對待；二是中國家長把控制當作一種愛，經常會對孩子說：『你再這樣我就不要你了！』、『你再這樣我就不喜歡你了！』孩子無法區分這是威嚇還是事實，很容易形成被遺棄感；三是中國傳統教育中強調要幫助別人，特別當別人做為弱勢者出現時，就一定要幫助，這種幫助是沒有界限的，這在一定程度上助長了邊緣性人格障礙的既發性利益，鼓勵他們繼續成為邊緣性人格障礙。我在來訪者身上看到，她以一個孤苦的、

悽慘的、被遺棄的形象出現時，所有愛她的人都被她控制：她爸爸、媽媽、周圍的親戚朋友，還有諮詢師。當她以弱勢群體出現時，她背後有一個理論假設：『你們都欠我的』。」

督導：「你說得非常有意思。邊緣性人格障礙患者確實根源於嬰兒期照料者的冷漠，他們得不到自己想要得到的東西。而你說的『你欠我的』這個模式，恰恰是忽略的另外一面，也就是說，被忽略的人常會有個聲音：『你欠我的』。它也是責任的黑暗面，不負責任的人常會說『你欠我的』。邊緣性人格障礙的人心裡是空的，他們必須要從別人那裡得到。你說到的父母和老師容易責怪孩子，在發展心理學中，我們講到母親要與孩子做協調，發展出自我的力量，母親成為安全感的基礎。如果沒有，對孩子的心理就形成一種損傷。」

5.7 諮詢師要承受住來訪者的踐踏

這是第十四次諮詢後的督導。

諮詢師一坐下來就迫不及待地說：「上週來訪者遲到了三十分鐘。我

想和您探討一下這個問題。」

督導：「你能講一下具體過程嗎？」

諮詢師說明了過程：「預約的諮詢時間到了，來訪者還沒有出現。接待人員打電話給來訪者，她說由於臨時加班耽誤了，正在來的路上，可能會遲到十分鐘。十分鐘過去了，來訪者沒有到。又一個十分鐘過去了，來訪者還沒有到。來訪者出現時，時間已過了半個小時。」

督導：「這會是一次很難的諮詢，你是怎麼做的？」

諮詢師：「我堅持準時結束。但當她走出諮詢室時，我有非常複雜的感覺：看著她疲憊的背影我有內疚感和矛盾感。內疚是因為我覺得自己應該給她多一些諮詢時間，因為她不是有意遲到的，矛盾是由於如果給她多一些時間，我會違背自己的諮詢原則，即使在現場滿足了她，過後我會後悔自己的做法。另外，她一進諮詢室就說想暫停諮詢，這讓我覺得憤怒，我覺得她又在操控我，想透過這種方式讓我滿足她。而且我在那裡等了她那麼久，應該我比她更生氣。難道不是她應該對晚到有歉意嗎？她一進來還給我臉色看。」

督導：「我聽到你有很多情緒，我們會討論這一部分的。我想先討論這個問題：如果你給了她更多諮詢時間，會發生什麼？」

諮詢師：「首先我不知道該多給多少。她遲到了三十分鐘，所以最寬容的是給三十分鐘。但我心理會有不平衡感，因為我提前進諮詢室，如果再多給她三十分鐘，就等於我多花了時間。其實還遠遠不只這些。我做個

案非常用心，每次開始之前我會花時間看個案紀錄，結束之後需要做個案紀錄，再加上每週的個案督導，這些加起來其實也要好幾個小時，如果再延長給來訪者的時間，我會覺得我付出太多。如果我不延長三十分鐘，我只延長五分鐘，可能來訪者仍然會有不滿：既然我都同意延長了，那說明我也認同她趕過來諮詢的行為，那為什麼只延長五分鐘而不是十分鐘或更長？這部分很難操作。而且如果這次開了先例，今後她再遲到的話我該怎麼做？難道每次都要花時間一一鑑別是不是她個人主觀的原因？如果不是就補償？這樣的操作太複雜。不如從一開始就說明大家都按約定來，沒有例外。」

督導：「你剛才主要是從諮詢師的角度來看待時間是否要延長的問題。你有沒有想到對來訪者的含意？」

諮詢師：「我想如果我延長時間來訪者肯定很高興。她會把這種延長看成是對她的獎勵。而我這次沒有延長時間，準時結束，在她看來有可能是對她遲到行為的懲罰。我們只做了一會兒就結束了，她來回花在路上的時間還不只這些。」

督導：「你有懲罰她嗎？」

諮詢師：「我沒有。我沒有主觀上想懲罰她，行動上也沒有懲罰她。我只是按約定來做。她進入諮詢室之前就已經預見到這種狀況。」

督導：「時間對來訪者來說意味著什麼？我們為什麼要約定諮詢的時間和時長？」

諮詢師：「透過時間的約定我們讓來訪者能夠預期現實、接受現實。有些來訪者的症狀就是不能接受現實，缺乏現實感。」

督導：「對。除此之外，時間還是一個容器。對來訪者來說，她現在可能不是一個容器，她承托不住任何事情，有任何挫折她會馬上轉嫁到別人身上。她在周圍的環境中也找不到一個穩定的容器。她不能應對和處理自己的感受。對於諮詢的時長，從第一次諮詢開始就約定了六十分鐘，你知道，她也知道，你們兩人都遵守這一點。這是固定的規則。如果你這次『好心地』給她時間，其實會帶給她焦慮。她的第一反應是：『諮詢師是愛我的』，她會很高興。但隨後的反應可能是：『諮詢師應該給我更多的愛，但她沒有給我。她既然不能給我，我就不要她』。這種情緒的起伏會給她製造更多的焦慮。」

諮詢師：「可是，來訪者離開諮詢室時，我覺得她很失落。」

督導：「確實，嚴格遵守時間規則，有可能讓她當下不開心，但從長遠看，這對諮詢師和來訪者都是有好處的。我自己有一個來訪者，她的特點是不想結束諮詢，她總是不停地說，滔滔不絕地說，連停頓的空檔都沒有，弄得我也很難結束。但這是她在生活中遇到的困難：她無法在恰當的點開始和結束談話，無法在恰當的時候開始和結束事情。生活中幾乎沒有人願意和她交往，因為她不分時間、不分場合，總是在唾沫四濺。而我在諮詢中所要做的就是準時開始諮詢，準時結束諮詢。」

諮詢師：「我理解了。」

督導：「我還想確認一個小細節：在你們諮詢室中是不是有掛在牆上或放在桌面上的鐘？」

諮詢師：「有的，我們有一個鐘放在桌上。」

督導：「這樣你和來訪者都可以看到鐘對嗎？所以結束諮詢並不是你單方面的行動，而是大家都可以預見到結束的時間。」

諮詢師：「是的。在您沒有提醒之前，我沒有想到讓來訪者看到時鐘是重要的。現在看來他們也需要承擔起關注或監控諮詢時間的責任，由他們來決定如何利用諮詢的時間。」

督導：「確實是這樣的。」停頓一下，督導另外起了一個新話題：「你剛才說到對來訪者有憤怒的情緒，這很正常，有時候來訪者會讓我們有各種情緒。但有一點我想提醒你：來訪者再次來諮詢時，你需要謹慎對待。你對她的憤怒情緒會在諮詢過程中流露出來，會投射在她身上。」

諮詢師：「通常我不會在諮詢中表達對來訪者的憤怒。也只是在督導中表達一下。我還是會約束自己的。」

督導：「來訪者暫停諮詢對你是一種拋棄，對你是一種操控。你前面提到，你對她的操控是有憤怒的。由於職業的素養，憤怒不一定會直接表現出來，但你可能會用隱性的方式表達你的憤怒，比如你對她更加不回應，你對她有些冷冰冰，或者共感降低。而她會察覺這些，這些也會直接影響諮詢效果。」

諮詢師：「我確實沒有想到這一點。但回想這兩次的諮詢，我覺得

比較單調乏味，諮詢構面也比較沉悶，不像以前那樣精彩，她講的內容也不像以前那樣吸引我了。我覺得這是我對她的投射性認同。她這樣看待諮詢，我也認同了她的看法。」

督導：「如果這是投射性認同，那你自己真實的感受呢？你對她、你對諮詢真實的感受是什麼？」

諮詢師：「您好像一直會問我的感受。在督導中您問過很多次了。我不知道您為什麼一直問這個問題。我覺得我真實的感受和投射性認同是一樣的。」

督導：「你要知道，邊緣性人格障礙的個案總是很困難，他們總是會激發出諮詢師各式各樣的感受，而諮詢師要明確哪些是被激發出來的，哪些是自己真實的，否則會迷失自己的。我可以跟你分享一個案例：多年前我曾經有一個邊緣性人格障礙的來訪者。他讓我有如下感覺：我是一個糟糕的諮詢師，不光專業技術不過關，而且冷漠地對待我的來訪者，來訪者和我的關係非常差。他不光在諮詢中攻擊我，而且還中止了諮詢，這更加讓我認同了這些想法。這些還不是最糟糕的，糟糕的是他還在我的來訪者中散布這些想法，讓我一時不知道該如何面對我的來訪者。還好我很快理清了自己的思路，我明白這些是投射性認同，並不是真實的我，也不是我真正的想法。我回想了自己的成長經歷，回顧了自己經手的那些個案，再反思了這個來訪者的具體情況，我明白了：他的感覺並不是現實世界中真實發生的。但做為邊緣性人格障礙，他很擅長一點，他讓我以為他的感覺

就是真實世界。」

諮詢師：「謝謝您分享這個個案。我真的很幸運，我在做邊緣性人格障礙的個案能擁有督導。」

督導：「不客氣。世界有時會以這種方式平衡著。你從這個個案中學到什麼？」

諮詢師：「我覺得做邊緣性人格障礙的個案，諮詢師要做好心理準備，有可能會成為來訪者的靶子，諮詢師要能夠承受得住他們的恨、打、攻擊和踐踏。」

督導：「呵呵，幾乎所有的來訪者都會做這些事情，只不過邊緣性人格障礙更激烈、頻率更高而已。但從你談到的資訊來看，這個來訪者還沒進展到這個程度。等她走到這一步時，要恭喜你了，那說明她前進了。你現在要做的，是讓來訪者和現實世界發生聯繫。她舊的防禦機制正在動搖，但新的防禦機制還沒有建立起來。你需要教她用不同的方式來看待這個世界。邊緣性人格障礙的特點是認為他們感受到的每一件事都是真實的，他們分不清感受和現實。你需要讓來訪者明白：真實的世界不是按照她的感受來運轉的，她的感受無法主宰真實的世界。」

諮詢師：「嗯，我也知道，這會是一個漫長的過程。想想她將來會攻擊諮詢師，還是有點怕。不過想到不論何時發生都有督導在，就會覺得心安很多。」

督導：「邊緣性人格障礙是比較難的個案，因為他們沒有信任的基礎，

對這個世界他們缺乏基本信任。這是他們來諮詢的原因之一。諮詢師要有一種客觀性，不論他們做什麼，都要呵護他們。只有諮詢師擁有更多的客觀性，才會對來訪者有更多的共感。做邊緣性人格障礙的個案時，一方面要照顧好來訪者，另一方面要照顧好自己。」

諮詢師：「我覺得您在做邊緣性人格障礙時有一種母性，這種母性幫您成為他們的 container（容器），不論發生什麼，你都會把他們看成是孩子。」

督導：「在某種意義上，邊緣性人格障礙中諮詢師的角色就是成為一個 good-enough mother（足夠好的母親），讓來訪者在這種承載中成長。」

❺.❽ 來訪者編織的網

這是十五次諮詢後的督導。

諮詢師：「應來訪者的要求，不久前我跟她父親進行了一次諮詢。她覺得這對我瞭解她會很有幫助。」

督導：「哦，這很好。你對這次諮詢有什麼感覺嗎？」

諮詢師：「讓我萬分驚訝的是父女之間的高度一致，父親完全重複了女兒在諮詢室裡講的故事，所提到的資訊完全一致，所用的口吻完全一致。我甚至都不能區分出到底是來訪者把故事講給父親聽，然後父親再復述給我，還是相反。考慮到一些細節只有來訪者自己知道，如她自傷的資訊，我覺得更有可能是前者。在這個意義上，父親是重述女兒的故事，但在另外一層意義上，女兒是在重複父親的人生，因為父親先有憂鬱症，接下來女兒也有憂鬱症，只不過在時間上晚了三～四年。當年她父親下海做生意失敗，從此一蹶不振，陷入憂鬱。來訪者自己也陷入憂鬱，以此和父親深層次連結。」

　　督導：「哦，會有這樣的事情！有可能是他們共同創造了這個故事，達成了共識，至少是在你和她父親做諮詢之前達成了一致。這兩個人之間沒有差異，說明他們相互融合的程度很高，他們是一體的，你就是我，我就是你。」

　　諮詢師：「從某種意義上，來訪者是父親憂鬱的受害者，但她同時也在折騰自己和身邊所有的人。」

　　督導：「你太聰明了！因為做邊緣性人格的個案，諮詢師經常會被牽扯其中，從而不能很客觀地看待整個個案。但你能夠保持這種客觀性，看到這種本質。確實，父親把自己塑造成為一個受害者，他失敗了，從而憂鬱。但做為一個成年人，只要去做生意，就要預見風險，他失敗之後，沒有對這些負責任，而是選擇憂鬱，一憂鬱，就可以拋開所有一切。而現在，

來訪者也重複了這一模式，她也成為一個受害者，父母要對她負責，她的老師不好，她的老闆不好，她的同事不好，所有倒楣的事情都發生在她身上，女同其父。」

諮詢師：「對，確實是這樣。在父親的講述中，他塑造出一個高大的、關心女兒的父親形象，與此相對，塑造出一個渺小的、對女兒漠然的母親形象。他提到自己幫女兒補衣服、釘釦子，甚至提到女兒第一次來月經都是他處理的。我對此非常驚訝，專門花時間去確認為什麼媽媽沒有來處理。他有些語焉不詳，只是強調他發現了，然後他就幫女兒來處理。」

督導：「天啊！竟然有這樣的事情！如果我沒有記錯，那時家裡應該還有媽媽和外婆，為什麼爸爸沒有讓她們來做，而是自己去做這些事情？他給女兒和自己設定的邊界在哪裡？他和女兒的關係到底是怎樣的？」

諮詢師：「在諮詢中，來訪者提到父親的次數更多，提到母親只有兩次。但來訪者從來沒有抱怨過母親在生活中對她的照料，反而是父親對母親有很多的抱怨。我的感覺是：母親是家裡唯一多餘的人。父女兩人結成了堅不可摧的同盟，不論媽媽怎樣努力，她都沒有辦法加入這個同盟中，她越努力，他們兩人就會越團結、越排斥她。她是那個最可憐的人。」

督導：「確實，有時候來訪者沒有告訴我們的部分恰恰是事情的真相。有可能母親很好地照顧了來訪者，但他們眼裡都看不到。你和來訪者的父親有接觸，你對他的印象是怎樣的？」

諮詢師：「看起來比我想像得年輕，也比較儒雅、有禮貌，很想迎合

和取悅諮詢師。」

督導：「本來你想像中的來訪者父親是怎樣的？」

諮詢師：「根據來訪者的描述，我勾勒出的形象是一個冷冰冰的、能量水準很低的、憂鬱的人。所以她眼裡的世界和我看到的世界真的很不一樣。」停了一下，諮詢師說：「我現在非常想探討的是由於這次諮詢，我和來訪者的關係有怎樣的變化？我可以感覺出來她的猶豫，有時她希望我幫她父親做一次諮詢，有時她不希望。她甚至有意拖延了這次諮詢。我有足夠的耐心，並沒有急於做諮詢。從她提出幫她父親做諮詢到真正做諮詢，期間過了好幾個月。做之前我有和她探討她對這次諮詢的想法。做之前她問我：『你和我爸爸是否會談我小時候的事情？』我回答說這取決於她父親。」

督導：「她和父親、母親形成一個三角關係，而現在你和她、父親也形成一個新的三角關係，你的位置是替代了母親的位置。」

諮詢師：「對，我覺得在諮詢中一方面她把我移情為『好的母親』，但另外一方面，她對所有可能成為母親的女性都有深深的敵意，因為那是在和她競爭。」

督導：「我有一個感覺，可能存在另外一種可能性：她邀請你進入這個三角關係，以替代之前不健康的關係。她想讓你和她父親建立關係，而她可以從過於緊密的父女關係中抽身而出。她想跟父親保持一定的距離。她有這個意圖。但從目前她暫時中止諮詢的事實來看，她還是在重複以前

的模式：拋棄媽媽。之前是拋棄家庭中的媽媽，現在是拋棄諮詢中的媽媽。」

　　諮詢師：「來訪者後來要求我再幫她父親做諮詢。我問她諮詢的目的是什麼？她說她父親不知道如何與她溝通，她想讓我教會她父親如何與她溝通。我拒絕了，我告訴她：『妳現在是我的來訪者，我應該直接和妳工作。如果妳想改變妳和父親的溝通方式，我可以和妳討論，但我沒有辦法去改變妳的父親。除非妳將來做到自己和父親溝通這一部分，需要父親參與，那樣的話，我們可以邀請妳父親參與我們兩人的諮詢，但我不會單獨再做妳父親的諮詢。如果是他需要諮詢，他可以預約新的諮詢師。』」

　　督導：「哦，你拒絕了她！她是想讓你成為她與父親之間溝通的橋樑，還是其他？」

　　諮詢師：「不是橋樑，而是去教育她父親。我拒絕她是因為諮詢師不是她去達到自己目的的工具。」

　　督導：「這會不會是引發她這次中止諮詢的一個原因？這是她第一次中止諮詢嗎？」

　　諮詢師：「這不是她第一次中止諮詢。之前有一次她停過一個月。」

　　督導：「你要習慣邊緣性人格障礙的來訪者一直會上演這種中斷─出現的諮詢模式。我有兩個邊緣性人格來訪者，她們動不動就會說：『我不來了，我去找一個更好的諮詢師。』或者說：『我有事，我不來了。』但過了兩週，又發簡訊或留言給我：『我可以再約妳的時間嗎？』諮詢師

真的要非常有容忍力才可以。有時候我真的非常受挫，因為她們會隨意拋棄別人，但這就是她們和別人相處的模式，吐出去，再吞回來。面對這樣的來訪者，諮詢師只能充當一個好媽媽。」

諮詢師：「我還是想探討一下，我拒絕再單獨幫她父親做諮詢這一點，是否恰當？」

督導：「你拒絕充當她的工具，這一點是正確的。我能夠感受到你試圖和她劃清邊界。」

諮詢師：「是的，我看到她周圍的人都被她糾纏住，真的有點怕了。」

督導：「能具體說一說嗎？」

諮詢師：「哦，是這樣的：出於上班距離的考量，她現在住在嬸嬸家。然後嬸嬸家全家人都被動員起來為她操心：她的諮詢是嬸嬸來預約的；前幾次是表姐開車送她來的；她叔叔還專門打電話給我詢問她的諮詢進展。」

督導：「聽起來他們很關心她。」

諮詢師：「讓我非常驚訝的是：這些親戚並不是很親的親戚，而只是一個表親，在道義上並沒有那麼重的責任，一定要照顧她。但他們確實在每個細節上都替她考慮。」

督導：「她是成人，為什麼這些人要照顧她？」

諮詢師：「我覺得她有一種本領，讓這些人覺得照顧她是他們必須要做的事情，是他們應盡的責任和義務。她的巧妙在於她甚至讓別人覺得她願意接受照顧是對他們的恩賜。因為她第一次來就提到：她強烈地想搬出

去住，但她嬸嬸不肯，所以她和嬸嬸會有非常強烈的對抗。最後她同意住在嬸嬸家，嬸嬸非常高興。」

　　督導：「所以她很精心地編織了一張網，讓每個人在不知不覺中都受控於她，而她坐在網的中央，不時拉動一下網，讓別人對她回應。」

　　諮詢師：「只有這樣她才覺得她沒有被別人拋棄，她生活在這個世界上才有意義。」

　　督導：「但諮詢師是那個進入她網中但拒絕被她控制的人。這對她是一個挑戰。但如果她能夠從這個模式中學到一些東西，那對她和這個世界的關係是有意義的。」

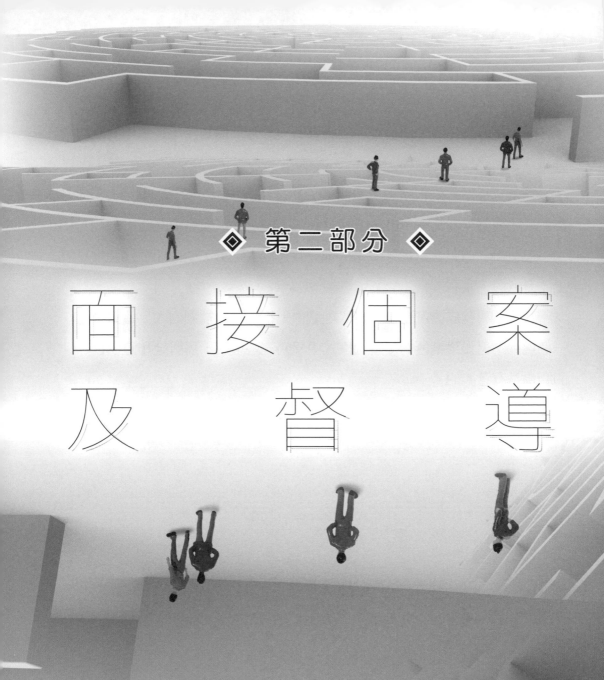

◈ 第二部分 ◈

面接個案導
及　督

一

◈ 職場問題還是家庭問題？ ◈

❶·❶ 個案呈現：我該如何與同事相處？

諮詢師：林娟

　　這是一個預約的電話諮詢，主題為職場同事關係。電話在約定的時間分秒不差地打了進來。

　　來訪者：「老師您好，我主要是想諮詢一下怎麼和人相處，我現在可能會面臨向管理方向發展，可是我不太會與人打交道，這對我工作發展很不利。老師，您能給我點建議嗎？」

　　諮詢師：「聽起來是對職場的人際交往有些焦慮，妳似乎很著急，能具體說說遇到什麼困難了嗎？」

　　來訪者：「是的，我是一個性格比較內向的人，平時話不多，當然這

是我自己主動性不夠，和同事間也僅限於打打招呼而已，即便和同事聊，他們聊的也都是些生活瑣事，我覺得很沒有營養，特別浪費時間。但是我現在又發現在工作上想要有所發展，人際關係特別重要。」

諮詢師：「嗯，看來妳正處於矛盾之中，認為自己不善交往而擔心影響事業的發展，是這樣嗎？」

來訪者：「是的，就比如前段時間吧！我和公司同事合作一個專案，我很用心很賣力，全心付出。但年終評定的時候，我卻感覺好像被排擠掉了。後來我總結出是因為我不善於和人打交道，與同事交流少，人際關係差，所以人家會對我品頭論足。」

諮詢師：「噢，這件事讓妳覺得很失落，很不是滋味，是嗎？」

來訪者：「是的，我覺得自己很缺乏這方面的技巧，和人聊天，也不知道該聊什麼好，有時我附和他們，覺得實在是浪費時間。不參與其中，又感覺人家在評論我，說我的不是，我總是被這樣的矛盾糾纏，我不想因此妨礙今後的發展，所以想請教老師給我一些人際交往方面的技巧。」

諮詢師：「妳很迫切地想要改變目前察覺到的狀態，很想在工作方面有所發展，可是我猜這樣的情形不是一天兩天了，能不能告訴我更多關於妳的故事？」

來訪者：「我從小就是一個人生活的。」

諮詢師：「（驚訝的）從小？有多小？」

來訪者：「從一出生開始，因為我是二胎又是個女兒，所以一生下來

就被寄養在人家家裡。後來父親聽算命先生說我的命挺好的，所以把我接回去了。可是回家以後，姐姐、妹妹經常聯合起來欺負我。我越乖就越遭到姐姐、妹妹的欺負，甚至還罵我，不讓我睡在床上，我只好偷偷地躲起來，而父母也根本不管我。」

諮詢師：「感覺原本是自己的家卻是個陌生的環境，還受同胞的虐待和欺負，一定很委屈很傷心，是不是覺得特別孤獨無助和壓抑？妳感覺現在在公司的情形跟小時候有沒有相似的地方？」

來訪者：「啊！是的，太相似了，就是感覺特別孤立和壓抑。我討厭父母，但我從小到大又特別好強，學業成績一直是數一數二的，大學考到外地終於離開家了。現在工作自己賺錢，計畫用幾年時間積存還清父母撫養我的費用，還有一年就全部還清了，還清後就和他們沒有關係了。」

（雖然看不到對方的神情，但諮詢師聽到的口氣是輕蔑的那種。）

諮詢師：「（再次驚訝）妳的這個計畫非常挑戰我的價值觀，不知這樣的計畫是自己的想法還是和父母商量好的？（澄清）」

來訪者：「（笑）是我自己想出來的，但是和父母說了以後，他們也是同意的，每次寄錢回去，我都會告訴他們還剩多少，現在還有一年就完成了，到時我就和他們了結清楚了。」

諮詢師：「我想我需要思考一下，是不是我們的成長都可以用錢來量化？（面質）」

來訪者：「我知道這不合乎常理，但是我覺得這是我和他們解決關係

的最好辦法，而且我也沒有讓他們吃虧，我償還的金額遠遠超出他們供養我的支出。（充滿怒氣的聲音）」

諮詢師：「妳覺得這麼做心裡會好受些，是嗎？」

來訪者：「過去不是我的錯，錯在他們把我生下來又拋棄了我，我恨他們，討厭他們。」

諮詢師：「妳對父母拋棄妳一直痛恨到現在，痛苦到現在，這樣的痛苦跟隨妳二十多年，讓妳壓抑和憤怒，妳覺得必須要做點什麼才能消恨是嗎？」

來訪者：「是的，我知道我的性格與我從小生活在這樣一個冷漠的家庭有關，可是我現在想改變，我不想因此耽誤自己的前途。從小我功課一直很好，我不想別人看不起我，我每個階段都為自己訂目標並努力去實現。」

諮詢師：「妳很會為自己定位，什麼階段做什麼事都會聚焦，又有很強的意志，完成了自己一個又一個目標，現在又有了新的目標。」

來訪者：「是的，我認為一個人每個階段做什麼必須有目標，才不會落後。」

諮詢師：「就像現在認真工作，為自己的發展考量，但眼前碰壁了。」

來訪者：「我現在面臨職場上的人際關係讓我很擔心，老師，您有沒有什麼好辦法？」

諮詢師：「從我們的談話中，我並沒有覺得妳是一個不會與人交往

的人，只是妳的成長經歷讓妳覺得沒有安全感，覺得周圍沒有十分信任的人，就像小時候姐姐、妹妹總要欺負妳，而妳最需要的父母又不管妳，所以妳害怕和人交往，怕再次受到傷害；在妳拼命地用努力換取別人認可的時候，妳累積了知識，在學習和工作上逐步實現了自己的目標。就像妳自己敘述的，從小到大都是靠自己一個人的，周圍人也好，環境也好，沒有給妳營養，給妳力量，但成長的妳又極其渴望支持和力量，妳現在正處於這樣的困境中不知如何是好。」

來訪者：「老師，您說得很對，我就是經常有這樣的感覺，大學四年也差不多是這樣，那時已經有點人際關係方面的障礙了，只是自己目標很明確，一味埋頭苦學為將來找一個好工作。」

諮詢師：「妳是一個有察覺力、做事有目標、意志堅強的女孩，妳為職場同事關係而來諮詢，但在討論妳的成長經歷時，妳表達更多的是痛恨、蔑視和憤怒，這會在妳處理人際關係的時候不自覺地表露出來，所以如何讓內心平和起來是首先要做的功課，妳願意嘗試一下怎麼去改變嗎？」

來訪者：「我願意。那我以後有需要時再打電話給您。」

❶.❷ 個案督導：來訪者的內在世界與外在真實世界

個案做得成功的地方

對新手來說，這個個案有很多地方值得嘉許：整體很流暢，並且有分析、有推進。諮詢師很快和來訪者建立信任關係，讓其能夠談及自己的家庭狀況。諮詢師有一定的敏銳度，能夠把家庭中的人際關係模式推及至其職場中，察覺到來訪者行為模式其實是一樣的。諮詢師有坦誠的自我揭示，表示自己在家庭觀念上的價值觀不同「你的這個計畫非常挑戰我的價值觀」，這可以讓來訪者理解諮詢師是站在怎樣的立場上來談話。諮詢師對來訪者有很好的接納和理解，對其身上的積極資源給予肯定。這些都是非常棒的。

諮詢目標

　　這個個案的主題看似職場人際關係，但卻與家庭親子關係緊密糾纏在一起。在諮詢目標上，諮詢新手會受到誘惑：先解決家庭問題，再解決職場問題。這樣的藍圖看起來很美好，但未必是最適合的選擇。諮詢目標一定要和來訪者共同商量決定。如果來訪者的時間、費用都有限，那就需要非常聚焦地幫助來訪者解決當下最緊迫的問題，顯然，應該圍繞在如何進行職場良好人際溝通的主題。如果來訪者有足夠的時間、費用和意願，可以以重新建構家庭關係為主題。只是，做為諮詢師要充分評估諮詢目標的難度。做家庭關係的主題將是一個巨大的工程，因為家庭關係的形成已有幾十年的歷史，而且家庭模式的變化不僅僅取決於當事人一個人，要鬆動這樣一個模式需要做很多工作，而且來訪者出現反覆都是正常的。對新手而言，遵循「先當下、後過去」的原則較為恰當。

　　由於在把握主題上經驗不足，新手有可能諮詢效能不高，可以推進諮詢，但並一定能在有限時間內推進諮詢。有時比分析原因更重要的是推動來訪者離開原地，有行為改變。這個改變可以很小，但它會發生。目前的個案有新手通常的問題：沒有確定目標，進展得太快，從職場到家庭，以致於無法細緻地做工作，無法撼動來訪者已有的思維模式。看起來涉及到眾多問題，但都是蜻蜓點水，沒有深入。諮詢師最後停下來的地方是：「如何讓內心平和」，但這是諮詢師一廂情願確立的諮詢目標、自己挖出的井

水，並不是來訪者自發力量中冒出來的清泉，有些牽強。

　　諮詢師要有敏銳性和定力，在關鍵點瞄定，和來訪者探討更深入。關鍵點是來訪者的思維模式和歸因模式：這個世界都欠我的。

來訪者的故事都是真的嗎？

　　從諮詢師的反應來看，她認為來訪者所講的都是真的。她在這個基礎上展開工作，所以當她做總結時，她會用這樣的話語：「小時候姐姐、妹妹總要欺負妳，而妳最需要的父母又不管妳」、「從小到大都是靠自己一個人的，周圍人也好，環境也好，沒有給妳營養，給妳力量」。這樣做會讓來訪者得到認同，對諮詢師增加信任感，但另一方面這樣的認同是危險的，它讓來訪者更固化在自己的偏見中，堅信這一切都是事實——如果細讀個案紀錄你會發現，是來訪者「牽著」諮詢師的手，從職場問題步入家庭問題的。來訪者期待諮詢師能夠認同這一點：「由於我來自一個冷漠的家庭，所以我會處理各種問題。現在我在職場上遇到的這些問題，其實要怪我的家庭！」而諮詢師真的認同了這一點。

　　來訪者所說的故事都是真的嗎？即使無法和來訪者對證，但有一點是肯定的：這個世界上沒有一個人生下來「就是一個人生活的」，這樣的人

是無法生存的。一定會有人照料還是嬰兒的他（她），一定有人和他（她）發生聯繫，他（她）的周圍肯定會有同伴。只是，在這位來訪者眼中，「這些人」都是隱形的，她看到的只有她自己。別人的付出和關愛被她拒絕、迴避或遮罩，而她的解讀是：「這個世界是冷漠的，這個世界上所有的人都是冷漠的。」

有可能來訪者的父母確實是冷漠的，但並不是冷漠的父母一定帶來冷漠的孩子，冷漠父母的孩子遇到的所有人都是冷漠的。關鍵是來訪者是否有這樣的區分。如果他（她）們自動泛化，就不可能感受到那些溫暖和支持。

諮詢師既要看到來訪者的世界，對其共感，同時要跳脫他們建構的世界，看到真實。這不容易，但唯有試圖看到真實，才有可能引領來訪者改變認知，重構自我的世界。即使在第一次諮詢時以建立關係為主、不立即做認知矯正，諮詢師也可以在回應時留下一道縫隙，將來讓光線可以順著縫隙進入來訪者的心。

來訪者的防禦模式

如果通讀整個個案，特別引人注目的細節是來訪者「償還」父母撫養費。在親生父母與子女的關係中，這樣的方式並不多見。從其敘述來看，

這是她自己的主張，並不是父母強令。來訪者為什麼要這樣做呢？其背後是來訪者潛在的防禦機制：你們是我的父母，你們應該把我留在身邊撫養長大，關愛我，讓我不受兄弟姐妹的欺負。但你們沒有做到這些，你們欠了我的。你們不是好的父母，我要在道德上做你們的楷模，讓你們知道怎樣才是不欠別人的。你們看，我連撫養費都還給你們了，你們難道不愧疚自己的行為嗎？你們難道還不承認欠了我嗎？

很難單純說這個防禦機制是不好的。在過去那麼多年裡，這個防禦機制在最初階段不僅保護著她，讓她免受更多的傷害，而且是她重要的成長動力，讓她做得比其他人更好。在之前的小學、中學和大學，這種防禦模式都行之有效，她沒有遇到什麼困難，只是後來，防禦機制的保護功能轉變為妨礙功能，尤其工作後，她無法再讓同事們建構起「你（們）欠我的，你們應該內疚」的模式。她臆想中的「內疚」被同事無情地消費了，她必須要從自己的世界中走出來，但她非常不情願脫掉那個厚厚的殼。

可能還有一個原因促成她現在想要解決這個問題：還有一年她的撫養費就還清了。她之前為之奮鬥的人生目標就要達到了，而她沒有樹立新的人生目標，內心感受到危機，那些張力需要突破，於是從最薄弱的職場問題開始突破。

諮詢師未必在第一次就去挑戰來訪者的防禦模式。可以在其防禦模式上一直工作，直到時機成熟，再來破舊立新。或者在其原有的防禦模式基礎上，發展出更多的模式，讓來訪者有靈活性，而不是在所有情境下都用單一模式。

2.① 個案呈現：我想要改變自己

諮詢師：林娟

第一次諮詢，來訪者小芳提前半個小時就到了。

諮詢室裡，小芳滔滔不絕描述了自己的經歷：十九歲認識現在的老公，因為他對她特別好，所以她很自然地嫁給了他，然後生了一個女兒，並跟著他開始創業，從一個小作坊慢慢做到現在的服裝代理公司。目前生意做得很大，代理很多品牌，業績也不錯，對此，小芳覺得很滿意，也很慶幸自己跟著老公從一個什麼都不懂什麼都不會的小女生轉型為一個公司的老闆。女兒從小由奶奶帶，雖然偶爾會有把女兒接到自己身邊的想法，但婆婆總說她不會帶孩子，執意不讓她帶走，因為老人照顧得相當好，所以小芳很放心，有時候被婆婆數落數落也就不計較了。

但在看似幸福滿意的生活背後，小芳道出了內心的困惑：近半年老公另有新歡了，女孩原是小芳公司的員工，後來自己離開了公司。但是老公卻怪罪她不關心下屬，而且小芳還從親戚那兒得知老公原來是有意要培養這個女孩當小芳的接班人，還特地去鄉下找女孩，得知女孩家的條件非常窮困，執意要幫助她。公司裡有不少人包括老公總是埋怨小芳不活絡，不

會和客戶打交道，性格太內向，代理業務進展很慢，業績不顯著。

當諮詢師問及小芳來諮詢的目標是什麼時，小芳的回答是：「想改變自己的性格，想要自己更開放更能適應公司發展的需要。」

看來小芳認為是自己的性格讓自己在生活和工作上碰到了阻礙、出現了困擾、難以適應、焦慮和不知所措，所以想求助諮詢師幫助她一起跨過這個關卡。但究竟是不是這樣呢？

在諮詢的過程中，小芳並非自己描述的不會與人交流，相反的，諮詢師覺得她還挺健談。只是她兩次都解釋說是做生意逼出來的，自己學了很多門道，但對做生意，她一向都是講誠信的，對員工也是相當關心的，還談到一個有發展力的公司必須具備自己的文化什麼的。顯然，這麼多年下來，小芳的確長了很多見識，特別是公司文化這樣意識層面的東西是要積澱和感悟的。小芳還說有將近半年時間，自己實在很操心公司的生意，每天都很忙，連生病了也都必須硬撐著。好幾個月下來睡眠嚴重不足，身心疲憊，非常需要得到老公的關心和照顧，可是老公卻不曉得問候她一下，讓她覺得心理很不是滋味，覺得老公不如以前那麼愛她了，特別是發現老公注意力轉向那個女孩後，自己的心情更加憂鬱。

當然小芳沒忘記十多年前，剛認識老公的時候，在小芳看來，這個男人心細，對人體貼大方，不嫌她家窮，所以小芳覺得這樣的男人是可以託付的，在他身邊很有安全感，就像在父母身邊的感覺。有意思的是剛結婚的時候，每到過年時老公還給小芳壓歲錢。女兒出生後，老公對女兒也是

細緻體貼入微，小芳還說做他的女兒是最幸福的。現在老公中意的那個女孩家裡也是窮得不得了，但是老公說女孩人好，他想培養她。

諮詢師漸漸總結到一點：小芳的老公是一個從物質到精神很願意付出的人（小芳馬上認同），他的需求是希望有人接受他的付出。當妻子忙於打理公司業務、女兒不在身邊時，老公的需求沒有被滿足，他開始到家庭外（工作區域）去找，尤其是找女性目標。

現在的老公跟十多年前和小芳初戀時的模式幾乎如出一轍。所以想要改變，小芳就必須回到以前的狀態而不是現在的女老闆或女強人，但這能讓小芳認可嗎？

第二次諮詢剛開始，小芳依然說了一大堆公司生意上的事，依然是忙忙碌碌沒有多的時間休息，身心很累。還是提到老公、大哥在生意方面數落她，她覺得自己已經考慮得很周全，已經很努力了，不至於任由他們的批評和指責，特別是在公開場合，她非常受不了老公和大哥對她的指責，她認為這樣讓她很沒面子，很難樹立威信，以後不好管理。因為小芳一再強調自己不能幹，動手能力差，這是她的缺點，她不希望他們再挑她的不足，為此小芳著實感到很不是滋味。

諮詢師感覺到小芳不滿意老公的評論，對自我的認知開始改變，因為透過五年的磨練，她不再是什麼都不會什麼都不懂、完全需要被擺佈的人，而是在公司上下都能挑大樑的人。

當諮詢師聽到她三句不離口地談工作、談生意時，忍不住問她：「一

天二十四小時裡，妳覺得自己和老公的關係處在什麼樣的狀態之中？」

小芳語速慢了下來，一邊回想一邊說：「只有睡覺的時候才有點夫妻的感覺，但已經親不起來了，有時候是因為太累，有時候也想不出話說，好像總是壓抑自己。」當問及夫妻生活時，小芳說：「只是他生理上的需要，而不是親密的需要，感覺不到親，似乎距離感在增大。」

這時候諮詢師澄清道：「那妳現在最主要的是想和老公調整關係，縮小你們之間的距離？」

小芳點頭，但是她依然認為和老公的關係出現問題是因為工作沒做好，認為自己不能幹造成的。後來諮詢師讓她試想如果她變得能幹了，生意做得很棒，夫妻關係會如何呢？小芳很快回答：「大概也不會好。」

那麼真的原因是什麼呢？

諮詢師回應道：「在你們爭執的時候，老公曾埋怨都是因為妳，因為妳什麼？因為妳全心在工作上，而忘記了自己是妻子、是孩子的媽媽，在妳需要老公關心的時候，有沒有想過老公也需要妳的溫柔呢？」

小芳立即回應說：「是的，老師，您說得沒錯，老公經常說我太硬了。」

「很好，所以妳第一次諮詢說想改變性格以適應公司發展的需要，而現在妳可能更迷茫了，妳不知道到底自己該改變什麼，怎麼辦？看得出妳很需要從我這裡得到答案，但是，能權衡這些的只有妳自己，孰輕孰重我無法幫妳去選擇，但妳可以梳理一下，妳一直稱老公人好，雖然兩人性格

差別大，但妳始終愛著妳的老公，妳想要和他永遠走下去，這需要妳在時間上分出一部分回歸到夫妻關係和家庭，在角色上做一些調整如何？」

　　諮詢師對小芳關於事業與家庭的認知做了一些闡釋，明顯覺得她將職場、家庭以及夫妻關係混在一起，以致於毫無界限，什麼都沒有處理好，所以接下去的諮詢，必須讓小芳明確諮詢目標，否則還是混亂的。

❷.❷ 個案督導：夫妻關係還是工作夥伴關係？

　　夫妻關係有很多模式，而這個個案呈現的是妻子追趕丈夫、力圖成為其合格的工作夥伴的關係。問題的關鍵是：這樣的關係是良好的夫妻關係嗎？

　　小芳之所以認為夫妻關係的關鍵是她在工作中變得更能幹，是因為她和丈夫認識的起點在於此。如同她自己所說，十九歲時她是一張白紙，丈夫細心指點，五年時間使她「從一個什麼都不懂什麼都不會的小女生轉型

為一個公司的老闆」。在這個過程當中，她自己很有自我價值被實現的感覺，丈夫一樣也很有成就感。這是一種向上的力量推動著兩個人，也是兩個人互動關係保持健康的關鍵。

但當小芳無法再從丈夫那裡得到有價值的指點、無法再大步向前進時，或者說她不再全盤接受丈夫的指點時，她和丈夫的關係就陷入到另外一個奇怪循環中：一方面，她內心有自責和自卑，覺得是自己個性不好、不夠聰明，另一方面，她其實對丈夫的指點無法全盤接受，開始和丈夫有不同意見，還有一方面，她開始對丈夫有埋怨和微詞，認為丈夫不夠理解和關心她。而她丈夫仍然貪戀著幫助別人成長的成就感，在小芳身上無法實現，於是去找新的對象來實現。很難說那個新的對象是他婚外情的對象，她更多是多年前的小芳。

如果再深究下去，也許小芳也只是他內心助人情結外化的一個對象。那個情結早在他認識小芳之前就存在，只不過小芳出現的時間、地點和場合都非常恰當，所以不僅是他的幫助對象，而且成為他的終身伴侶。

小芳之所以會和他結婚，是因為兩個人組合在一起是絕配：小芳的丈夫全心地想要幫助別人成長，小芳則全心地接受這種幫助。一個給予，一個接受。而且兩個人在一起工作，更有可能徹底實現幫助行為。最初這種給予──接受的模式非常穩定，兩個人都非常滿意，不論是在工作中還是在家庭中。但周圍一切都在變化：小芳變得成熟而有能力，但隨著公司變得更大、更複雜，她越來越有力不從心的感覺，而且覺得她丈夫變得挑剔、

不滿、移情別戀。如果這時雙方不調整在工作和家庭中的關係，就會出現嚴重危機。

如果說小芳和丈夫在工作中像是學生和老師的關係，那麼在家庭中就像女兒和父親的關係，這從丈夫給她發壓歲錢、「做他的女兒是最幸福的」這些細節中可以看出。在婚後頭幾年，丈夫還可以像父親對女兒一樣照顧小芳，這也讓她非常滿足。但很多事情都在變化，家裡添了女兒，公司更忙了，小芳其實不滿這種當女兒的狀況，丈夫在家裡找不到疼女兒的感覺。這種模式需要變化，但兩個人都不知道該怎麼改變。

小芳的丈夫也許並不像小芳認為的那樣成熟。小芳提及一個細節：女兒出生後就由婆婆帶，自己想把孩子帶在身邊，婆婆執意不肯。婆婆和兒媳婦關係的基礎其實是母子關係。女兒交給自己的媽媽帶，小芳的老公肯定是贊同的，媽媽不肯還女兒，小芳的老公也是默許的。在母子關係中，母親是強勢的那一方，而兒子是順從的那一方。而且，很有可能兒子更多認可自己做為孩子的角色，而沒有認同自己做為父親的角色，所以會默許孩子由母親帶大。

在小芳和丈夫的關係中，兩人的工作關係所佔比例更大，而家庭關係所佔比例過小。小芳丈夫指點小芳時，更多放在工作中，而沒有在家庭事務上對小芳進行指點──有可能他本人也不擅長這一方面，所以工作關係就替代或侵佔了一部分家庭關係。在小芳的意識中，如果工作中她成為一個能幹、合格、達到丈夫期望的經理，丈夫就會對她滿意、更多關注她、

更愛她。但真正的源頭不在這裡。

　　小芳和丈夫要回到家庭關係中，甚至需要重新建構家庭──他們在婚姻之初沒有有意識做這件事情。如果他們的工作關係不會干擾到家庭關係，可以維持在一起工作。如果工作關係已纏繞和干擾到家庭關係，那就需要做分離、剝離，甚至割裂。也許兩個人不在同一家公司工作是一種選擇。小芳和老公要清楚：工作關係無法替代夫妻關係。工作關係要經營，夫妻關係更要經營。家庭中的每一個成員都要參與這種經營。他們也需要做出一個決定：該如何對待女兒的撫養和教育；是自己帶、老人帶還是雙方一起帶；是維持子女化的配偶關係，還是調整為成人化的配偶關係。

❸.❶ 個案呈現：從有意失眠到真的失眠

諮詢師：林娟

　　這是一個沒有事先預約的面接個案。諮詢師注意到來訪者是由自己的

男朋友陪伴而來。但諮詢主題卻與感情無關。一進諮詢室，來訪者就直奔主題。

來訪者：「我最近總失眠，連續好幾天都不能入睡。一到睡覺就害怕，就擔心自己睡不著，然後就真的睡不著了，有時候是直到實在撐不住了才入睡的。」

諮詢師：「好像被睡眠困擾了，有多久了呢？」

來訪者：「有一兩個星期了，以前也有過，那是半年多前。」

諮詢師：「噢，能不能說說睡不著的時候都在想些什麼呢？」

來訪者：「想工作上的事、想生活方面的、亂七八糟天馬行空什麼都會去想。」

諮詢師：「那就談談工作吧！」

來訪者：「我工作了幾個月，在一個教育機構上班，因為剛工作，會擔心自己出錯，有時候也會聽到同事說要怎麼怎麼樣，我想她是好意提醒我，我喜歡往積極的方面去想。」

諮詢師：「妳是如何選擇這樣的工作的呢？」

來訪者：「（馬上回應）這個能不說嗎？（看來這是一個非常敏感的問題。諮詢師其實想瞭解她的從業動機。）」

諮詢師：「噢，妳覺得不方便，可以不說。妳能說說上班的情況嗎？」

來訪者：「嗯，上班時要考慮到很多細節，要時刻關注周圍，幾乎沒有停下來的時候。」

諮詢師：「所以讓妳操心的事情還挺多？」

來訪者：「是的，我覺得自己是一個比較粗心的人，總擔心做不好，我給自己訂的十六個字是：膽小怕事謹小慎微、忘東忘西粗心大意。」

諮詢師：「聽起來是不太積極的目標，似乎有些悲觀的成份在裡面，和妳前面說的往積極的方面想有些矛盾。」

來訪者：「好像是的，我也不知道為什麼會這樣。我週末還要去上考證照的課。再過幾個月就要考試了。」

諮詢師：「妳認為對於考試，自我感覺如何？」

來訪者：「這也是我擔心的。」

諮詢師：「看來擔心的事情又增加了一個。」

來訪者：「是的，如果考試不過，拿證照就要延遲。」

諮詢師：「感覺沒有證照的日子心裡不踏實，現在是不是正處於這樣的情況，還沒有證照，萬一自己做得不到位，會擔心別人會在背後說。」

來訪者：「是的，這是我最擔心的事情，然後還有明年要準備結婚，有時候會擔心結婚後會不會發生矛盾，我男朋友已經叫我對他要求不要太高。」

諮詢師：「妳對自己要求高，所以對別人要求也高，很追求完美啊！」

來訪者：「是的，您說得沒錯，這點有些像我爸爸。」

諮詢師：「那就談談妳的爸爸？」

來訪者：「我第一個工作是我爸爸媽媽幫我找的，工作了兩個多月，

壓力實在太大了，想不幹，但我又不想是因為自己做不好事情被開除，所以那個時候我就採取故意失眠導致身體狀況很差而不能勝任工作，所以最後只好離開那個公司。爸爸媽媽也拿我沒辦法。」

諮詢師：「那次失眠讓妳獲益了，心想事成？」

來訪者：「呵呵，是這樣的，我達到了自己的目的。」

諮詢師：「後來呢？」

來訪者：「後來我又找了一份工作，但我還是喜歡第一份工作的性質，所以做了幾個月後，我又到了現在的這個機構工作。」

諮詢師：「看來妳還是喜歡這個行業，雖然之前覺得很有壓力。」

來訪者：「是的，但是這次好像是真的失眠了。老師，您說我該怎麼辦呢？」

諮詢師：「感覺妳的壓力是來自於妳的不踏實感，我總結一下，妳擔心工作做不好，擔心考試考不過，擔心被別人說閒話，還擔心結婚的事，如果妳現在有證照，妳還擔心嗎？」

來訪者：「那就踏實了，心不虛了，不會去想那麼多了。」

諮詢師：「那妳覺得目前最關鍵的問題是什麼呢？」

來訪者：「應該是證照考試的事吧！」

諮詢師：「準備什麼時候結婚？」

來訪者：「明年秋天吧！」

諮詢師：「那就更應該放一放。」

來訪者：「我覺得也是，我總是擔心會發生一些事，然後就很糾結，一直會去想。」

諮詢師：「我今天給妳做個放鬆，可以紓解一下妳焦慮的情緒，記著把最放鬆的狀態帶回去就可以了。」

來訪者：「好的。」

諮詢師為其做了放鬆訓練，來訪者帶著放鬆的表情離開。

❸.❷ 個案督導：心理諮詢只是貼膏藥？

這個個案整體上比較完整，用到了傾聽、提問、澄清、共感、面質等技術，諮詢過程比較流暢。諮詢師最後把來訪者的失眠原因歸結於不踏實感和焦慮情緒，並進行了放鬆訓練。

對一個諮詢新手來說，這已經是相當難得的了。但從更高的要求來看，目前的諮詢只是給來訪者貼了一劑膏藥，可以在諮詢室暫時緩解來訪

者的狀況，但這種緩解能否延續到諮詢室外、能持續多久就能很難說了。來訪者的認知改變和調整是非常有限的，除非她是悟性非常高的人，會從諮詢師的提問和簡單總結中悟到很多東西。

在行為方面，來訪者雖然體驗了放鬆訓練，但並不等於她回去就能自我放鬆，諮詢師更沒有提及在她睡不著時如何做放鬆訓練，也沒有提及如何改善她的失眠狀況。功力更深的諮詢師可能會在一次諮詢中集中和聚焦在一個目標上，在諮詢中圍繞這個目標進行，在諮詢結束時確保這個目標是被非常具體地碰觸過、接近過。

就已經呈現的情況來看，來訪者對壓力源的感知非常敏感，一些比較小的事情也有可能成為她的壓力源。她把遇到的事情看作非常大的困難，而且她應對壓力的方式主要是逃避。憂鬱症的當事人常出現這種特點，但在本個案中，沒有提及當事人情緒方面的資訊。失眠本來是她逃避壓力所採取的手段之一，但在幾件事情累積在一起時，就成為不請自來的「客人」，她無法控制自己是不是失眠了。

她對周圍人有著強烈的依賴感。儘管她已經是一個成人了，但她仍然依賴周圍人。她提到父母幫她找的第一份工作，周圍同事不時提醒她，來諮詢是男朋友陪著來的。這些資訊都表示她的獨立性是比較差的，而且她也沒有想要變得獨立。遇到不喜歡的、不想做的事情，她用到的方法就是逃避。有意無意地，她會利用自己的依賴性、人們對自己的關愛來操縱周圍人，如第一份工作遇到壓力時，就故意失眠辭職，周圍人和爸媽都拿

她沒有辦法。但男朋友那句「不要對我要求太高」意味著什麼？男朋友已感受到她在婚姻中需要的是一個照料她的父親，因而提醒她「我不是妳父親，我不能像一個父親那樣照料妳」？還只是一般性的提醒？

她有一定的自我瞭解，如她歸納自己個性的十六個字：膽小怕事謹小慎微、忘東忘西粗心大意，用在她身上還是相當貼切的。但她自己對自己的個性持什麼態度：滿意還是不滿意？維持現狀還是想改變？她來諮詢的目的是為了改善睡眠，還是為了探索失眠的原因？

來訪者的整個自我形象就是一個孩子，一個沒有長大的孩子，一個無法承擔責任的孩子，一個無法獨立工作的孩子，一個無法面對壓力的孩子。這個孩子形象長久以來被她父母接受，而且有可能還被她父母包容、接納、鼓勵和保留（為其找工作等動作），看起來也被她男朋友接受。她的失眠其實也是一個信號，是她需要長大的信號。

從短期看，她所需要的是如何面對眼前的幾個壓力源，讓自己的身心狀態調整到良好的狀態；從長遠看，她需要的生命功課是如何長大、獨立，形成積極有效的應對壓力策略。

二
◎ 如何安放我的婚姻與戀愛？◎

1.① 個案呈現：我太太有問題了

諮詢師：林娟

　　個案準時前來，來訪的是一對夫婦，年齡四十歲左右，太太的表情似乎有點呆滯，臉色也看起來不太好。當諮詢師問誰先諮詢時，先生示意太太先來，但太太一邊推開先生的手一邊搖頭說：「不要，你先去。」顯露非常膽怯和不願意的表情。於是諮詢師帶著先生進了諮詢室。諮詢師事先準備了三杯水，先生馬上說：「我拿給她一杯水。」小小的一個舉動，讓諮詢師覺得先生還是很有心的。再次進來後，先生沒有坐在沙發椅上，諮詢師示意他換個更舒服的座位，先生很聽話地移動了身體。在進行諮詢設置等說明後，諮詢師請先生說明一下他的情況。

先生：「我和我太太結婚十年了，我們感情一直很好，可是她不能生小孩，前幾年也沒覺得什麼，可是這兩年越來越覺得沒孩子挺無趣的，和朋友在一起也經常會被問到孩子的情況，我很失落，四十歲的人了，我不能再等了。兩年前曾向她提過分手的事，可是因為自己下不了決心，我也捨不得她，所以就一直拖著。」

先生的敘述，語速較慢，額頭稍帶皺眉。

諮詢師：「你的內心一直在掙扎和衝突，覺得很痛苦嗎？」

先生：「是的，雖說這兩年生活比較平靜地過，可是內心一直想著這件事，加上父母盯著要孫子。想想平時工作那麼辛苦，賺錢為了什麼，還不是為了生活開心些？可是沒有孩子我開心不起來。」

諮詢師：「看來你很看重有個孩子，喜歡孩子嗎？」

先生：「那是當然，有孩子的話生活肯定就不一樣。」

諮詢師：「剛才你提到辛苦工作，能說說你的工作嗎？（這裡是否應該讓先生聯想一下不一樣的生活是怎樣的？這樣便於瞭解先生的想法。）」

來訪者似乎不太想告訴諮詢師，只回應說是做企業諮詢的。

諮詢師：「哦，你也是做諮詢的？能否說說今天你來這裡做諮詢的目的是什麼？」

先生：「我太太有問題了，我想請妳幫幫我太太，怎麼能讓她的情緒好起來？她最近這一個星期變得很憂鬱，連上班也不去了，飯也不煮了，

睡覺時經常會起來，一會兒到陽臺，一會兒坐地板上，不說話，我擔心她這樣下去會出問題的。」

諮詢師：「你很擔心你太太的狀況，覺得她有問題，而你感到無助，你認為是什麼原因引起她這樣的狀況？」

先生：「就是一週前我跟她提出分手，我本來以為她會跟我大吵特吵哭鬧，但是她沒有，她把所有的情緒都壓抑到心裡去，她也不讓我把這一件事告訴她家人，早知道她現在這個樣子，我兩年前狠下心就好了。」

透過詢問，諮詢師從先生那裡得知太太不孕是有醫院診斷的，大約五年前夫婦倆還曾嘗試人工方法。

先生：「當時我太太吃了不少苦，但還是沒成功，可是不管過程如何，我是個注重結果的人，結果是不能生孩子。」

諮詢師又從先生那裡瞭解到，太太與她父母及弟弟的關係還不錯，工作也相當穩定，平時愛好不多，主要宅在家裡，對先生的生活照顧有佳。諮詢師想透過這些資訊瞭解目前的家庭關係狀況，但先生的回答否定了諮詢師的若干推測，那麼不能生孩子真的是先生提出要分手的原因了？

此時，先生一身動感的運動裝打扮引起了諮詢師的注意。

諮詢師：「先生平時比較喜歡運動？」

先生：「是的，我的業餘生活比較豐富，因為在家沒意思，又沒有孩子，所以經常和朋友一起玩，玩的時候就不會想不開心的事了。」

初訪半小時後，諮詢師結束了和先生的談話，他出去把他太太叫了進

來。諮詢師同樣讓太太介紹一下自己。

還未開口，太太就拿下眼鏡用紙巾擦拭眼睛，說：「我們是再婚。」

諮詢師愣了一下。

太太（來訪者察覺了，馬上說）：「他大概沒說吧！我比他大四歲，有個女兒現在已經高中了。」

這的確出乎諮詢師的意料。

太太（繼續）：「女兒住校，一週回來一次，女兒試圖和他親近，但是很難，十年了，他連女兒的名字都沒叫過。」

在敘述這些的時候，諮詢師感覺太太既有埋怨又在委曲求全，非常的矛盾。在和太太的交談中，諮詢師明顯發現夫婦兩人對對方的評價不一致，只有一點相同，就是他們倆都口口聲聲說感情很好。而最不同的是太太說先生的心理有問題。

太太：「他心理有問題，他是獨生子，他家裡都是以他為中心的。」

諮詢師讓太太舉個例子說說怎麼以先生為中心的，然而太太卻表達得相當混亂，而且太太對先生的為人以及對先生的原生家庭評價不高。儘管這樣，太太依然把先生的起居照顧得很好。

太太：「他的生活起居全是我照顧，他在家裡是不做事的，日常生活非常依賴我，我也喜歡並習慣他這樣的依賴（說這些的時候，太太好像沉浸在回憶中）。（停頓後）可是我受不了他的脾氣，有時候他會突然發火，莫名其妙，讓我一點心理準備都沒有。同事、朋友也說只有我才受得了，

換別人早就離婚了。我想想因為結婚時我們承諾要好好過的，所以不管他怎樣，我都接納和包容他，我也曾跟他說沒有孩子我們一樣可以恩愛白頭偕老，這也很好，他也表示認可的。」

諮詢師：「聽起來妳生活得很不易，經常要忍受先生突然爆發的脾氣，讓妳受不了，但是一想到曾經的許諾，妳就忍，把委屈往自己的心裡裝。」

此時，太太終於停止了之前不停擦拭眼睛的動作，像在回味諮詢師的話。

諮詢師繼續：「你們平時有溝通和交流嗎？不知今天來諮詢是誰提出的？」

太太：「一開始是我提出的，後來是他打的電話，然後我們就一起來了。」

……

一個小時很快到了，諮詢師第一次遇到夫妻諮詢，顯得有些力不從心，雖然諮詢師可以為自己開脫，說首次諮詢主要是採集資訊，但即使是收集資訊也是東一點西一點，沒有去抓自己到底要哪些資訊。在有限的時間裡應對兩個人，諮詢師有些應接不暇。

1.② 個案督導：家庭諮詢的構面和目標

新手如何做家庭諮詢？

這是一個家庭諮詢的個案。對一個新手來說，它確實具有挑戰性：在短時間內要關注夫妻雙方，並從錯綜複雜的資訊中尋找線索。對以家庭為單位的諮詢個案，通常有幾種諮詢構面：一是一對多，一位諮詢師面對整個家庭的多位成員，其好處是這位諮詢師瞭解所有的資訊，能夠觀察到家庭成員之間的互動，但侷限之處是諮詢師需要富有經驗，能夠應對較為複雜的局面；二是多對多，每一位家庭成員都有一位對應的諮詢師，其好處是諮詢師可以和家庭成員深入互動，但局限之處是諮詢師之間需要聯合工作、深入溝通。

如果沒有接受過家庭治療專業訓練，新手可以讓自己不必一開始就以這種方式單挑高難度的家庭個案：

另外，諮詢師提到一個小時的時間不夠用，第一次的一個小時在收集資訊的過程不知不覺用完了，諮詢只是把主要的問題羅列出來、攤開在那

裡，而來訪者沒有得到有意義的回應就結束了。可以看出這次諮詢後，來訪者沒有再來，諮詢的無價值感、無收益感是其中的原因之一。諮詢新手不瞭解，這樣的諮詢面接，第一次可以超過一個小時，需要把收集到的資訊快速梳理，和來訪者就諮詢目標達成一致，商量好諮詢所採用的方式、持續時間等。這樣，來訪者會對接下來的進程心中有數，會知道諮詢師已經理解自己所表達的資訊和情緒，會有更多的配合。

新手如何捕捉關鍵資訊？

在這個個案中，諮詢新手提到不知如何捕捉關鍵資訊。在家庭個案中，來訪者通常會述說大量細瑣的生活事件，並且會帶有情緒性。來訪者有可能會滔滔不絕說個不停，或者會不停地指責對方，會期待諮詢師充當法官，來判定家務事中誰做得對、誰做錯了。如果是夫妻雙方一同來諮詢，強勢方常常會不給弱勢方發言的機會，霸佔所有的時間。那些讓自己有委屈感、不公平感、失落感、失望感的資訊會被無限放大，一次又一次重複。

諮詢師不僅需要有捕捉資訊的敏銳度，還需要有方法引導來訪者的情緒，設定明確的諮詢目標，透過設定家庭規則、創建夫妻溝通新模式等，最終走向解決問題。

在這個個案中，諮詢師沒有明確雙方的諮詢目標，更沒有讓諮詢雙方就諮詢目標達成一致。夫妻雙方都指出對方有心理問題，而且丈夫明確要求諮詢師幫助妻子解決問題，顯然這無法成為諮詢目標。

兩個人的離婚似乎是一個諮詢目標。丈夫因為妻子不能生育提出離婚，而妻子的態度不明確，似乎並不願意離婚，但婚姻帶給她很多苦惱、委屈和壓抑。考慮到這是一個有十年婚姻史的個案，丈夫的理由就站不住腳了，因為不能生育顯然不是突然出現的新問題，而是存在多年的一個老問題。為什麼這個問題在之前沒有成為障礙，而現在成為離婚的理由呢？丈夫是提出離婚的人，但他並不想看到妻子因此而出現情緒上的問題，同意來做心理諮詢，內心對離婚也不是那麼堅決。他的目標是關於是否要離婚嗎？不清楚。

妻子一來就提及這是再婚，這其實是她心中的癥結：由於是第二次婚姻，自己比丈夫大，又帶著一個小孩，所以自己可以吃很多苦、委曲求全，但一定要保住這個婚姻。她容忍丈夫的壞脾氣不說，還容忍丈夫不接受自己與前夫的孩子——這對很多母親來說是完全不可能接受的事情，自己的丈夫十多年忽視自己的孩子不說，還口口聲聲說自己沒有孩子，壓根兒不承認這個孩子是家庭的一個成員。她之所以容忍下所有的一切，有可能是因為她被離婚後的悽慘景象嚇壞：自己孤苦伶仃地帶著孩子生活，無法再擁有一個家庭。她的諮詢目標是如何接受離婚？不清楚。

也許還有其他可能性：兩個人想透過心理諮詢挽救自己的婚姻，提高自己的婚姻品質；或兩個人想透過心理諮詢，平和地分手，分別開始自己

新的生活。

　　諮詢師要和來訪者確認目標，在有限的時間裡做有明確指向的事情。

❷.❶ 個案呈現：我還是愛他的

諮詢師：林娟

　　來訪者是一位女性，她在約定的時間準時出現在諮詢室裡。一進諮詢室，她就直奔主題。

　　來訪者：「我離婚了，到現在正好半年，當初是我不好，是我先出軌的。我的事情說來還挺複雜的，我們是同學，認識很多年。大學畢業後雙方父母都支援我們，所以我們在上海買了房，沒有貸款，生活過得挺不錯。工作也不錯，上司挺喜歡我的，我們還用收入的一部分做了些投資，賺了點錢，買了車，原本還在物色房源準備再購買一套小房，可是沒想到後來離婚了。有一個孩子，現在暫時由外婆帶。我是非常喜歡我老公的，以前沒有孩子的時候我們過得很快樂，我天天為他做飯，家務事也都是我操持。他工作相對比我辛苦，上班又遠，所以每天很早就走了。我記得自己

大肚子的時候還照常一早起來為他做早飯，他穿的衣服我都會事先熨好，所有家裡家外的事情全是我打點。老公也習慣了這樣的生活，說實話，上海灘像我這麼能幹的女孩還是不多的。」

諮詢師：「聽來你們起初的婚姻生活還是很幸福的，為老公做任何事妳都心甘情願，把他照顧得很好，把這個小家也經營得不錯，妳是一個非常能幹的女孩。」

來訪者：「可是孩子出生以後一切就變了，那時候他媽媽來了，因為生活習慣的原因我看不慣，就和婆婆吵了起來。我老公是個孝子，他認為我不該那樣，全聽他媽媽的，於是我們之間就開始冷戰，彼此不說話。」

諮詢師：「產後那段時間妳過得不開心，因為婆婆的原因感到自己受到委屈，又沒有人可以傾訴是嗎？」

來訪者：「是的，其實我也知道我老公是沒辦法，他只能聽他媽媽的，現在想想我當時能夠退一步就好了，也不至於後來離婚。」

諮詢師：「妳有些後悔當初的言語或做法（下次可以具體問一下與婆婆發生了什麼樣的矛盾？），可是現在孩子已經大一些了，今天來諮詢又是為了什麼呢？」

來訪者：「因為前天的事，我打電話給我老公（來訪者依然這麼稱呼讓諮詢師感到有點異樣，在諮詢師看來，畢竟他們已經離婚半年，來訪者未改口是否說明她內心還存有念想），是個女的接的，我意識到一定是我老公的女朋友，當時我很意外，想到一個陌生女人在我們以前的家裡，而

且那裡面所有的東西都是我們親自購置的，我就非常不是滋味，但是當時自己還能保持理智。聽聲音感覺那女孩挺小的，至少比我小，好像她也知道是我打的電話。我猜是老公跟她提過我，至於為何離婚他可能不會說。我在電話裡叮囑她：『我前夫很好的，妳要對他多照顧一點。』可是放下電話我就受不了了，第二天我就衝到老公上班的地方。我看到他明顯瘦了，我心很痛，他告訴我他過得不好。當時我很傷心，哭了，我說當初是我不好，我做的不對，請求他的原諒，希望我們還有可能。可是我老公說這是不可能的，為什麼不可能？這是最讓我糾結的。」

諮詢師：「聽得出妳還在關心他，留戀當初的那個家，雖然離婚了，但妳似乎不能容忍那個家會有別的女人出現，妳還想複合，可是希望是如此渺茫，妳現在非常痛苦和無助，不知道怎麼面對自己，面對前夫，面對即將發生的事情。」

來訪者（流著眼淚）：「是的，老師，我好心痛，想到當時是為了離開他而放棄了自己該有的財產權，一個人帶著孩子出來，我媽媽沒有一聲怨言幫我照顧孩子，而他們家不要孩子。在離婚那一陣子，老公全聽他媽媽的，他說他也沒有辦法。回想當時的情形好像就是在爭財產，全然不顧是否還有感情存在。」

諮詢師：「妳覺得是自己不好，所以在離婚財產分配上做了讓步，連自己該有的那部分也放棄了？」

來訪者：「是的，可是這幾個月他連孩子的撫養費都不給，還說要做

親子鑑定，您說我聽到這話是什麼感覺！當時我把房子和車子都留給他，每個月一千多的撫養費他都不肯出，我真不知道他是怎麼想的。」

面談中，來訪者提到離婚前老公對她施暴的事情，因為害怕她報警了。還有一次是出差回來，發現房產證等都被老公藏起來了，那時候她就覺得不對勁，簡直要發瘋了。

來訪者前後的敘述對她前夫的評價在諮詢師看來有些矛盾。

諮詢師：「他拖欠撫養費好幾個月，妳對此有意見，覺得他不應該這樣。」

來訪者：「是的。剛離婚時我想不開，以前我出軌是我不好，但事後我一直在彌補。其實離婚後我也沒有再和他發展下去，因為我發現他是一個不負責任的人，不是我要找的男人，當時只是一時衝動找了個能聽我傾訴的人，可是我發現我不喜歡他。我還是愛我老公的，我該怎麼辦？當初以為離了婚大家就解脫了，會好些，可是現在誰都不開心，那離婚還有什麼意義呢？之前覺得這半年自己差不多走出來了，可是並沒有。」

諮詢師：「看來的確如同妳說的事情比較複雜，讓我來總結一下：愛恨交織的妳懷念你們曾經走過的幸福時光，也後悔產後沒有及時處理好夫妻間、婆媳間的矛盾，導致越積越多。再加上離婚前後前夫的一些作為比如所有的事情自己沒有主見都聽他媽媽的、爭奪財產、拖欠孩子撫養費等等，讓妳對他又有了重新認識和評價——他還是不是妳曾經深愛和認為的好人？又想到自己的媽媽，覺得內疚對不起她，不知道今後該如何？這

半年多來，妳經歷了很多，承受了很大的打擊，直覺讓我覺得妳有很強的內省力，妳非常感性，在我看來現在最關鍵的還是處理離婚後的創傷，妳如果同意，我們把諮詢頻次固定下來，讓我陪妳一起走出困境，妳看可以嗎？」

　　和這位來訪者進行了兩個多月的諮詢，在離婚的態度上她從起初的懷有（不切實際的）念想到接受現實，到後來勇於在好友面前公開和承認離婚的事實，因為擔心害怕被歧視封閉自己到重新恢復朋友圈，並在一個交友網站進行了註冊，而在第四次諮詢中已經完全改口稱前夫了。當然其他一些事情也隨著來訪者情緒和心態的轉變而變化發展著，至於撫養費的問題，來訪者認為如果對方再不履行的話她會求助法律等等。

　　一年後再次偶遇來訪者，她興奮地告訴諮詢師她已考取了研究所，真心為她高興！

❷.❷ 個案督導：向前走還是向後退？

這是一個比較典型的婚姻諮詢個案，只是它的主題是關於離婚後的生活。通常這樣的個案有海量的資訊、複雜的頭緒、涉及到好幾方的相關人員、矛盾或衝突延續數年，所以在梳理資訊方面常會花較多的時間。通常會圍繞諮詢目標來收集相關資訊，而其他的資訊則暫時可以不收集，用到時再補充進來。收集資訊的過程也是評估的過程，評估來訪者的問題、深層次的動機、形成問題的動力機制、解決問題可以利用的資源等。從這個意義上來看，這個個案是比較成功的、完整的。

先向後退

這個個案裡來訪者提出的第一個問題是：「老公為什麼說我和他不可能復合？」先出來的資訊是關於婚姻美滿和諧的資訊，接下來才是不和諧的那一部分，但不和諧的因素中，更多是對婆婆的，即使提到對前夫的不滿，也多是和離婚事件本身有關。所以從總體上看，來訪者儘管已經離婚，但她的思維還停留在婚姻存續階段。如同諮詢師所注意到的，她的稱呼都還在用現在式「老公」。所以當她得到前夫開始新生活的蛛絲馬跡時，她馬上受到刺激，不僅立即去找前夫談，而且還來尋求心理諮詢。她的目的是想回到過去，或至少知道為什麼不能回到過去。

在諮詢開始的時候，她描述的情形是一幅家庭和美的圖畫，讓人想不到後面發生的那些故事。來訪者在諮詢一開始說的話總是非常重要的。她為什麼要先說這些資訊？看起來她把前夫理想化，把她以前的婚姻生活也理想化。為什麼她會理想化？一種可能是因為她意識到她和前夫再也不可能再續前緣了。

她的前夫清楚地知道他們不可能回到過去了。諮詢師也知道她不可能簡單地回到過去了。但為了幫助她向前走，有必要先做過去的工作，包括處理一些情緒，澄清一些東西，完成一些未盡事宜，然後來訪者才有可能向前走。

在之前的家庭動力結構中，當事人在婚前和剛結婚時和婆婆的關係看起來不錯，因為結婚時還得到了雙方家庭的經濟支援。變化是從婆婆來家裡帶孩子、雙方生活習慣不同開始的，前夫不僅事事聽自己媽媽的，而且要求老婆也聽話，所以衝突變得劇烈。由於當時家裡一下子從兩口之家，變成四口之家，本身的張力和複雜性變大，如果再有兩個陣營，就會更加錯綜複雜，每一個身在其中的人都會累。

而當事人為了打破這種不舒服的家庭動力，她採用的方式是出軌。就目前諮詢紀錄中所描述的資訊來看，出軌本身並不是她的目的，她的出軌也沒有帶來新的婚姻。她雖然出軌了，但心仍然在自己的家庭中。似乎出軌是一種報復、破壞或宣洩。諮詢師還需要更深地瞭解她的動力，也需要瞭解她的模式：在生活中，她用來處理自己不滿情緒的方式通常有哪些？

她是否意識到這些方式帶來的結果？

從情緒層面來看，來訪者有一些強烈的情緒，比如說對婆婆的怨恨和不滿，對前夫的愛、不捨、抱怨、內疚、希望等等。另外，她對自己以前的家也有強烈的情感連結，那部分的情緒也需要得到關注和處理。

從人際互動層面來說，來訪者需要面對的是自己的前夫、婆婆和第三者。她需要和這些人劃清邊界，需要真正和這些人說再見。

處理這些情緒和人際關係時，可以用到空椅子技術，也可以用到角色扮演技術，還可以用到其他表達性藝術治療的方法。

向前走

只有處理完來訪者對於過去的情緒之後，才有可能讓她把視線和精力從過去收回來，看向未來。她需要做出一些決定：未來怎樣處理和前夫的關係，怎樣處理和自己媽媽、孩子的關係，怎樣以新的身分向前走。

未來她和前夫再婚，也可能不再婚。她要考慮到怎樣處理和婆婆的關係，怎樣面對自己曾經出軌的經歷，怎樣面對離婚時雙方的爭奪，怎樣建設新的關係。不複合，她要考慮如何在撫養、探視等方面和前夫達成一致，並且怎樣開始自己新的生活。

由於當事人離婚的時間只有半年，所以從整體上看她還處在過渡期。諮詢師在很大程度上是一個陪伴者，陪伴著她度過人生這個轉捩點。

❸.❶ 個案呈現：女同性戀者的失戀

諮詢師：林娟

做為諮詢新手，首次諮詢就遇到了同性戀問題，這對新手來說是個極具挑戰的事情。

初次見面的印象——來訪者個子小小的，皮膚白淨，頭髮順順的有瀏海，上身穿一件淡色系的圓領 T 恤，脖子上戴一個精緻的翡翠，細看是個彌勒佛，左手上有一根類似紅珊瑚的手鍊，很好看，下身是一條深色的窄管牛仔褲，很合身，腳穿涼鞋，給人的感覺像個大學生。

進入諮詢室，來訪者很自然地把包包放在靠背椅上，自己則坐在另一張椅子上。諮詢師示意她坐在沙發上，這樣舒服些，她同意了，又隨手從包包裡拿出一瓶礦泉水來。

來訪者：「您是諮詢師？」

諮詢師：「是的，妳好！櫃檯人員為妳預約的諮詢師就是我，我姓 X，我可以稱呼妳為小靜嗎？」

來訪者：「可以。我是 XX 高校（一所知名高等學府）畢業的，本科是 XX 專業，研究所讀的是 XXXX（該專業是該校最好的一個專業），現在在 XX 公司任職。」

諮詢師有點意外，因為來訪者所學的專業和她的工作完全不一樣，因此做出了詫異的表情。

見到諮詢師的表情，來訪者沒有停頓，繼續說：「是的，專業和我現在的工作不一樣，但是公司看中了我的能力，當時應徵的時候有三家公司給了我錄取通知，我最後選擇了這家公司，到今天正好工作一個月。」

來訪者依然沒有停頓，繼續說：「但是這一個月我啥也沒幹，而且工作老是出錯，因為我失戀了，您知道嗎，我喜歡女孩子，您能接受嗎？您以前遇到過這樣的嗎？」

聽了來訪者的敘述和她連續拋出的兩個問題，諮詢師沒有共感，就直接回答了她的問題：「沒有，以前接熱線的時候有接到過男孩子喜歡男孩子，不過還沒有遇到女孩子喜歡女孩子，當然是指確定戀愛關係的那種。」

來訪者：「（馬上回應）男孩子喜歡男孩子我不能接受。我今天來諮詢跟爸爸媽媽謊稱是和同學吃晚飯，結束後我得趕緊回去，下次輔導得等我爸爸媽媽回老家，我再過來。」

說完，小靜又緊接著一個問題。

來訪者：「您瞭解 TPH 嗎？」

諮詢師：「不瞭解。（諮詢師又一次毫無掩飾直接回答了來訪者的提問）」

來訪者：「那我得給您補補課了。」

來訪者儼然像個培訓師，向諮詢師解釋了有關 TPH 的概念：「T 來自於 Tomboy，後來指女同性戀者中打扮或性格偏男性化一點的一方，P 指 pretty girl，指女同性戀者中打扮或性格偏女性化一點的一方，H 是指沒有區分出來的。」然後，來訪者問：「您覺得我是哪一類呢？」

諮詢師（停頓了幾秒）：「憑直覺我覺得妳是 H：妳的打扮很 P，比如妳的頭髮、項鍊、手鍊等，而妳的思維和語言像 T，因為妳前面的敘述中用了『死黨』、『鐵哥兒們』。」

來訪者：「哦，您太強了（諮詢師的觀點得到了認可）。還是說說我的事吧！去年我認識一個女孩，性格非常好，在我寫論文、找工作、做調查研究的時候一直幫助我、關心我，後來我們就住在一起了，直到今年畢業前，我們一直很好，不分彼此。有一次她夢到媽媽死了，就說要找男的結婚，否則對不起父母，後來就提出和我分手。我完全失控，嚇壞了她。後來她生氣回老家了。我一直主動聯繫她，可是她只是應付我。再後來我發現她和前網友搞得火熱，我恨得要命。為了讓她回到我身邊，我很真誠地告訴她，希望我們還可以做朋友，可是她沒有任何反應。我不能理解的是我們原來曾經那麼好，她還說愛我，可是這樣的關係說沒就沒了？還有

那個網友，那麼差勁，什麼都不如我，她怎麼就看上他了呢？我想不通。我今後怎麼辦？我怎麼走出來？」

從大段大段的傾聽中，諮詢師感覺小靜是個思維敏捷、有條理、記憶相當好的人，她記得這一個月所有的事情，哪天發生了什麼事，為什麼發生，表情也不做作，如果不是她親口告訴諮詢師這些事，諮詢師會覺得她是一個不錯的女孩，聰明活潑、開朗大方，難怪和她在一起的女孩會這麼評價她：「世上沒有比妳更好的人了。」就這樣一個女孩，我該怎麼幫助她呢？

整個諮詢，大部分時間都是來訪者在敘述和控場，諮詢師僅僅做一個傾聽者，共感也少，但是這個個案卻給諮詢師留下了深刻的印象。臨近諮詢結束，稚嫩的諮詢師給了小靜幾個建議：

暫時讓自己每天在固定一個時間點想妳要想的人和事，維持其餘時間不去想；父母特地來上海看妳，抽時間陪陪他們，下次來告訴我妳為他們做了些什麼？

糾結於某件事對任何一個人來說都是正常的，今天妳能把祕密告訴我，一定是想找個人和妳一起分擔，希望我能陪妳走過這段時間。

❸.❷ 個案督導：如何與同性戀的 來訪者溝通？

　　感謝這位諮詢新手，不僅細心地把諮詢過程記錄下來，而且有勇氣並且尋求督導。這位新手給自己的定位是「稚嫩的諮詢師」，這個定位是準確的。她能夠承認這一點，本身也代表清晰的自我意識。這個勇氣在諮詢過程中也有表現：不瞭解的資訊，她直接告訴來訪者不瞭解。說不定正是這種真誠觸動了來訪者，願意讓她敞開心扉。

誰向誰付費？

　　從諮詢師的描述來看，這應該是一次付費諮詢。說實在的，我看不出諮詢師為什麼要收費。

　　我看到的是諮詢師在這次諮詢中對女同性戀者（以下簡稱「女同」）群體有了鮮活的接觸，增加了對女同的深入瞭解，增長了自己對女同的知

識。儘管諮詢師傾聽了來訪者，但並沒有實質性地幫到來訪者。而來訪者如此有耐心，如此有意願普及女同知識，如此信任諮詢師。按照這個推理，應該是諮詢師付費給來訪者才對。這個善良的來訪者似乎並沒有再來見這個諮詢師，她應該感受到諮詢師除了傾聽之外，並沒有幫她達成她來諮詢的目標。

來訪者的目標是什麼？

來訪者的諮詢目標是什麼？不太清楚。在這方面，諮詢師有一點做得很好，沒有把矯正來訪者同性戀傾向做為目標，儘管諮詢師對這個群體有些偏見。諮詢師不經意間流露出對同性戀群體的另眼相待——諮詢紀錄中有一句話：「如果不是她親口告訴諮詢師這些事，諮詢師會覺得她是一個不錯的女孩。」這其實是在說諮詢師因為她的同性戀而覺得她不再是一個不錯的女孩了。這是非常隱性的一種歧視。很多人在第一次正面和同性戀接觸時，常會有這樣的偏見。

做為一名諮詢師，這樣的偏見會妨礙其與來訪者的互動、對來訪者的引導，以及探索更多的可能性。以來訪者的敏銳，她未必沒有察覺到諮詢師的這種態度，只是，在諮詢室中，她太需要一個傾聽者和指導者了，所

以她會自動過濾掉這些，而專注於傾訴。

　　或者，她見過太多類似諮詢師的反應，已經有足夠的應對技巧，如耐心向別人解釋女同的不同類型等，讓自己能夠掌控局面。諮詢師的偏見還沒有影響到其生硬地去改變來訪者的性取向，再加上來訪者的配合和耐心，所以諮詢能夠進行下去。

　　諮詢師之所以無法推進諮詢，是因為其沒有接觸女同的經驗，也缺乏這方面的理論指導。在整個諮詢過程中，諮詢師有可能更關注自己內心的震盪，如何把由於來訪者是「女同性戀者」這個標籤引起的內心震盪穩定下來，讓其塵埃落地。整個諮詢可能是對諮詢師的一次深刻教育和體驗。但由於諮詢師花很多能量在處理自己的問題，所以其留給來訪者的空間就很小，能量就很低。諮詢師流露出無助感：「就這樣一個女孩，我該怎麼幫助她呢？」

為什麼不選一個女同性戀者專家來諮詢？

　　讓人好奇的是來訪者對諮詢師的選擇。這位來訪者在諮詢過程中一直處於主動和控場的角色：她自己找位置坐下來，自己主動提出問題，自己主動幫助諮詢師瞭解更多資訊，自己主動傾訴，具有高度的人際敏感性。

按照她的能力，她完全可以在預約時就挑選一個能更有效為其諮詢的諮詢師，這樣諮詢的效能更高。但顯然她沒有這樣做。

一個可能的原因是她並沒有在預約中挑明她是想諮詢女同的戀愛問題。她為什麼不挑明？有可能她不想讓別人知道。這本來是正常的，但聯繫到她在諮詢中問及諮詢師自己的類型，是不是表示她的自我認同其實並不清晰？但自我認同的哪一部分不清晰呢：是做為女同的身分，還是已認同自己為女同，但不清楚自己屬於哪一種類型？顯然她對父母沒有「出櫃」，所以在父母面前要遮遮掩掩。或者她想探索的是：如何能找到和她一樣非常認同自己女同身分的伴侶？她的前任女友顯然沒有堅定的身分認同，會因為一個噩夢而與她分手。噩夢只是一個夢，但前任女友與她分手卻是現實社會的壓力作用於其身分認同的結果。

如果諮詢目標真的是身分認同，可能需要追溯來訪者的成長經歷：她如何判斷自己是女同，什麼時候有了這種身分認同，是否發生過一些關鍵事件。她目前的身分認同是怎樣的，較以前的認同有何變化。這些問題能夠幫助來訪者更深入地看清當下困境的深層原因。

由於諮詢師沒有和來訪者確認其諮詢目標，從目前呈現的線索來看，除了以上的可能性，還可能會有以下目標：如何與伴侶溝通？來訪者是一個非常直接、坦誠的人，一見諮詢師的面，就把自己讀的大學、專業、工作等全部主動告訴對方。在後面的溝通中，她也一直佔主導地位。這種溝通方式可能在某些場合、對某些人非常有效，但並不是對所有的人。那麼

這種溝通方式如何影響她與伴侶的溝通，之前的和未來的？在整個溝通過程中，她的自我感覺很好，塑造出來的完美形象讓諮詢師都覺得無法幫到她，她還引用別人的評價：「世上沒有比妳更好的人了。」不可否認她真的有能力，但她未必是這樣完美、這樣強大的。

有一個細節，她提及「男孩子喜歡男孩子我不能接受」，至少她的開放性和包容心不夠。這種開放性不夠、自我感覺良好怎樣影響她和親密伴侶的互動？

還有一個可能目標：來訪者想從失戀的打擊中走出來。她提及一個月以來情緒和工作都處在低谷中。如果這是真正的諮詢目標，諮詢師可以瞭解當下的狀況後，和來訪者一起討論各種方案。

結語

誠如諮詢新手所言，「同性戀問題對新手來說是個極具挑戰的事情」。對這樣的個案，諮詢師要有理論的武裝，要有過硬的諮詢技術，要有一顆開放的心，要有不做價值觀判斷的準則。

三

◇ 做為成人該如何與父親相處？ ◇

1.❶ 個案呈現：「我想一個人過」

諮詢師：林娟

來訪者比約定時間提前五分鐘到，我注意到來訪者其貌不揚，穿著也極為樸素甚至可以說是落伍的，不施粉黛的臉上更是顯得灰暗無光，完全不是想像中一個充滿青春與活力的二十多歲的女生。我手裡拿著她的諮詢預約表，看到諮詢內容欄裡沒有填容，我從這裡開了場。

諮詢師：「妳覺得諮詢內容該填寫什麼呢？」

來訪者：「我現在就是想搬出來住，我想一個人生活。」

諮詢師：「聽起來是狠下決心的樣子，什麼事讓妳產生了這樣的想法？」

來訪者：「是和爸媽的關係，主要是和父親，可能都有吧！」

諮詢師：「感覺妳心事重重的樣子，好像一時很難說清楚，有什麼事情讓妳煩惱？」

來訪者：「我不想待在家裡了，我想到外面租房子住，但我現在還沒有工作，條件不成熟。」

諮詢師：「想要過獨立的生活，但是遇到困難了，一時還無法解決。那就先談談妳和父母的關係？」

來訪者：「我覺得他們像小孩一樣，特別是我爸爸，說話、做事都沒有大人的樣子，我覺得很煩。」

諮詢師：「哦，具體說吧！」

來訪者：「記得有一次，爸爸在床上看電視，我也坐上去和他一起看電視，當時我覺得好久沒有這麼放鬆了，感覺很舒服，我就閉上眼睛深深地吸了一口氣。突然爸爸用特別的眼神看著我：『妳怎麼呼吸這麼急促？』被他這麼一問，我一下子緊張起來，真的就只聽到自己的呼吸了。」

諮詢師：「當時爸爸這麼說，妳覺得很意外，不知所措？妳不理解爸爸怎麼會這麼說妳？」

來訪者：「是的，從那以後，我就被套住了，生活中也時刻關注到自己的呼吸，擔心人家發現我呼吸急促，這是困擾我的問題。」

諮詢師：「妳覺得就是從那次之後生活好像被自己的呼吸困住了？」

來訪者：「是的，所以我就一直很緊張，很小心。」

諮詢師：「（本來應該問一下這樣的緊張狀態持續多久了？可是我疏忽了）能否更多談一些爸爸？」

來訪者：「我爸爸排行老么，他有三個姐姐，因為要照顧奶奶，他經常在奶奶那裡。」

諮詢師：「（意外）這樣啊！爸爸不常回來嗎？」

來訪者：「有的，反正這樣的情況蠻多的。」

諮詢師：「那爸爸和媽媽的關係在妳看來如何呢？」

來訪者：「一般吧！也是話不多的，而且睡覺也是分開的。」

諮詢師：「（這時應該讓來訪者形容一下父母的親密關係程度，可惜錯過了）他們是做什麼工作的？」

來訪者：「爸爸是會計，媽媽是收費的。」

諮詢師：「哦，都是和錢打交道的工作，那妳呢？」

來訪者：「我先在一家銀行工作，一開始覺得還不錯，但在銀行裡做到處是監視錄影鏡頭盯著，還有防盜窗，很封閉的，一天下來感覺特別壓抑。回家後家裡也是冷冰冰的，和他們也沒有什麼好講的，即便講也都是一些很沒有情感的話，我覺得毫無興趣，後來就辭職了。」

諮詢師：「看來妳是一個很看重和需要情感交流的人，可是在妳的生活裡，完全沒有這些。」

來訪者：「是的，老師，您說得很對，所以我想只有我離開現在住的這個環境才可能有所改變。」

諮詢師：「妳渴望情感互動，妳自己也在想辦法，妳認為這是一個辦法，有和父母溝通過嗎？」

來訪者：「一開始爸爸當然是不同意的，但是我現在沒有工作，在外面租房子還沒有能力，我想先找一個能提供住宿的工作，有點經濟基礎再租房子，但現在找工作很難。」

諮詢師：「所以妳覺得現在的處境很困難，很著急又很無助，畢竟找工作不是那麼容易的。」

來訪者：「上個月有一家公司給我回應，但過了半個多月了，不知道對方還要不要我，我想明天去試試。」

諮詢師：「這個想法不錯，去試一下，如果行不是很好嗎？畢竟妳是有工作經驗的。如果不行那是因為過了時限，但不去嘗試就沒有結果，妳還會內疚和自責。」

來訪者：「那我明天就去試試。」

諮詢師：「看妳臉色好多了，鼻樑上都有光澤了，不像剛進來的時候是灰色的。」

來訪者：「（笑）是嗎？很長時間沒有和人交談這麼多了。」

諮詢師：「有時在我們迷茫的時候不妨和老師、朋友或者同事做一些交流，也許會改善很多。」

來訪者：「反正我覺得和父母的關係對我的影響是比較大的，我也跟媽媽提出爸爸的問題，其實我知道媽媽也不舒服，但她還反過來勸我。」

諮詢師：「妳認為媽媽對爸爸的做法也看不慣，但她還袒護爸爸。」

來訪者：「是的是的，我就是覺得他們總是否定我，看不慣我，愛說我。」

諮詢師：「再說說那個困擾妳的呼吸，回到爸爸說妳呼吸急促的情境中，妳現在回想起來覺得自己到底是緊張還是放鬆？」

來訪者：「我現在回想起來，那時我的確是放鬆的，不是我的問題，是我爸爸的問題。那他為什麼要這麼說我呢？」

諮詢師：「我們只能做些猜測，妳說爸爸像小孩，是他害怕在妳面前自己像個小孩而緊張？」

來訪者：「其實就是，他從小就是被照顧的，在家也是，我和媽媽都遷就他，可是他還常常不滿意。」

諮詢師：「看來爸爸一方面是依賴你們的照顧，另一方面還不滿意妳和媽媽的照顧。」

來訪者：「對，他總是提防著我和媽媽。」

諮詢師：「很有意思妳用『提防』這個詞，你們三個曾經與錢打交道的人好像各自為自己畫了一個圈，誰也別想走進誰的圈裡，一旦風吹草動就開始架起防禦攻勢，看來妳想搬出去住是有理由的，但妳好像又被什麼東西困住了，到底是什麼呢？我想我們下次還得繼續討論下去。」

來訪者：「好像是這麼回事，那我們約在下週同一時間。」

而在下週，這位來訪者沒有按約定的時間出現。

①.② 個案督導：「和父親的關係 如同生命中的呼吸那樣重要」

——該如何捕捉到來訪者的問題

對新手來說，能夠把個案做得流暢是第一步，這位諮詢師做到了這一點。而且這位諮詢師始終能夠圍繞家庭關係這個中心，沒有偏離太遠。諮詢師也有一定的敏銳度，能夠抓住來訪者說的一些重要的詞語，如「看重和需要情感交流」、「爸爸說妳呼吸急促的情境」、「提防」這個詞以及「被什麼東西困住了」等等。

但由於缺乏足夠的經驗，諮詢師在捕捉來訪者核心問題時還是會遇到困難，因而諮詢會有些散亂，推進也不夠深入。通常來訪者說的第一句話、第一個事例都有重要意義。

這位來訪者以想獨立住開頭，呈現的問題是父母「他們像小孩一樣，特別是我爸爸，說話做事都沒有大人的樣子」，第一件事是和父親在一起的一個場景。「當時我覺得好久沒有這麼放鬆了，感覺很舒服，我就閉上眼睛深深地吸了一口氣。突然爸爸用特別的眼神看著我：『妳怎麼呼吸這

麼急促？』被他這麼一問，我一下子緊張起來，真的就只聽到自己的呼吸了。」這件事情的結果是：「從那以後，我就被套住了，生活中也時刻關注到自己的呼吸，擔心人家發現我呼吸急促，這是困擾我的問題。」

這個描述有很多關鍵點值得去探索：

一是在家庭關係中，來訪者和父親的關係是重點，和母親的關係是次要的。來訪者關注的重點在於父女關係上。

二是如果來訪者的父母是家中的孩子，那她扮演的是什麼角色？從諮詢師對她外在形象的描述以及她提及父母的口吻來看，她自我認同的角色不是孩子，她在家庭中自我認同的角色是什麼？後文中她提到爸爸「從小就是被照顧的，在家也是，我和媽媽都遷就他」，看起來她的位置是和媽媽平行的。

三是她平時的緊張度和放鬆度是怎樣的？她提到「好久沒有這麼放鬆了」，為什麼會這樣？在諮詢現場，她整個人是繃緊的，還是放鬆的？或講到什麼時讓她放鬆下來，講到哪些資訊時讓她緊張？

四是這件事情是什麼時間發生的？那時她多大？之前和父母的關係怎樣？生活中發生了什麼？為什麼這件事情會在她成長過程中突顯出來，成為一個重要事件？

五是「爸爸用特別的眼神看著我」，「特別」是什麼含意？驚訝？失望？嚴肅？含糊不清？來訪者在這裡的表述不清晰，可能是難以表達清楚，可能是一種防禦。

六是為什麼來訪者選擇了呼吸做為關注對象？通常來訪者會選擇身邊特定的人或事情來投射其內在的情緒和潛意識，這種投射既讓其覺得足夠安全，又讓其有巧妙的表達。來訪者選定投射的對象和行為方式都不是無緣無故的。來訪者選定了父親做為投射的對象，她和父親互動中會有成千上萬件事情，但她選擇了呼吸做為投射的行為。呼吸是最基本的生命行為，這種最基本的行為被關注，說明她和父親的關係是非常重要的，如同她生命中的呼吸那樣重要。這未必是來訪者意識層面的想法，但她的潛意識有這樣的想法。在抱怨父親的背後，是無限渴望父親的愛。她希望得到的愛，是什麼性質的愛？是女兒對父親的？還是其他的？精神分析中的厄勒克特拉情結用在這裡是合適的，還是不太合適？

理解了她和父親的關係，也就容易理解隨後來訪者說的一句話了：「從那以後，我就被套住了，生活中也時刻關注到自己的呼吸，擔心人家發現我呼吸急促，這是困擾我的問題。」

她無限關注父親，把所有的注意力都放在父親身上，把關注自己的權利讓渡給父親，所以當父親提到她的呼吸時，她開始關注，並把這一關注凝固下來，時時刻刻關注自己的呼吸，以此來認同父親。

隨後來訪者反覆用到「我被套住了」、「我被困住了」這樣的詞，並且提到她的工作環境中「監視錄影器鏡頭盯著，還有防盜窗」，這讓她非常不舒服。

這其實和她的內在情結有關：她在家庭中自我認同的角色是「父親的

妻子」，這是她強烈壓抑的一個念頭。她對父親的情感一旦外化為呼吸的問題，她就無法面對，而且也擔心周圍的人會察覺到這一點，會對那些監控設施異常敏感。當她意識到這個問題必須要解決的時候，她採取的一種方式是離開原生家庭，在物理空間上隔斷與父親的聯繫。搬出家對她來說是一個重要的舉動，象徵著她改變自我角色認同，不再是「父親的妻子」，而是成為一個獨立的人。她沒有足夠的動力和能量去完成這一蛻變，所以來尋求心理諮詢師的專業幫助。

和這位來訪者面談時，如果來訪者無法面對和接受自己內在的想法，不必突破她的防禦機制，可以在她的防禦水準之上，用象徵性的語言或方式開展工作。

她對自己和外界的防禦都很嚴，如果貿然去碰觸她內心的痛點，她會被嚇壞，或者退回去，或者有強烈的阻抗。諮詢師在這裡沒有進一步瞭解她的情結是否已轉化為心理疾病，如強迫症或恐怖症，以及持續的時間，但可以想見會有一定的身心症狀出現。也要進一步考察其是否有人格障礙的可能性。她第二次沒有按照約定的時間出現在諮詢室，在諮詢室，有可能是對諮詢師不滿意，也有可能是不願意再碰觸內心的那個情結。

2.❶ 個案呈現：憂鬱的父親

諮詢師：林娟

　　第一次諮詢，來訪者是一位老人，由女兒陪同前來，女兒安頓好後不放心地看了一眼父親離開。資訊欄裡女兒如此填寫：父親五十五歲，慢性結腸炎，經常上醫院，情緒不穩定。

　　來訪者敘述了一段催人淚下的經歷：「年輕時在較遠的地方上班，一週回家一次。在女兒大約六歲的時候，有一天回家發現老婆和外遇在家裡，一氣之下離家住到了廠裡。後來因為不忍心看到女兒哭喊要爸爸而原諒了老婆。若干年後再次親眼目睹老婆的出軌，忍無可忍，爭吵得很厲害，提出離婚，但在家人的勸說下再次為了女兒又一次不了了之。時至今日已二十年，二〇〇五年時查出慢性結腸炎，一下子開始消瘦，從原來 84 公斤的體重降至如今的 66 公斤，頭髮也全白了，醫生檢查說小腦已開始萎縮。」

　　的確，老人雖然聽力還可以，但說話已出現口齒不清，五十五歲的年齡看起來好比七十歲。這是妻子背叛帶給他的痛苦和長年憤怒無處發洩的累積帶給他的不幸，讓一個年輕氣盛的男人衰老成這個樣子？他居然三

次在我面前流淚：「一個男人的自尊受到了極大的傷害，這是最悲慘的命運。」他說：「我曾經有過去死的念頭，整整二十年的折磨，太深太痛了！」老人家掏出工作證上的照片給諮詢師看，照片上的模樣和眼前的人判若兩人：一個是五官清秀的成熟男人，一個是充滿滄桑的白髮老人。

老人告訴我，女兒現在也已經結婚有了孩子，過去的事女兒也是知道的，對她的傷害也是很深的。其實老人自己很清楚身體的病並不是主要的，而心理的病卻是主要的，所有的病痛其根本是心痛造成的：目睹老婆外遇出軌，夫妻不像夫妻，老婆從來不關心他，現在女兒也有了自己的家庭和孩子，他覺得孤單和淒涼。

生病和去醫院其實都是為了依賴女兒，只有這樣才能見到女兒，多年來女兒在角色上已經替代了老婆，現在女兒也當了媽媽，他不想失去女兒。雖然這是無意識的，但是這麼做對女兒是不公平的，這一點，老人能理解嗎？看著女兒攙著父親的手，像帶著一個老小孩一樣離開諮詢室，諮詢師的內心是痛楚的，這樣下去行嗎？在費用方面，女兒說自己省一點也要讓父親做諮詢，可憐天下女兒心。

第二次諮詢，天氣異常悶熱，在女兒的陪同下，老人晚到了半小時，這次女兒沒有坐等，送到後就離開了，說讓父親自己坐計程車回家，看樣子女兒開始培養老人的獨立性了。第一次諮詢過後諮詢師感覺父親太依賴女兒，這並不是什麼好事，老人越依賴就越退縮，心理上似乎回到了兒童期，現在女兒也當媽媽了，對於一個像孩子一樣的父親，她能接受和處理

好嗎？

　　諮詢師一直以老人稱呼該來訪者，因為他五十五歲的年齡看起來像七十五歲的人，諮詢師無法想像如果他健康地生活，這個年齡該是什麼樣子？

　　從談話中諮詢師瞭解到老人現在最需要的是與妻子能夠良好溝通，生活和諧一點，這是他的諮詢目標。他說他已經被憤怒、無望、壓抑的心情葬送了最黃金的二十年時光。諮詢師確定只要來訪者有這樣的希望和目標，就要給他勇氣和信心，讓他重拾該有的健康生活，哪怕只有一丁點希望。

　　當然在整個面詢過程中，老人批判比較多：指責妻子外出從不打招呼（與他後來講的不太一致）；買死魚燒給他吃；在家不和他說話，也從不陪他去公園等等。他告訴諮詢師他每天的生活基本上就是上午去公園散步運動，下午去聽戲，回家看電視，喜歡看滑稽戲，但是晚上經常睡不著覺要靠安定助睡。上週沒來是因為病痛，還問諮詢師為何同樣的飯菜住在醫院裡要吃，而在家裡就害怕不敢吃？看來他的內心一直沉浸在受老婆的傷害和背叛中，直到如今還擔心和害怕老婆再做對不起他的事或是再被老婆傷害到。諮詢師沒有迴避這些內容，而是把這樣的分析解釋給他聽，讓他不懷疑自己的猜測。諮詢師鼓勵他，既然自己有意想要兩人好好生活，那自己是否也應該做些調整，從懷疑到不懷疑呢？

　　第三次諮詢，老先生匆匆趕來，並不好意思地說自己晚到了，其實，

他是準時的。本以為會是女兒陪著一起來，但令諮詢師意外的是他今天獨自來，而且上午去看望了女兒和外孫女（反差很大，以前總是女兒來看他），然後再到工作室來，路上的確花了不少周折和時間。諮詢師從心底為老人高興，畢竟他開始獨立，能夠脫離對女兒的依賴了，臉上的表情也似乎更為放鬆了一些。

他簡單地談了一些女兒的境況，比如生意如何、住在哪裡等等，在諮詢師看來他開始關心起更多的事情來，至少從只生活在自己的世界中到拓展到女兒和孫兒的生活，這對他來說或許是件好事，讓他內心不在如以前那麼填滿了孤獨、寂寞、憂鬱和無望。

他說起了自己的童年和母親，這是第一次，他談到父母。說他的命是媽媽給的，要不是母親他早就不在人世了。因為小時候一場大病，父親放棄他了，但母親堅決不放棄，用所有的家產和積蓄為他治病換回了性命，所以他無比感謝媽媽，把所有的感情都傾注了母親。

談起母親，他的眼眶裡充滿了感激的淚水和無以報答的內疚。是移情喚起了老先生的記憶？讓他退行到童年再次在心裡重溫母親的愛與保護？有意思的是這樣的喚起之後老先生向諮詢師提出是否可以幫妻子做一下諮詢，因為光靠他一個人的改變效果不明顯。

他列舉了前幾天因為家用的事，妻子讓他上繳這個月的開支，老先生認為妻子故意找他碴。透過解釋澄清和換位思考，老先生後來微微一笑表示接納妻子的找碴，表情是坦然的。在諮詢師看來，老先生提這樣的要求，

似乎是合理的，但要啟動這樣一個關係系統，對諮詢師的能力和技術是個挑戰。

諮詢結束後，諮詢師撥通了老先生女兒的電話，簡要地回應和驗證了諮詢中的一些情況，也從女兒那裡得到了諮詢後的資訊，然後將其父親的意思進行轉達，女兒似乎很想要與諮詢師談一些母親的事情，諮詢師提出能否另外預約，她同意了。

再後來，女兒向諮詢師回應：「父親改變不少，老夫妻的關係不像以前那個樣子了。」

❷.❷ 個案督導：誰毀了他的幸福？

扭曲的、錯位的家庭動力結構

該個案表現出較為典型的錯位家庭結構：對丈夫來說，妻子是缺位的，女兒承擔著本應妻子來做的照料義務；對妻子來說，丈夫是缺位的，只能從婚姻關係之外去尋找，女兒的角色不清晰；對女兒來說，父愛如山

的爸爸是缺位的，只有一個需要照料和安撫的父親，溫暖而具有支持性的母親是缺位的，只有一個被標籤為「出軌」的母親。

這麼複雜和扭曲的結構，一定是所有家庭成員相互「配合」才形成的：妻子接受自己的被指責者角色，丈夫扮演受害者的角色，而女兒需要在爸爸和媽媽兩大陣營中進行選擇，並支持其中一方。每個人在這種關係中都發揮著雙重作用：既穩定這種動力結構，同時又因不舒服而試圖掙脫。

妻子是最早對這個家庭心生不滿的人，她成為起始的推動者，想要脫離，但她用的方式是出軌，非常具有破壞性，成為某種意義上的「施害者」，但同時她又是家庭扭曲結構的「受害者」，要忍受當事人的指責、挑剔和審判；丈夫本來是「受害者」，但他同時又是家庭扭曲結構的製造者，不僅自我折磨，也折磨家裡所有的人，包括「逼迫」女兒忠誠於對婚姻忠誠的他、遠離背叛婚姻的母親，並在心理上有意無意地讓女兒補了妻子的缺，讓女兒無法安心地擁有自己的家。

儘管妻子是最初的破壞者，但真正毀掉來訪者幸福的是他自己而不是別人，是他製造出來的家庭氛圍、是他的歸因方式、處理和解決問題的模式所導致。最大的受害者是女兒，只是她身不由己、被迫捲入，而且雖然覺得苦，但無力擺脫。

重構健康的、歸位的家庭動力結構

該個案的諮詢目標應該是重新架構健康的、歸位的家庭關係。對這個個案來說，健康的、歸位的家庭關係意味著：夫妻關係是核心的、發揮決定作用的關係，親子關係是次要的、服從的關係。也就是說，來訪者與他妻子、他女兒的關係需要重構。夫妻關係重構的結果可能有多個，一種可能性是來訪者與妻子建立真正的夫妻關係，他認同她為自己的妻子，她認同他為自己的丈夫。另一種可能是來訪者結束婚姻關係，來訪者做為一個獨立的個體過自己的生活。而來訪者與女兒關係的重構，意味著他只是父親，而她只是女兒。他可以得到女兒的照料，但他接受女兒成為別人的妻子、成為另一個孩子的媽媽，而不再是補位的「妻子」和「媽媽」。

家庭動力結構更細緻的瞭解

儘管來訪者做了三次諮詢、訴說了很多，甚至包括其童年經歷，但他沒有提及他妻子為什麼出軌。這其實是諮詢師可以花一些時間去瞭解的。儘管妻子是最早對婚姻不滿的人，但有可能最早的施力者不在她。這需要和來訪者確認。

從已有的資訊來看，來訪者的認知和行為方式有以下特點：容易鑽牛角尖——妻子的兩次出軌使他壓抑二十年；歸因方式傾向於把原因歸於他

人——都是妻子的錯，自己沒有任何錯；關注細節、指責和挑剔他人、以受害者自居——對妻子全方位的怪罪，把工作證帶在身上隨時證明自己受害程度之深；依賴強烈——對女兒的依賴和依戀；脆弱、敏感、無法應對較大的壓力事件——他對妻子出軌的態度和應對，以及情緒轉化為軀體反應，結腸炎其實象徵著他「無法消化」所遇到的壓力，小腦萎縮的症狀其實和情緒憂鬱有相似之處等等。

這些特點對婚姻有怎樣的影響？他的妻子是否是由於無法容忍他的種種做法才出軌的？儘管諮詢師沒有直接問到，但來訪者還是流露出一些資訊：在第一次諮詢中，來訪者描述的妻子是非常糟糕的、對婚姻不忠貞的形象，但在第二次諮詢中，來訪者「控訴」妻子的「罪行」中，並沒有實質性破壞行為，或者說，和他之前描述的那種程度不對等。而他自己則有被迫害的感覺：吃死魚、在家裡不敢吃飯菜等，諮詢師其實要關注這種被迫害的感覺嚴重到什麼程度。

從諮詢師的描述來看，來訪者透過諮詢，家庭關係有改善，獨立性有增強。只是，從諮詢紀錄中看不清楚這些是怎樣發生的。

有可能是諮訪關係中的無條件接納，讓來訪者的尊重需求、被關注需求得到滿足；有可能是女兒開始歸位，他不得不跟上女兒的腳步；有可能是諮詢師站在一個中立立場上，讓他看到妻子也並不總是錯的；有可能是來訪者移情諮詢師，認同諮詢師是一個好「媽媽」，然後開始成長；當然，也有可能是其他方面的因素。特別需要提醒的是：這位來訪者需要成長的

方面很多，需要確定具體的諮詢目標，這樣諮詢進展才會和來訪者的需求保持一致。

穩穩地定位於諮詢師的角色

在這個個案中，諮詢師有一點做得讓人迷惑不解：與來訪者的女兒溝通諮詢進展、回應和驗證一些資訊，並轉達父親的想法。諮詢師是如何定位這種關係的？來訪者的女兒是如何定位和諮詢師的關係的？來訪者如何看待諮詢師和自己女兒的互動？這種互動對諮詢有怎樣的影響？

個案中使用諮詢服務者和付費者是分離的。面對這種情況，諮詢師和女兒溝通，初衷可能是善意的，想要更好地幫助到來訪者。但這樣的行為背後其實有一個假設：老人沒辦法完成和女兒的溝通，所以需要諮詢師去做這部分工作。諮詢師一方面希望老人能夠有更多獨立性，另一方面又不相信他有這種能力，所以要代替他去和女兒溝通。

諮詢師在任何時候都要有一種穩定性，能夠有明確的邊界，知道自己做為諮詢師該做什麼、不該做什麼，誰是自己的當事人，與其他相關方面的關係該如何界定。儘管這不是諮詢中核心的一部分，但清晰的關係框架會幫到諮訪雙方和所有被涉及的人，可能諮詢師需要在諮詢開始就對諮詢相關人的關係部分進行評估，然後搭建合適的關係框架，並向各方闡述清楚。

四

◈ 如何面對學生及其家長？ ◈

1.1 個案呈現：我是不是得了憂鬱症？

諮詢師：林娟

　　春天的一個週末下午，來訪者由媽媽陪同前來，是個大一的學生，媽媽說曾經做過諮詢，所以又再次找來了。

　　來訪者是個男生，一個中性化的名字，皮膚黝黑，相貌還算標緻，只是身材不高耺也不魁梧，穿了一身寬鬆的運動裝，更顯廋。男生說話聲音非常低弱，有時候諮詢師不得不讓他重複兩遍，而諮詢師也必須湊上去才能聽清楚他的表述，諮詢起初言語交流非常累。很長時間來訪者說話的時候，目光固定（但沒有向著諮詢師），眼神呆滯，眼珠也不動，一手拿著紙杯（水已經喝完），牙齒咬著紙杯邊緣，神情恍惚，其他肢體動作幾乎

沒有。

　　意外的是，半小時後，來訪者從背包裡拿出一個日記本樣的本子，他說很多東西都記在本子上了，示意諮詢師看看。來訪者的字很小很細，本子上密密麻麻地記了很多文字，他把好多細節都寫在了本子上，從初三至大一，記錄了某位老師看不起他，某位同學說他笨，後來學業成績越來越差，發生與寢室同學衝突等等事件及心理活動的描述。後來就開始產生幻覺，總覺得有人在他身後評論他，這些人都是熟悉的，都是讓他產生緊張和害怕的人，以致於現在在學業上已經沒辦法集中精神了，還頻繁地失眠，而且這樣的狀態已經有半年以上了。來訪者極其焦慮地問諮詢師自己是不是得了憂鬱症？

　　諮詢師透過觀察、傾聽，初步判斷來訪者有憂鬱傾向。來訪者與父親的關係引起了諮詢師的警覺，在談話中瞭解到父親對來訪者期望很高，來訪者著重轉述了父親的一句話：「我已經看死你了。」這句話讓來訪者產生了深深的自卑，他覺得自己無論如何做不到父親期望的那樣，直到現在，他都無法忘記和擺脫這句話對他的影響。

　　第二次諮詢來訪者選擇了週五，因為之前答應週六陪媽媽去外地（媽媽說不能變），所以願意週五晚上來諮詢。那晚令諮詢師意外的是，來訪者的父母一起來了，並一定要知道和瞭解他們的孩子到底和諮詢師說了些什麼，孩子有什麼問題。

　　現場簡直可以用強勢和咄咄逼人來形容來訪者的父母。諮詢師沒有被

這樣的氣勢影響，以諮詢設置為原則，以尊重來訪者為前提，再三提示來訪者父母，希望給諮訪雙方時間和空間，並提出這樣的方式對諮詢沒有益處。

　　走進諮詢室，稍作平復後，諮詢師讓來訪者選擇週五這天具體說說這一天做了些什麼事？來訪者沒有報流水帳，他只告訴諮詢師上午因為不想上課而待在宿舍裡看小說——是他比較喜歡的有關穿越內容的小說，是可以集中精神看的（看來來訪者有意要逃避現實）。下午上了一節課就回家了。他說以前還會打打籃球，可是現在連籃球都不怎麼想打了，還是一直擔心別人瞧不起他，並且列舉了一次和同學打籃球時目光對視後突然間失去自信的例子。最後補充說有一門課沒通過考試要補考，但現在實在無法集中精神唸書。這次來訪者的敘述聲音稍微大了點，聽起來沒有上次那麼累。

　　來訪者目前的狀態有些糟糕，是一種死氣沉沉的感覺，對很多事情沒有興趣，唯獨對穿越的小說還願意看看，與同學相處似乎也不是那麼和諧融洽。他給諮詢師的感覺是孤獨、無力、嚴重缺乏自信，還有猜疑，怎麼才能讓來訪者暫時擺脫這種狀態呢？

　　諮詢過程中諮詢師讓來訪者回憶從上學到現在哪位老師讓他特別喜歡和印象特別深刻的？

　　來訪者清楚地回憶說是初中的女英語老師和高中的男化學老師，他分別用了親切和自信來形容兩位老師。這是非常好的一個契機，來訪者心目

中一直有內化的東西，諮詢師馬上將兩位老師和來訪者的父母聯繫起來，「親切和自信」不正是母親和父親的角色象徵嗎？一直以來讓他痛苦不堪以致於無心念書、用逃避應對生活的是現實中找不到他理想的客體，他曾經熱愛的兩位老師是他認同的形象，可惜周圍熟悉的人群中找不到這樣的代言人，即便是自己的父母也沒有帶給他這樣的感覺，只有接受順從媽媽（如陪媽媽去外地）、被父親蔑視。來訪者因此苦惱、自卑、焦慮，無奈之下用一些負面的行為如逃避、無所事事、不念書應對。

諮詢師讓來訪者閉上眼睛想像著兩位老師的形象，並用了類似催眠的方法讓老師的形象慢慢固定下來，並暗示他從明天起生活中會有兩位老師的陪伴，會帶給他溫暖親切和信心力量。諮詢師堅信這是一次積極和有意義的談話，暫時會對來訪者有幫助，但不是長效的。

雖然諮詢結束後諮詢師與來訪者的父母做了一些溝通和點撥，但是對於來訪者家庭中父母的角色以及角色所需要具備的特質，諮詢師很難教給他們怎麼做，而且這不是一天兩天能改變的。

另外一個很大的課題就是來訪者面臨的稍稍遲到的成長課題，由於長期處於比較被動和受挫的關係中，來訪者如何從順從到獨立自主、從被動到主動行為、從理想幻覺到現實生活還需要自我思考和成熟起來。

❶.❷ 個案督導：當父母捲入孩子的諮詢時，諮詢師如何面對？

從案例紀錄來看，諮詢師能夠取得當事人的信任，尋找到來訪者的一部分積極資源，並且試圖讓父母接受心理諮詢的保密原則，這都是做得很好的點。

有一些問題和諮詢師探討：如何對來訪者進行正確診斷？如何建立家庭諮詢個案中與當事人及相關各方的諮詢規則？

診斷：憂鬱症還是精神分裂症？

諮詢師對來訪者有仔細的觀察，「目光固定，眼神呆滯，眼珠也不動……神情恍惚，其他肢體動作幾乎沒有」，並且發現來訪者半年前「開始產生幻覺，總覺得有人在他身後評論他」。諮詢師的判斷是「有憂鬱傾向」。這表示諮詢師的診斷功力還不夠。做為新手，這是常見的狀況。

在諮詢中，來訪者如果呈現出諮詢師所描述的非言語信號，諮詢師發現這不是由於特定事件引發的來訪者情緒反應，而是來訪者的一種常態，那諮詢師就要提高警惕。

接下來，來訪者拿出一個本子，詳細地記錄了五年來他所感受到的別人對他不好，並且明確地說他有幻覺，諮詢師就應該多瞭解一些情況，確認或排除是否有精神分裂症、強迫症等，並且更進一步瞭解其幻覺是針對特定的人、事情，還是泛化到很多人甚至所有人。

只有明確了來訪者目前心理問題的嚴重程度，才能夠制訂相應的諮詢方案，包括諮詢時間框架、所用方法、參與人員等等。

目前諮詢師避重就輕，沒有看到來訪者問題的嚴重性，低估了諮詢的難度，沒有評估採用催眠方法對來訪者的風險。如果來訪者真的是精神分裂症，催眠啟動他內心的畫面和正常人是不同的。

看起來諮詢師也沒有詢問之前心理諮詢經歷：為什麼去諮詢？在什麼時間發生的？持續多久？當時的診斷是什麼？有些資訊如果綜合起來看，可能更系統。

諮詢師如何與當事人的父母溝通？

在這個個案中，來訪者是大一的學生。但由於其父母也捲入，所以諮詢師一度面臨其父母的逼問，非常被動，而且從描述中可以看出，諮詢師受到的壓力非常大。如何避免這種被動局面的出現？

諮詢師在最開始時，需要把諮詢結構穩定下來，要確定誰是當事人，讓諮詢各方瞭解諮詢規則並遵守。

如果確定兒子是當事人，要和帶他來的母親商量：整個諮詢只針對兒子，在諮詢師認為恰當的時候再讓父母參與諮詢；還是父母從一開始就參與諮詢，把這個做為一個家庭諮詢。

如果讓父母參與，那是與父母單獨談，還是和孩子一起談，還是根據需要和雙方分別談或一起談。如果父母參與，一定要讓父母瞭解一點：諮詢中的保密規則對所有人都適用。

諮詢師可以成為幫助父母與子女溝通的橋樑，但不是父母或兒子的傳聲筒，更不是實現父母或兒子意志的工具。諮詢師有自己的工作原則和專業考量。

在最初的諮詢中，諮詢師花一些時間明確這些基本點，對整個諮詢的穩定和基礎都是非常重要的。這不是浪費時間，而是諮詢有機的組成部分。

在第一次諮詢中，兒子表現出來的是試圖控制諮詢師——低聲說話，讓諮詢師聽不清楚，不看諮詢師等等。告訴他諮詢的規則，讓他有基本的信任感和安全感，他才會配合。

當他開始遵守諮詢中的規則時，意味著他向遵守現實世界的規則邁進了一步。而對兒子的父母來說，他們在教育孩子過程中非常強勢，決定孩子的很多事情，甚至來諮詢也是父母的決定。如果讓他們瞭解並開始遵守諮詢規則，這意味著他們開始改變自己。儘管只是小小一步，但非常有意義。

　　第二次諮詢其實以父母對諮詢師的攻擊開始。這種攻擊非常強烈，以致於諮詢師在和當事人諮詢前必須要調整自己的情緒。不清楚這種攻擊是本來就指向諮詢師的，還是攻擊本來指向兒子，但兒子太懦弱了，無法承接他們的憤怒，他們轉移到諮詢師身上。父母對待兒子的方式不像是對待成年人，而是像對待一個小男孩，而且控制非常嚴。他們與諮詢師之間的互動方式，也是他們與兒子、與他人互動的方式。所以諮詢師有機會看到父母和孩子的互動。被這麼強勢的父母逼問後，諮詢師可能更容易理解來訪者為什麼會有強烈的被監控感了：這麼控制的父母、這樣的家庭氛圍，確實是孩子滋生被監控感的溫床。在家庭環境中，這種被監控是現實而非幻覺，然後被泛化到生活的各個方面：和同學的關係中、和老師的關係中。

　　對諮詢新手來說，同時接待子女和父母是非常大的挑戰。最好之前接受過家庭治療的訓練。如果沒有接受過相應的訓練，諮詢師可以選擇不接這種個案。或者接個案，但諮詢師不同時接待子女和家長。如果初步瞭解下來，需要父母和子女同時接受諮詢，可以建議父母的個案由另外一個諮詢師來接，兩個個案分別進行。兩位諮詢師可以相互做溝通，但這是兩個相互獨立的個案。

❷.❶ 個案呈現：我考得太爛了

諮詢師：林娟

看著瘦弱單薄的孩子緊握水筆，抖抖地落下幾個痕跡很淺的字，諮詢師的情緒似乎也被他影響了，不知眼前的這個小男孩會有什麼樣的煩惱？後來得知他是一個高三的學生。

諮詢師：「今天來諮詢是誰打電話預約的？」

來訪者：「是我爸。」

諮詢師：「那你自己有什麼意見？」

來訪者：「爸爸說要我來諮詢，我同意，就跟著他來了。（諮詢結束時我明白了他不是為自己而來。）」

諮詢師：「爸爸媽媽陪你一起來的路上有沒有說什麼？」

來訪者：「沒說什麼，他們叫我問問您有什麼辦法讓我安心念書。」

諮詢師：「是功課出了什麼狀況嗎？」

來訪者：「我這次考試考得太爛了，爸爸責怪我怎麼考得這麼爛，我也不知道為什麼會這樣？」

諮詢師：「你指的『爛』是爛到什麼樣子了？」

來訪者：「數學一百五十分的卷子我只考了四十幾分，英語也是，真的是很爛。」

諮詢師：「哦，這樣啊！所以你很著急是嗎？」

來訪者：「您問我嗎？我倒還好，主要是我爸媽著急，他們整天盯著我的分數，我覺得他們很煩。」

諮詢師：「你不喜歡他們老盯著你。」

來訪者：「當然了，學校裡老師已經盯得夠緊了，回到家裡他們還盯的話就很煩了，誰不想考好，我也想好好考的，可是最近這半年我一點也念不下書。」

諮詢師：「考試的時候你會想到些什麼？」

來訪者：「考試的時候，我看到題目就想到爸爸媽媽老盯著我，我很煩，我就不願意答題了，所以好多題目都空在那裡，當然沒有分數。」

諮詢師：「聽起來你覺得爸爸媽媽很煩，很煩的時候你有沒有想辦法避一避？」

來訪者：「沒有，我們家很小。」

諮詢師：「小到什麼程度，自己沒有單獨睡覺的地方嗎？」

來訪者：「沒有，外婆睡一個房間，我和爸爸媽媽睡一個房間。」

諮詢師：「具體說說吧！」

來訪者：「爸爸在家，我就睡沙發，爸爸上夜班不回來，我就和媽媽睡。」

諮詢師：「（意外）這樣啊！爸爸經常不回來嗎？」（奇怪的三角關係）

來訪者：「是的。」

諮詢師：「看來和媽媽的關係很親密。」

來訪者：「是的，以前都是媽媽管我，現在是爸爸管的比較多。」

諮詢師：「那你覺得爸爸媽媽在什麼時候是你比較喜歡的？」

來訪者：「以前爸爸不管我，我覺得爸爸好，現在媽媽不管我，我覺得媽媽比較好。」

諮詢師：「好像誰不管你，你就覺得誰好。順便問一下，你和媽媽睡同一頭嗎？」

來訪者：「（做了一個手勢）睡腳跟的。」

諮詢師：「那你有做作業的地方嗎？」

來訪者：「爸爸給我報了一個班，放學後就去那兒做作業，做完作業大概十點左右回家。」

諮詢師：「一天十幾個小時都在外面，基本不和爸爸媽媽接觸，為什麼還覺得煩呢？（是內在的焦慮和恐懼嗎？）」

來訪者：「我自己也不知道為什麼，就是煩爸爸管我。」

諮詢師：「你覺得爸爸媽媽恩愛嗎？」

來訪者：「（抬頭看我）感覺他們挺疏遠的。」

諮詢師：「你覺得他們不夠親密嗎？」

來訪者：「是的，不親密，好像他們之間也沒什麼可說的。（來訪者的恐懼和擔心）」

諮詢師：「能否形容一下？」

來訪者：「好像挺有距離感的。」

諮詢師：「你剛剛填表的時候，我覺得你握筆挺緊的，可是寫出來的字很輕很淡。」

來訪者：「是的，我寫字的時候，一直很用力，桌子都會動的。」

諮詢師：「可是為什麼寫下來的字，筆跡是輕的？」

來訪者：「我也不知道。（來訪者沒有意識到是關係出了問題）」

諮詢師：「是緊張嗎？還是害怕？」

來訪者：「大概是緊張吧！老師上課講題目的時候，我有一道題目沒聽懂，我就會使勁去回憶，然後老師講後面的題目我就沒聽到，最後就沒有信心聽下去了。」

諮詢師：「你想到了什麼讓你沒有信心聽下去了呢？」

來訪者：「想到考試考不好，考不好就考不上大學，考不上大學就完蛋了。」

諮詢師：「高三了，你有沒有想過考什麼大學呢？」

來訪者：「沒有。」

諮詢師：「從來沒有嗎？」

來訪者：「沒有。」

諮詢師：「大學通常都是住校的，和寢室的同學在一起。」

來訪者：「我從來沒有想過離開家。」

諮詢師：「可是又煩得很？（來訪者處於矛盾中）」

來訪者：「（沉默）」

諮詢師：「結束後如果爸媽問我談論的內容，我該說什麼呢？」

來訪者：「一個是讓他們少管我，還有一個就是希望他們好。」

諮詢師：「這就是你想透過我和爸爸媽媽溝通的。」

來訪者：「我有時會去跑步，跑完步會覺得舒服很多。（來訪者開始主動些了，看來他的目的達到了）」

諮詢師：「很好呀！想想還做些什麼會覺得舒服？」

來訪者：「暫時想不出。」

諮詢師：「教你一些自我放鬆的練習，煩心的時候做做會有一些幫助。」

諮詢結束後，諮詢師向爸爸媽媽轉達了來訪者的要求。

❷.❷ 個案督導：高三不僅僅意味著高考——諮詢新手需要確立諮詢目標

　　這個個案是比較典型的新手個案：看起來是比較流暢的，諮詢師關注到來訪者的問題是由家庭關係引起，但只是收集了資訊，幫助來訪者做了一些放鬆，做了來訪者與父母之間的中轉站，沒有在一些關鍵點上停留，也沒有真正推進諮詢。確實，新手的功力是在做個案的過程中逐漸長進的。剛剛開始做個案時，有可能做成這樣。

是孩子改變還是父母改變？

　　諮詢師在文中提到「諮詢結束時我明白了他不是為自己而來」，並最終把自己定位為來訪者和父母之間的溝通橋樑，但諮詢師沒有看到：迫切需要幫助的，是來訪者自己。來訪者迴避了自己需要改變這一點，轉而要求父母的改變，諮詢師也順著來訪者這一視角，同意了他的觀點，並主動

去配合來訪者。這樣做，可以和來訪者建立良好的信任關係，因為諮詢師跳進了來訪者的戰壕裡，和他站在同一個陣營中，但並沒有讓來訪者看到他應該承擔的責任、他需要做出的努力、他可以變化的方向。諮詢師幫助來訪者去改變別人，這種做法會讓諮詢師本人成為來訪者的工具，強化其不合理的觀念和行為模式，而且往往效果不好。

可能的諮詢目標

　　從目前已有的資訊中，還看不清來訪者想要解決的到底是什麼問題：學業問題？情緒問題？親子關係？個人成長問題？諮詢師沒有澄清，所以每個點上都淺淺地涉及了一下，但始終沒有明確方向，最終的落腳點是讓來訪者學習自我放鬆。這種諮詢可以稱之為「心理按摩」，但沒有真正進入心理建設的層面。

　　如果諮詢順著學業這個方向走，需要瞭解更多關係學業方面的情況。如來訪者之前的學業成績是怎樣的，這次考試是不是比以前退步很多？僅僅是數學和英語差，還是其他學科也差？是否有優勢學科？從表述來看，來訪者有可能在學習方法、速度上存在問題，也有可能會有強迫性思維，需要更多資訊才能確定。

如果順著情緒問題的方向走，需要瞭解來訪者最主要的負面情緒。已經表現出來的有煩躁、緊張、焦慮、擔心，此外還有什麼其他情緒？來訪者提到念不下書的狀態已存在半年，這些情緒也是存在半年了嗎？這些情緒是隨著高考的臨近越發強烈嗎？他應對負面情緒的模式是怎樣的？之前哪些經驗可以幫到他？哪些資源他可以利用？

如果順著親子關係的方向走，需要去看家庭的動力結構。看起來父母之間的關係是比較疏離的，在這樣的家庭中，孩子往往是家庭的中心，成為維繫家庭關係的中心。來訪者瘦小的身型與其年齡不符，這本身在傳遞一個信號：他一直是個「孩子」，是父母的小男孩。甚至在外人的眼中他也是一個小男孩——諮詢師就稱呼他為「小男孩」。這對高三的學生來說，會有一些問題，因為高三學生正在邁進成人的隊伍中，需要承擔一定的自我責任和社會責任。他如果一直只認同自己小男孩的身分，而忽略了自己正在成人的身分，也會引發他的自我同一性危機。

其次，他和父母的關係肯定存在問題：父母一直把他當孩子看，高三的男生還和父母睡在同一個房間，甚至和母親睡同一張床，這表示父母也只認同他做為孩子的身分。看起來，他和父母無法分離，不論是現實的空間中還是心理上。他完全沒有考慮過大學要離開家。當父親不在家時，他代替父親，和母親睡在同一張床上，這對來訪者意味著什麼？在他心裡激發起的情緒和感受是怎樣的？家裡的空間並不小到完全沒有辦法做一起調整、改變目前的格局，但似乎沒有人想到來訪者已經長大，需要獨立的

空間。在諮詢中，來訪者內在深層次的需求並不一定能訴之以語言表達出來，或者他只能以別人接受的方式來表達"我煩父母管教我"，而更多的、沒有表達出來的潛意識的部分，恰恰是他無法專注於學習的原因。

再次，來訪者和父親、母親的關係會有差異。雖然來訪者的表述是「誰不管我我覺得誰好」，而且「爸爸媽媽」一直被當作一個詞籠統地在說，似乎爸爸和媽媽在他心目中的位置是一樣，但其實會有區別。其內在的動力結構還需要探索。這部分的諮詢最終會帶來他重構和父母的關係。透過重構與父母的關係，他會重新定位自我。

如果順著自我成長的方向走，來訪者渴望有獨立的個人空間、心理空間以及獨立性。從他的表述來看，他感受到的不僅是空間上的狹小、無可逃避、無處迴旋，更是心理上的被監視感、憋悶感、壓抑感。他需要有物理和心理的空間能夠透氣，能夠自由，安全而放鬆。他要求父母少管他，不僅僅是對自由的索求，也是對自己獨立性的要求。只是，這種獨立性的要求是帶著枷鎖的，他在提出獨立要求的同時，內心裡可能會有衝突和不安：我能夠對自己的高考負責任嗎？萬一考不好怎麼辦？上大學要離開家，我怎麼生活？那些對考試、前途和分離的焦慮，會如同潮水一樣把他淹沒。

諮詢新手在收集基本資訊後，要和來訪者一起明確諮詢目標，兩人一起奔向目標而去。這樣才不至於迷失在來訪者大量的資訊中。

③.❶ 個案呈現：怕老師的學生

諮詢師：林娟

來訪者，暫且叫她小樂，是個初三的女孩，由媽媽陪來，媽媽說孩子知道怎麼說的，所以一開始就是諮詢師和小樂單獨進行的諮詢。

一開始女孩似乎不急著談自己的事情，而關心起諮詢師來。小樂說：「接線老師聲音很特別，聽起來都像是美女的聲音，是這樣嗎？」

這個開場讓諮詢師有些出乎意料，不知道小樂為什麼會談論這個？是她面前的諮詢師和接線員反差太大了？聽到的是年輕的聲音而見到的卻是不那麼年輕的老師？她想表達什麼？是理想與現實的不一致？

小樂補充說：「反正和美女說說話也不是什麼壞事。」接下來，小樂開始談她的學業，說月考和期中考試都考得不好，很著急，馬上又要月考和期末考試了，很擔心。上課時經常會胡思亂想，老師講什麼都沒聽進去，有時自己會回過神來，但有時就很難，男老師上課就更加突出，會感到緊張害怕。

談到作業，幾乎每天都要做到十一、二點鐘。其實自己以前成績還蠻好的，就是從這個學期開始退步，有時考試的時候會空好幾道題，所以分數很差，自己非常著急，不知道怎麼辦。媽媽雖然嘴上沒說什麼，但看得

出她也非常著急，自己也想快點好起來，平時上課那麼緊湊，沒有時間來這裡。」

小樂說的時候會朝諮詢師笑一笑，但看得出她內心很糾結、很焦慮。諮詢師第一個念頭就是面前的這個女孩太疲勞、太緊張，課業壓力太大，就開始對她進行放鬆訓練，但沒兩分鐘小樂就睜開眼睛說進不去，跟不了。諮詢師只好放棄。

諮詢師說自己的孩子也是初三，小樂開始感興趣了，講了很多學校裡的事。談到父親——是繼父，說對她還可以，但也提到繼父有時講話很衝，感覺不舒服，但小樂還是補充了一句：「繼父待我還算不錯吧！」

交談過程中，諮詢師說「推優」（註6）主要是看期末和下學期期中考試成績，前面的考試不做參考。小樂突然眼裡閃了一下光，她對自己還是有信心的。是青春期對異性的萌動？諮詢師試圖讓小樂接納自己的胡思亂想：每個青春期女孩心中都會有各式各樣的想法，很正常，不用過於擔心和焦慮，還建議小樂要維持每天十一點之前睡覺，確保必要的睡眠時間。

結束前諮詢師與媽媽做了交流，諮詢師感覺媽媽對女兒還是非常心疼，但迫於對孩子的期望，她無意中對女兒施加了某些壓力。諮詢師拿自己和孩子相處的例子間接地引導媽媽在學業方面讓小樂自己管理，媽媽做好後勤就可以了，並且與學校老師做好有效的溝通。

這個諮詢結束後，諮詢師覺得這是一個一次性的諮詢個案，自己的諮詢感覺不好，而且自己太著急。但是，沒有想到，來訪者第二週又預約了。

那天特別冷，小樂穿了件寶藍色的羽絨衣，諮詢師倒了杯熱水給小樂媽媽，她很客氣地站起來接水杯並謝謝我。

　　小樂說這次物理月考居然及格了，只比平均分低一分。看著小樂少許興奮的表情，諮詢師也被她感染了，考試分數對一個初三學生來講如此重要。談了物理談化學，談好化學又談語數外，然後又再循環一遍，似乎學業上的事情總談不完。過程中諮詢師調整了呼吸，敏感的小樂馬上問：「您是不是覺得很無聊？」小樂那麼敏感，似乎擔心諮詢師不喜歡聽這些？還是擔心拒絕她？

　　後來說起繼父和她喜歡的女明星，好像還不太一致，因為小樂喜歡劉亦菲式的，而繼父喜歡李嘉欣式的。小樂是有意還是無意說這些？這意味著什麼？當諮詢師說喜歡劉亦菲時，小樂很高興，像是找到了知音。

　　這次小樂同意做放鬆。諮詢師運用了漸進式放鬆訓練。到十五分鐘時，小樂迫不及待地睜開眼睛說：「老師，我還是斷斷續續，沒辦法緊跟著您走。」

　　「妳已經很有進步了，今天不管怎麼樣，妳已經跟了十五分鐘，很棒！」

　　陡然，她的眼神很低沉，語調也很低：「我還是不知道我該怎麼辦？見到老師我就害怕緊張，我還是會胡思亂想，思想集中不起來，說實話，我今天見到您的時候也有緊張的感覺。」

　　這句話引起了諮詢師的警覺：「是嗎？見到我也讓妳感到緊張，妳並

不是只有見到男老師會這樣，見到女老師也會害怕？」諮詢師快速地整理著思維，難道是跟爸爸有關？諮詢師抓住這個機會，讓她談談爸爸。

小樂抬起迷茫的眼神，不是很清晰地告訴諮詢師：四歲時爸爸因為白血病去世了，爸爸走的時候她沒什麼感覺，好像還在看電視。上小學時，媽媽又找了繼父。記憶中爸爸的形象似乎是模糊的：既嚴厲又不嚴厲，但是突然間就沒有了爸爸。她還敘述了一段幼稚園學鋼琴的事，鋼琴老師也是極其嚴厲，讓她很害怕。為什麼這麼多經歷，小樂唯獨將這一段記得特別清晰？諮詢師想起來，小樂提到過物理老師很嚴厲，班主任也很嚴厲等等，還說爸爸去世以後，媽媽對她管得也很嚴等等。是伊底帕斯情結（戀母情結）的問題？父親的不告而別讓她潛意識裡認為是自己沒有做好，爸爸離開她了，拋棄她了，不要她了，而正處於青春期的小樂依然害怕自己做得不夠好，擔心老師不喜歡她，如果自己沒有做好自己就會被拋棄。

小樂疑惑地看著諮詢師。諮詢師建議小樂找個時間和媽媽一起與爸爸做一個真正的告別，讓自己未向爸爸說的話說出來，放下內心與爸爸的糾結，這樣也許是一個辦法。小樂也告訴諮詢師，十一年來她從沒有去過爸爸的墓地，為什麼她會記得這麼清晰？她還說因為現在有繼父所以去看親爸有顧慮，還說如果去了，自己一定會哭的。

快結束的時候，小樂告訴我怎麼有一種想看電視的感覺，諮詢師猜測小樂想回到她記憶中的情境中，她真的是想見見爸爸。

最後諮詢師對媽媽做了回應，當提到小樂和生父之間的情感連結時，

媽媽瞬間流下了眼淚，看來，母女倆都沒有處理好這段關係，要不然十一年過去了，媽媽不至於如此禁不起談到這件事。媽媽說她知道怎麼去處理了。

半個月後，小樂媽媽發來資訊說諮詢後沒幾天就帶女兒去掃墓了，這幾天孩子明顯好多了，非常感謝諮詢師。

❸.❷ 個案督導：與父親的告別

諮詢師的敏銳度

從文字中可以看出，這位諮詢新手具有較高的敏銳度。她能夠察覺來訪者與眾不同的開場，能夠注意到小樂眼中閃過的光，能夠關注小樂對她呼吸調整的反應等。這種敏銳性是很好的，可以幫助諮詢師迅速切入主題，能夠推進諮詢。由於是新手，儘管諮詢師注意到這些現象，但她對這些現象的分析和反應還不夠精準。如小樂對電話中諮詢師聲音形象與現實

形象的部分，諮詢師並沒有更多的詢問；對小樂眼中閃過的光，僅僅猜測是「青春期對異性的萌動」，但上下文並沒有任何線索可以看到其有事實依據；小樂對呼吸調整的注意也沒有追問下去：「平時妳和別人說話時，是不是也會非常注意別人的反應？」、「妳是不是非常擔心和別人不一樣？」、「爸爸喜歡的明星和妳喜歡的不一樣，妳對此有什麼感受？」她在人際方面過度敏感，並且有強烈的想要取悅他人的動機。這些諮詢師沒有觀察到。有一些功力確實需要諮詢師的累積。

做為一名諮詢新手，這名諮詢師儘管在最開始時沒有明確方向，但最終卻抓到了可能的正確方向，對來訪者與逝去父親的分離情緒做了一些處理，最終產生了較好的效果。這不能不說歸功於諮詢師的敏銳性和直覺力。只是這個過程對來訪者和諮詢師都比較辛苦，就像把整個花園都走遍了，最終才找到那株需要特別照料的植物。

之所以說這是可能的正解方向，是因為還有其他各種可能性。諮詢師看起來運用了精神分析的理論進行分析，但如果真的做精神分析，可能需要比這更細緻的探索。從害怕嚴厲的老師到與生父的關係，目前的推斷還是比較粗糙的。只是，父親早逝、沒有真正與早逝的父親告別，這是來訪者成長中一個重要的影響因素，不論它是否和當下來訪者呈現的問題有直接關係，只要對這個因素進行處理，其他問題就有可能得到改善，或來訪者的內心感受得到改變，從而情緒狀態會變化。

放鬆訓練什麼時間做？

　　諮詢師第一次做放鬆訓練其實是被來訪者拒絕了。這名諮詢新手不瞭解：放鬆訓練的實質是來訪者的自我放鬆，其前提是來訪者要嘛對自己很放心，要嘛對諮詢師很信任，或者二者需要兼備。在第一次諮詢沒有進行多久時來訪者就直接進入到放鬆訓練環節，基本的信任關係沒有建立好。來訪者不是一個很有安全感的人。她對諮詢師的考查在這麼短的時間裡還沒有完成，她需要檢測這位諮詢師是否值得信任。從她只做了兩分鐘就睜開眼睛的舉動可以看出：她的抵觸情緒非常強烈，強烈到她勇於直接對諮詢師說「No」——後文有一個細節：諮詢師調整呼吸都會讓小樂認為諮詢師覺得她不好，對人際互動如此敏感的小樂勇於對一位老師說「不」，可以看出她的不信任是如此強烈。

　　在第二次時小樂同意進行放鬆訓練，並有些勉強地跟了十五分鐘。但放鬆訓練之後，諮詢就進入到實質性推進的階段：小樂不再聚集於學業上面，而是開始談她的人際困惑。這才是她要來諮詢的真正問題。為什麼放鬆訓練有這麼大的作用？

　　因為放鬆訓練實質是一種淺層催眠。做完放鬆訓練之後，來訪者的防禦水準會降低，更有可能觸及自己內心真正的問題。而來訪者同意做放鬆訓練，通常也是信任、有安全感的信號。小樂有很好的自我保護意識，所以在第一次諮詢時她會拒絕做放鬆訓練。她很擔心如果防禦水準下降之

後，她會不會遇到什麼危險。直到諮詢師和她分享了自己孩子的經驗，展現了對初三學生的瞭解、對她學業的瞭解之後，她才有了安心感。

　　只是，對這名來訪者是否一定要用放鬆訓練，目前還不是特別清楚。可以肯定的一點是：放鬆訓練是諮詢師偏愛的一種技術，所以她會更願意使用。對諮詢新手來說，需要更多考慮這種技術是否適合來訪者的症狀和個人特質，使用這種技術是為了滿足來訪者的利益而不是諮詢師本人的需要。

幼年喪父的創傷

　　當事人在第二次諮詢中提及了一個重要的生活事件：在她四歲時生父去世。對新手來說，有時會忘記這一點：需要在諮詢開始時就瞭解當事人基本的和重要的生活事件、成長經歷。如果不是有第二次諮詢，如果不是來訪者主動談及這些資訊，可能諮詢師會錯過這個重要資訊。

　　幼年喪父對當事人是一個重大創傷。她對父親去世的描述是斷續的，說自己沒感覺。這些都是典型的創傷反應。受創傷者在描述創傷事件時常是片斷的、碎片化的、不連續的，有些嚴重受創傷者在描述任何事情時都有可能是斷續的。「沒感覺」有可能是防禦機制，既有可能是壓抑，也有

可能是情感隔絕。但對四歲的孩子來說，有可能就是空白。壓抑意味著有痛苦的情緒然後才能被壓抑。情感隔絕意味著首先有衝突的感受然後才能被隔絕。但對四歲的孩子，她可能還感受不到痛苦、難過和衝突。她有可能只是模糊知道發生了什麼，但並不清楚這些意味著什麼，所以情緒和情感的部分沒有表現出來。

對幼年喪父的個案，如果諮詢目標確定為處理創傷，那可能有長長的一段路要走。按照 Freud（一九一七年）(註 7) 的理論，哀悼會經歷五個階段：震驚和否認、憤怒、討價還價、憂鬱、接受。每一個階段都需要諮詢師和來訪者做較多工作。這個個案的困難點在於母親也沒有進行哀悼，母親的態度和方式在很大程度上會影響孩子的態度和情感。

如果沒有辦法做完整的創傷諮詢，可以根據來訪者現有的狀況、當下擁有的資源來做一些可行的行動。

告別儀式的重要性

諮詢師建議來訪者和父親做告別，這是一個很好的建議。來訪者的母親很好地領會了告別儀式的精髓，直接帶來訪者去給其父親上墳——可能這本來也是藏在她心裡的一個心願。這個儀式讓來訪者和父親在心理上告

別，接受父親去世的事實，更真實地生活在當下的世界中。

有可能來訪者內心的某個部分停留在父親去世的時空裡。那個部分沒有長大過。來訪者有很好的自我保護意識，為了讓四歲的自己能夠不受更多傷害，她把生父去世這部分一直封存起來。她內心的那一部分看起來在沉睡，但其實一直影響著她和別人的互動。在壓力很大的初三，很多因素共同作用，她內心的這一部分開始被喚醒和啟動，她不知道該怎麼辦。

有時候，對逝去親人真正的紀念不是假裝他們沒有離去，而是接受他們已經離去的事實，把他們和自己可以活出的精彩全部活出來。這是防禦策略的轉變，從否認、拒絕轉變到昇華。小樂如果走向這個方向，成長會更順利。這也會影響將來她和別人建立親密關係。

註6：推優，是大陸地區學校會根據學生的身體素質、綜合素質、三好學生、優秀學生幹部和學業成績等一定標準，選出一些優秀學生向升學的學校進行推薦，同時滿足家長選校、升學學校選擇學生的現實需要。

註7：Freud, S. 1917 Mourning and melancholia Collected Papers 4 152-170 Trans. by Joan Riviere. London: Hogarth Press, 1953.

4.① 個案呈現：我總是要發火

諮詢師：林娟

來訪者的基本資訊

小明是一個初三男生，第一次是由他媽媽帶來做諮詢的。第一次諮詢，小明在諮詢問題欄填寫：在家經常容易暴躁，與在外反差很大。諮詢師從小明的敘述中瞭解到一些資訊，做了以下歸納：

關於童年

小明敘述七歲之前主要由外公照顧，住在舅舅家，很少見到父母（童年時期父母關愛和依戀的缺失），舅舅對他很好。

居住環境

七歲後從舅舅家搬出，外公也跟著一起搬出來和父母同住，是老式公寓，生活起居不方便，但至今已經住了九年，不方便也沒辦法，也習慣了。

和外公睡同一個房間同一張床，每天都是外公弄早飯，已經習慣。但

因家裡住房條件差，對於冬天每週只能洗一次澡覺得噁心。

關於學業

以前，在班上功課一直還算不錯，保持在前三分之一的水準。但最近半年，對寫考卷很厭煩，總想把它撕了。雙休日參加外面的提高學習班，主觀上認為這些學習能幫助自己提高成績，所以還是願意去的（小明的內心是希望得到認同和肯定的）。小明總是堅持提早到校，不能做第一，也一定是第二或第三，但很想做第一個到校的，說這的時候，他顯得有些驕傲。

關於個性

小明自認為好幾年之前就有潔癖，比如外公上完廁所洗手的水留在盆裡就會覺得很噁心，會發火。特別是最近半年，經常為一點點小事發脾氣，結果時間全耗在這上面，脾氣過後就著急，著急老是這樣子，考試就考不好，考不好以後就完蛋了。諮詢師問他以後是什麼時候，小明已經推測到三、四十歲的年齡了。小明告訴諮詢師他最崇拜比爾・蓋茲，因為比較瞭解他。小明還說自己能在幾分鐘之內，就能和陌生人攀談起來，但一定是帶有目的，一般情況下不隨便和別人聊，如果想要認識誰就會先做一番瞭解，再去接近。（安全感的缺失，築起心理防禦的圍牆，為了保護自己）

在談話過程中，諮詢師注意到小明兩次將雙手環抱在胸前，肢體語言

告訴諮詢師他不太願意開放自己、有較強的防禦、想將自己包裹起來，有明顯的不安全感。顯然這是小明與人相處的模式，就如他所說的在認識某人之前必定先去瞭解他，再決定是否接近他。

關於家人

在諮詢師問及是否愛父母時，小明顯得猶豫和間接，說了很多話。諮詢師起初並不理解，再次澄清後才明白小明想要表達的是他本應該愛父母的，但似乎要去真愛很難。諮詢師讓小明分別用三個形容詞形容三位家人。

雖然長期與外公相處但要形容起外公來，小明顯得很困難，許久才憋出「正直」一詞再無其他詞語形容；小明用了「忙碌、開明」形容媽媽，用了「呆板、不苟言笑」形容父親，看來對媽媽有認同有心疼，對父親的形象有不滿意和不認同。他還說爸爸媽媽各歸各，沒有互動沒有交流，家裡的氣氛壓抑凝重，感覺不能放鬆。（小明察覺到家庭關係面臨了問題，其異常舉止是為了引起父母的關注？甚至不惜傷害自己，為的是想要修復自己內心希望的關係？）

結束時，小明說他第一次覺得談話放鬆，是純粹的談話，但在臨走前他說牆上的掛鐘聲音讓他一直覺得相當緊張。

第二次諮詢

第二次，諮詢師提前到了，預約時間到了櫃檯人員告訴她說他們還在路上。對此，諮詢師沒有任何不滿意的情緒，就像對待自己的兒子一樣，身為母親總是心甘情願為孩子做任何事。

由於趕得急，小明顯得氣喘吁吁，似乎有十幾分鐘都沒能靜心下來，這似乎跟他最近的混亂有些關係，是什麼原因呢？起先小明說這週沒什麼變化，在諮詢師的引導下，他敘述了一件特別的事：週五晚上在草坪上躺了半天，差點感冒，原因是因為下午的理化課他都睡著了，預錄取的名額沒有他，他很失望，回家又不開心。上課睡覺的理由是覺得不用聽，自認為考得不錯（在學業方面諮詢師和小明做了討論，後來他意識到自己的成績並不算好），看來在某種程度上，小明的自我評價並不準確。

小明說自己的人際關係不如想像中的好，諮詢師讓他舉例說明。他一開始說不上，後來說可以和兩類人交往，一類是社會混混，說和他們交朋友有利用價值，特別是在自己需要的時候他們可以為自己出面嚇唬別人；另一類是優秀人物，是自己極其嚮往的，但是覺得自己目前沒有這個能力或資格與他們交往。（小明想要表達什麼？這一正一反是在表示他的認知和價值取向嗎？）

提到老師，小明首先是嫌他們煩，再者是不需要真誠的尊重（這個描述非常類似與父母的關係，青春期的孩子挑戰權威、否定權威，引發心理

成長的艱難歲月）。

　　聊起朋友，小明說有一個無話不說的男同學，在一起經常談人生談價值觀，但他又說以後他們倆可能背道而馳，因為價值觀不同，但是他滿心希望口袋裡的手機一直有對方的資訊（也就是保持聯繫）。（至於為何提到手機，媽媽事先告訴諮詢師：小明在週五放學回家後故意將手機浸在水裡，然後出去了，就在草坪上待到半夜。手機具有象徵意義──是否意味著不想和家人有聯繫？）

　　諮詢師又將談話拉回到家庭關係中，再次確認家人之間沒有交流沒有互動的關係讓他壓抑甚至快發瘋。當問及家人在他心中的印象時，諮詢師只記得他的外公、媽媽和舅舅與他有連結。看來父親是缺位的，以致於諮詢師也記不起來小明是如何描述他父親的，只記得在他的心目中，舅舅是一個比較有份量的人物，舅舅的一通電話居然會帶給他震撼。

　　小時候在舅舅身邊生活到七歲，與舅舅的感情不言而喻，但是後來的生活中舅舅離他越來越遠。他的內心是否依然想要尋找舅舅的影子？而現實中的父親令他失望，沒有給他真正想要的，小明是否一直處在尋求的痛苦中？

　　在諮詢師的建議下小明願意嘗試沙盤。他在沙具架前站了至少五分鐘依然不知選擇哪一個沙具擺在沙盤裡，說沒有一個是他想要的，還問諮詢師能否用自己口袋裡的東西？關於家的主題也構思不出來，最後選了一個坐在椅子上的老人放在沙盤的中央，說就這樣子，對沙也不做任何調整。

來訪者的沙盤作品

諮詢師提示有鏟子可以平整一下沙，他才拿起鏟子刮了五、六下。他描述說椅子上的人是將來的他，功成名就，過著應該不錯的日子，但是周圍沒有任何東西，也沒有親人、同事和朋友。

現場的諮詢師心痛無比，感覺到絲絲的孤寂和淒涼。

結語

後來，諮詢師和小明又見過兩次面，因為考試的關係沒再來。考完後，小明曾打過電話給諮詢師，但不是為他自己而是為一個女孩。

4.2 個案督導：關於初三學生的個案督導

新手如何面對初中生及其家長？

　　初中生的心理諮詢有著和成人不同的特點，他們所處的生命成長階段和成人不同，話語系統、思考方式不同，面臨的問題不同，採用的諮詢策略和方式也不同。相對於成人來說，表達性藝術治療的一些方法可能更適合初中生，而且這些來訪者的行為重塑也比成人容易。

　　在做初中生的個案中，諮詢師需要處理好與來訪者和與來訪者父母的關係。通常父母對諮詢師都有一定的要求，希望藉助諮詢師之口，轉述他們要孩子做到的方面或他們的焦慮，或借助諮詢師之力，要孩子順從父母的想法。如果不處理好與來訪者父母的關係，通常諮詢不能有效開展。來訪者通常對諮詢師也有一個期待：期待諮詢師能夠充當自己的傳聲筒，告訴父母自己的要求和願望。

　　諮詢師要有一個評估：誰是諮詢的主體？父母還是孩子？是放在一個系統中來做，還是由兩個諮詢師分別擔當？諮詢師需要在一開始就把諮詢

的基本構面確定下來，並且向來訪者和其父母闡明基本規則：諮詢師有義務對當事人保密；諮詢師可以幫助父母與孩子之間的溝通，但並不是透過轉述或傳聲筒的方式，而是透過所有當事方一起溝通的方式；諮詢師可以和所有當事方一起來確定諮詢目標，但不會充當任何一方的工具去打擊或影響另外一方，諮詢師會按照自己的專業守則來工作，保持一種中立的立場。

設定諮詢目標和計畫

在這個個案中，來訪者一共來過四次。前兩次諮詢都有較為詳細的諮詢紀錄，後面兩次就沒有。從已有的紀錄來看，諮詢師採用的策略是來訪者說到哪裡就跟到哪裡，但並沒有具體而明確的諮詢目標和諮詢計畫。儘管來訪者在表格中提及自己的情緒管理上有問題，但後來諮詢師並沒有就這一方面深入展開，只是把其當作來訪者個性的一部分進行描述，並沒有把這部分當作諮詢目標來進行。

如果這是一個長程的心理諮詢，無可厚非，不需要具體的目標，諮詢師可以有足夠的時間和空間陪伴來訪者，諮詢的主題可以慢慢浮現。

但對這個個案來說，顯然當事人不是一個長程個案。初三學生能夠

抽出多少時間來做心理諮詢？對這樣的個案，在第一次諮詢時，諮詢師就要和來訪者確認諮詢目標和時間，根據時間來評估其諮詢目標是否能夠實現。根據現實的時間資源，並且評估對初三學生來說緊急而重要的諮詢目標，然後和來訪者就諮詢目標、時間和次數達成一致。這樣的諮詢，可能效能更高，因為更聚焦，更有可能促成行為的改變。

在個案中，諮詢師似乎觸及很多資訊，但很多資訊都沒有深入，只是淺嘗輒止。究其原因還是沒有明確的諮詢目標，以及缺乏諮詢診斷和判斷的功力，缺少把握主題的敏銳度，不清楚來訪者需要推進和改進的核心在哪裡。

從來訪者自己填表的資訊來看，他似乎更關注「在家經常容易暴躁」這一點，但綜觀整篇諮詢報告，這方面諮詢師花的筆墨並不多，只有兩處「經常為一點點小事發脾氣，結果時間全耗在這上面」，還有一處是間接的，他父母提到他故意把手機浸在水裡──這個方式是比較極端的，他有不滿，但沒有用語言表達，而是直接付諸行動。這個行動不是直接指向人的，而是透過一個媒介間接地指向他人。只是不清楚他到底到指向誰？那個同學還是其他人？如果脾氣暴躁是來訪者想要關注的重點，可能諮詢師要花更多時間。

從諮詢紀錄來看，諮詢師可以用所學到的理論對得到的資訊進行分析，但缺乏把所有資訊結合在一起進行深入分析的功力。

表達性治療的運用

在個案中，諮詢師嘗試用沙盤療法幫助來訪者，這是很好的。對初中生來說，有些情緒透過語言是很難表達清楚的，但藉助圖畫、音樂、沙盤、表演等方式，可能會更精準。只是諮詢師並沒有讓沙盤療法發揮其功效，比如透過沙盤和來訪者互動，或透過沙盤的呈現對來訪者的潛意識有更多瞭解。這可能也是新手一種狀態：想要嘗試新的技術，但對新技術並沒有完全掌握，所以知道操作過程，但無力分析和推進。如果真的是處於這樣一種狀態，諮詢師應該在自己受到足夠的訓練、掌握技術或工具後，再用在來訪者身上。

在這個個案中，來訪者對待沙盤的態度是遲疑的、不敢嘗試的，或者說不願意碰觸的。他似乎沒有一般人面對沙盤時的好奇心。諮詢師對這個過程的觀察是有意義的。

結束後可以和當事人探討這個過程中他的感受。當事人說沒有他想要的沙具，這本身也是有象徵意義的：我從外在世界中找不到我想要的東西。他曾問是否可以用自己口袋裡的東西，這有可能是他的潔癖，也有可能是其他原因。諮詢師需要和他溝通。

他在第一次諮詢中提到冬季一週才能洗一次澡讓他覺得「噁心」。這個詞應該引起諮詢師的注意。它很重，也非常突兀，後來當事人又提及「好幾年之前就有潔癖」，需要諮詢師多一些瞭解：這是一個衛生習慣，還是

一個心理上的問題？

對於最後呈現在沙盤中的那個老人，儘管它是來訪者防禦水準之上的作品——從來訪者敷衍的動作中可以看出他仍然保持著自己的防禦，但諮詢師還是可以和來訪者探討他的感受。因為諮詢師自己是有強烈的情感反應的，可以和來訪者探討這是否是來訪者自己的感受，只是他表達不出來，而讓諮詢師替他感受了？

諮詢師的反移情

在諮詢紀錄中，諮詢師有兩處提到自己的反移情，一處是來訪者遲到時，提及「像對待自己的兒子一樣，身為母親總是心甘情願為孩子做任何事」，流露出諮詢師是用對待兒子的態度對待來訪者。還有一處是看到沙盤呈現後諮詢師「心痛無比，感覺到絲絲的孤寂和淒涼」，也很像是母親對兒子的感受。諮詢師為什麼會有這樣的投射？有各種可能性：這位來訪者的年齡或其他特徵非常像自己的兒子，或來訪者的某些言行舉止啟動了她做為母親的本能；來訪者的母親啟動了她做為母親的角色；她本人過往的經歷使其產生了這樣的需要；她本人生活中正在發生的一些事情促成這種投射。

來訪者不論是早到還是遲到或準時到，都有非常重要的意義。除了交通等其他因素外，早到通常和來訪者對諮詢的重視程度有關，遲到和來訪者對諮詢的不重視、抵觸有關，而準時到則和來訪者的控制力、時間管理和關。諮詢師可以對來訪者晚到沒有埋怨或生氣，但需要理解這個行為背後的信號。

在個案中，諮詢師把來訪者投射為兒子，而自己的身分就帶有母親的成分。當一個諮詢師把自己當作來訪者的母親之後，她看待問題的角度可能不同。做為一個母親，可能會更多關注孩子學業上的問題，諮詢師讓來訪者意識到自己的成績不算好。有可能諮詢師有些過度捲入了來訪者的世界中。有可能來訪者需要這樣一個「媽媽」。但關鍵是諮詢師自己是否意識到這種反移情？她是否意識到這種反移情是怎樣形成的？是如何影響她與來訪者的互動的？諮詢師更要用第三隻眼睛看自己。

結語

在心理諮詢中，當來訪者是孩子時，未必就比成人容易做。適合成人的那些話語、方法和技巧未必就適合孩子。「青春期」這一標籤並不解決所有的問題。諮詢師需要具有針對孩子的更專業的理論和技術。

第三部分

電話諮詢個
案 的 督 導

電話諮詢的特點

　　以下十一篇為電話諮詢個案的紀錄、諮詢師的分析和督導的分析。諮詢師是一個剛入行的新手，督導更多地從認知和行為的角度提供指導。

　　這些電話諮詢是由心理諮詢專業機構向大眾提供的免費服務。電話諮詢是心理諮詢中非常特殊的一種方式，諮訪雙方不見面，透過電話線來溝通。雙方都在缺乏非言語信號的情況下對話，看不到對方長什麼樣子、服飾打扮，也看不到對方用怎樣的表情和姿勢在進行溝通。雙方都會有資訊缺失。

　　這裡呈現的熱線電話諮詢具有以下幾個特點：一是諮訪雙方都是匿名的，對那些不敢敞開自己的來訪者，這樣的設置可以給其更多空間，讓其可以更自由地闡述自己的問題，但這也增加了雙方建立關係的難度，由於是匿名，來訪者較難發展出對諮詢的承諾。

　　二是諮詢具有方便性，不需要提前預約，不需要走到諮詢室，可以在任何地方（家裡、宿舍裡、咖啡館裡）打電話，來訪者不需要穿出門的衣服，不需要坐車來到諮詢室。這樣的便利性也使得諮訪關係更為隨意。

　　三是這些諮詢大多是一次性的，只能觸及較為淺層的問題，不適合用來處理重大的、複雜的問題。

　　四是以上特點會帶來諮訪關係的脆弱性、稍縱即逝性，通常較難建立深入的信任關係。

五是來訪者對電話諮詢的期待與面對面諮詢不同，有可能不是期待全面、徹底解決一個問題，而是希望獲得一些知識、獲得對具體問題的解答。

　　六是來訪者會呈現多元化特點，各種年齡、性別的來訪者都可能出現在電話的那一端，那些不大會一個人走進諮詢室的孩子和老人，都有可能透過電話傾訴自己的苦惱，這要求諮詢師要有較為全面的知識，能夠應對各種出現的情況。

　　七是熱線電話是免費的、公益的，它和那種提供付費心理諮詢服務的電話不同。

　　在這樣的電話諮詢中，諮詢師更多地承擔了傾聽、共感、答疑等功能，在有限的時間裡陪伴來訪者，讓其感受到被理解，讓其關於心理學的疑問得到解答，如「我是不是得了精神分裂症」等。

　　在某種意義上，電話諮詢對諮詢師的要求會更高：諮詢師要在缺少視覺線索的情況下，很好地理解來訪者，敏銳地抓住來訪者想要表達而又沒有表達的出來的議題，在短時間內給予回應和處理。而且，可能在諮詢師沒有意識到的層面下，這些電話會對來訪者起到重要作用，如下文中「好奇的少年」，十六歲的他一直偷偷和十二歲的鄰家女孩發生性關係，他無法和任何人說這件事情。他打來的這通電話就成為決定他今後會怎樣做的一個影響因素。諮詢師如何以清晰而開放、溫和而堅定、接納同時又引導的方式與其溝通，以十六歲的孩子能夠接受、聽懂的方式與其溝通，就非常重要。

一

◈ 電話中的婚姻與戀愛諮詢 ◈

❶ 諮詢師的反移情如何影響諮詢

諮詢師：付小東　　督導：嚴文華

電話諮詢紀錄

來訪者：「我最近遇到一件事情。就是和同事吃飯，回家晚了，我老公就罵我『賤人』啊什麼的，您說這正常嗎？」

（讓第三方來判斷是非的，通常都是不自信的人。）

諮詢師：「能說一下具體情況嗎？」

來訪者：「我們結婚三年了。半年前也發生過這種事情。我是老師，那時候也是一位同事請我們吃飯。我平時很少參加這種場合的，也不能都

不參加。後來晚上十二點多到家了，他就開始那樣罵我。」

諮詢師：「他如何罵妳？」

來訪者：「罵我賤人啊！還有……就那些之類的。」

（來訪者不願意說出更具體的內容，那應該是更傷人自尊的內容，不需再問。）

諮詢師：「你們結婚三年以來，一直都這樣嗎？」

（以此來判斷來訪者老公的這種情況是突然發作，還是一種常態行為。）

來訪者：「一直都這樣，有一點點不順心他就罵人。包括他對他母親都這樣，後來他怕他母親不幫他看孩子，就對他母親態度好一點了。」

諮詢師：「罵過人之後他後悔嗎？我是說，妳感覺他目前對你們的婚姻是怎麼看的？」

（這是兩個不同的問題，一起問的話，來訪者不一定能夠一一回答。）

來訪者：「他目前對我們的婚姻態度還是積極的，倒沒有別的想法。」

（可以初步排除對方因為感情問題而刻意為之。來訪者並沒有因為罵人這件事而全面否定自己的老公。）

諮詢師：「你們一起生活了三年，妳到外面交際而晚回家經常發生嗎？」

（諮詢師想確認事情發生的頻率。如果來訪者經常晚回家，丈夫的舉

動經常這樣，可能就有其他諮詢主題。）

來訪者：「不常發生，這幾年就那麼幾次吧！最近一次，我為了防止這樣的情況出現，所以很早就回來了。」

諮詢師：「請問我怎麼稱呼妳呢？」

來訪者：「……」

（來訪者在猶豫，一時不知如何回答。一方面，是諮詢師這裡的轉換有些突然，另一方面，可見來訪者缺乏靈活性。這一點在生活中是如何影響她與丈夫的互動呢？）

諮詢師：「沒關係，妳可以隨便取個代號。」

來訪者：「那就叫我『L』吧！」

（給自己用英文字母來代替名字並不常見。是否和她的職業有關？或是她的個性就與眾不同？）

諮詢師：「好，那麼，他罵了妳之後，又發生了什麼呢？」

來訪者：「第二天早上，我把我所有的不滿全都發洩出來了。我跟他說，你給我說清楚究竟什麼是下賤。我說你得講道理，你不是也有你的同學什麼的嗎？」

諮詢師：「妳是說妳第二天早上才跟他講妳所想的是嗎？那麼當天晚上他罵妳的時候妳是什麼反應呢？」

（「才」字流露出諮詢師的判斷：「其實妳應該當天晚上就跟他講妳的想法。」這樣的判斷有些過於主觀。）

來訪者：「當天晚上我心情很難受，但沒發生爭吵。」

諮詢師：「第二天早上妳說出來心中想的話以後，他是什麼反應呢？」

（諮詢師在這裡其實可以肯定一下來訪者的克制、理性和忍耐性。早上處理顯然要比半夜發生爭吵更明智。這也是來訪者將來可以用的處理模式：在合適的時間進行溝通。）

來訪者：「他什麼話都沒講。」

諮詢師：「妳覺得他是認錯了嗎？」

來訪者：「他？他從來不會認錯，從來不會。」

（如果一個人從來不認錯，要嘛是沒有清晰的自我認知，要嘛是防禦心理很重。如果她說的是事實，她丈夫的性格甚至人格上可能存在問題。）

諮詢師：「妳覺得妳丈夫是不是一個很內向的人啊？」

來訪者：「是的，他很內向。他同學請他吃飯什麼的他都從來不去。他怕和別人交談，膽子小。」

諮詢師：「他父母脾氣怎麼樣呢？」

來訪者：「（咳了一下）他父親十幾年不和他說話了。」

諮詢師：「妳是說他父親十幾年不和他說話？從什麼時候開始？」

來訪者：「是的。好像就從高中開始吧！他和他父親吵了一次架，再也不叫他父親了。」

諮詢師：「妳知道是什麼具體的原因嗎？」

來訪者：「其實我也不是很清楚。」

（如果來訪者真的對此不是很清晰，那麼說明夫妻雙方的感情深度存在問題；如果來訪者對此事有瞭解但推說不清楚，那麼可能來訪者仍然存在很多的防禦和顧慮，或此事比較敏感。）

諮詢師：「那麼我能問一下他父母的關係怎樣？」

來訪者：「他父母年輕的時候一天吵三、四次架。他父親是很強勢的一個人，他母親也是個不認輸的人。現在年紀大了，雙方吵架少了。」

（確實有案例說明：不和睦的父母比離異給下一代造成的傷害更大，主要表現在孩子的性格問題上。也許來訪者的丈夫性格的成因有著其他重要因素，但事情的重點應該放在如何面對現實上。）

諮詢師：「那麼接下來，妳面對的問題就是忍受、接受，或是剝離了。」

（這裡的轉折非常突兀，看不到之前有鋪墊，看不到有從過去拉回到現實的動作。「剝離」那個詞，用的有些奇怪。）

來訪者：「這樣看來，我最近的總結和想法，和你們說的也差不多。我就是不知該怎麼辦。你說他會不會因為一次婚姻的改變而讓自己有所改變呢？」

（看來她打過不只一家熱線電話，得到了一些相似的啟發。她在考慮離婚。但她離婚的目的不是為了自己更幸福，而是讓對方改變，所以，她是想用離婚這個想法使得丈夫改變，而不是真的考慮離婚。她甚至連「離婚」這個詞都沒有用。）

諮詢師：「根據我們的經驗來看，如果一個人存在人格、性格上的缺陷，是不會因為婚姻的變動而產生變化的。也許外界的打擊會讓他陷入更深的糾結之中而不能自拔。真正的出路，在於要嘛改變妳的態度，要嘛用科學的方法去矯正他和性格和行為。我是覺得妳丈夫的生命之中承載了一種重擔很多年了，是需要用心理治療的方式解決一下了。」

註：括弧內的話是諮詢師或督導師的反思。

改變丈夫才能改變婚姻？

諮詢結束時的勸導，其實會讓來訪者覺得生命太沉重了：如果丈夫不改變，她的整個婚姻生活就不能改變，而以她個人的力量，是無法改變其丈夫的。讓她說服丈夫接受心理治療，恐怕也是一件非常難的事情。所以她沒有太多選擇：要嘛改變自己跟會罵人的丈夫湊合過一輩子，要嘛跟他離婚。而且，她的丈夫還被諮詢師貼了「人格有缺陷」標籤，她丈夫不可能改變了，只能她改變自己。聽起來更加讓她悲觀。諮詢師是從哪裡這麼快就判斷出這些資訊的？諮詢師為什麼會對她的婚姻這麼悲觀呢？她丈夫除了這些不好的方面，有哪些好的方面？當事人為什麼會步入這個婚姻？

是什麼讓她留在這個婚姻中的？

諮詢師手記

　　這個案例，不知為什麼，我在後期整理的時候有強烈的排斥情緒，不願去動筆補充資料。在不同的時間，幾次拿起筆，又都放下去。

　　我告訴自己這個案例不具備典型的心理諮詢意義。然而我又感覺還有其他的東西悶在胸裡。我不得不反思自己為什麼會有這麼強烈的拒抗。在精神分析技術裡，諮詢師面對來訪者的講述，本身有什麼反應，是迷惑，是被捲入，是反感，還是恐慌，都一方面反映著諮詢師的自身經歷而產生的移情，另一方面也再現著來訪者與他人互動時的情景和「場」的再現，即來訪者和其周圍其他客體人也有著同樣的情緒反應。

　　透過這段手記，可以看到這位敏銳的諮詢師在諮詢時其實產生了反移情反應：那位來訪者的故事，尤其是那位來訪者的丈夫，已幻化成他生活當中的某個負面人物，「人格有缺陷」、「跟他剝離」其實是他在心裡想對自己生命中那個重要人物說的話。

　　然而諮詢師還在反覆提醒自己保持中立。在這個個案的手記中他寫道：

從價值觀不介入的角度來看，經驗和體驗都是個體性的，只要她／他生活得舒服，就可以按照自己的方式去生活。如果出現了不適，那麼要根據自己的機體去調整，直到感到舒服為止。這也是心理諮詢不會輕易給出判斷和意見的考量所在。我在開始學習心理諮詢的時候，還覺得「不給建議和意見」是一種逃避責任的技巧，但當我對心理諮詢的不斷深入學習，以及對個案的體驗，發現這才是對來訪者負責的做法。但這並不排除以下情況：對普遍適用的倫理道德直接給予明析，或根據諮詢師資深的歷練和經驗給出強勢指導。不管何種情況出現，那都始終追求著一條最終原則：讓來訪者過得更好。

一方面他提醒要讓來訪者按照自己的方式生活，另一方面，他又給出了「妳丈夫有人格缺陷，妳無法改變他，只有離婚妳才能剝離」的微妙暗示。這不是諮詢師有意破壞原則，而是無意當中他的反移情遮蔽了他的中立性。

儘管來訪者的婚姻存在個性不合、相互不瞭解等問題，有可能離婚是其中的一種解決方法，但諮詢過程反映了諮詢師如何被攪動和移情的。做一名中立的、能夠隨時察覺自己反應的諮詢師不是一件容易的事情。

❷ 該不該去看前公婆？

諮詢師：付小東　督導：嚴文華

來訪者：「我有一件事想諮詢一下。」

諮詢師：「好的，妳說吧！」

來訪者：「我和丈夫離婚三年了。我不知還能不能找到合適的。」

諮詢師：「這就是妳今天問題的問題嗎？」

來訪者：「……算是吧！我這幾年也見了幾個人，都是別人介紹的，但總是感覺不合適，也最終都沒在一起。」

諮詢師：「那麼妳現在都有哪些想法呢？」

來訪者：「哎！我也說不上來，各種想法都有。我和我原來的丈夫是這樣離婚的：我是六年前結的婚（她沒有用「我們」）。當時，我們雙方的父母是反對的。」（來訪者並沒有回答我的問題，而是把話題主動引向與前夫的歷史。）

諮詢師：「父母為什麼反對呢？」

（弄清楚父母反對的原因，可以瞭解到雙方結合的大致背景，甚至雙方走向分離道路的原因。雙方的結合，更包括了兩個原生家庭的結合。如

果後來雙方最終分手，那很難分清，是當初父母的遠見，還是後來原生家庭刻板印象的力量較量的失衡。）

來訪者：「其實他的父母是農村的，就是想要那種老老實實在家的媳婦。我從小是在城市長大的，我父母當時勸我，讓我找個門當戶對的，最起碼也要生活背景差不多的。但後來我們還是結婚了。在〇八年的時候他把他父母接到上海生活。但應該是在……年底的時候，他的父母都生病了，行動有些不便。丈夫就要求我辭職回家照顧父母。」

諮詢師：「當時你們都在外面工作是嗎？」

來訪者：「是的。我知道他要求我辭職回家也是應該的，有他的道理，但我還是不太想放棄自己的工作。我思前想後，還真的捨不得放棄工作。」

諮詢師：「那如果妳辭職回家，你們的收入與支出是完全可以繼續的是嗎？」

（透過這點來確認雙方的決定是否客觀，以及是否還有其他考量因素。）

來訪者：「是的。他比我賺得多。後來我們因為這件事吵了好多次架。我當時事業剛剛起步，是真的不願放棄我的工作啊！」

諮詢師：「你們當時有考慮其他解決方案嗎？你們有小孩子嗎？」

來訪者：「我們沒有孩子。我知道可以請保姆。這個……怎麼說呢，他的父母是肯定不同意的，所以他也不會同意。我考慮了好久，還是沒有辭職。後來第三年我們就離婚了。」

諮詢師：「那麼現在妳怎麼看待你們的離婚呢？」

來訪者：「這個很難說……他們的要求有點過分，但我自己也有責任吧……沒有盡到一個兒媳婦的義務。但我想我最後沒有辭職，也有我的道理。」

（談到這裡，發現來訪者對離婚的原因表述相當清楚，言詞縝密，對事件矛盾激發與進展都存在比較客觀的態度，事件發生的節點也都記得比較清楚，言詞之間感嘆與情緒用詞很少，於是諮詢師不禁問了下面一句話。）

諮詢師：「妳是學理工科的吧？」

來訪者：「嗯……是的。」

諮詢師：「哦，我是覺得妳的表述很清晰。讓我們回到妳一開始的問題，妳是想知道妳能不能找到合適的。我想妳現在糾結的地方，恐怕不僅是這個問題吧？」

（按照來訪者所說，丈夫的要求有些過分，但自己不能辭職也存在合理成分。但這些是否都被加工了？）

來訪者：「……也可能吧！」

諮詢師：「那麼妳感覺還有哪些情緒呢？」

（來訪者不知自己究竟在尋找什麼出路，那麼我想直接放在來訪者的情緒上面，讓她去表達情緒。）

來訪者：「說不好吧！就是不知道他父母現在是什麼樣子了。」

諮詢師：「妳很想知道嗎？」

來訪者：「現在回想起來，不知當時的決定是對還是錯。」（來訪者終於自己表達出了情緒的糾結點）

諮詢師：「那麼妳……妳還懷念妳的前夫嗎？」

來訪者：「……」

諮詢師：「不管怎樣，我想妳現在回想起來因為沒有辭職照顧到公婆，似乎有點愧疚感，而這個愧疚感影響了妳步入新的婚姻，是這樣嗎？」

來訪者：「嗯，是，是有的。離婚後我倒一直想去探望他父母，但怕他們不接受，心裡一直有些放不下。」

（似乎來訪者這個「接受」裡包含了更多含意。）

諮詢師：「妳想去嗎？」

來訪者：「想。」

諮詢師：「妳確定他們會不接受嗎？」

來訪者：「……」

諮詢師：「或者說，妳其實更害怕前夫不接受？」

來訪者：「這個……其實我有時候也在問自己是不是還想著復合。可能有點。但好像也不完全是。」

諮詢師：「所以你更純粹是對老人的掛念，從一個晚輩的角度去掛念老人，是這樣嗎？」

來訪者：「嗯，是這樣。」

諮詢師：「如果是這樣，我們來看一下最壞的結果：如果去看老人，老人不接受你，你會怎樣？」

來訪者：「我會放下心來。」

諮詢師：「放下心來？！」

來訪者：「是啊！反正我盡到自己的心意了，這件事情就算結束了，我就不用再牽掛了。有些事情由不得我，我也就認了。」

諮詢師：「嗯，也就是說，你接受最壞的結果。那你還猶豫什麼呢？」

來訪者：「謝謝，我知道我該做什麼了。」

評論

　　這是一個看起來在諮詢婚姻關係的諮詢電話，但最終是來訪者需要處理自己的內疚情緒。洋蔥再剝下去，肯定會涉及到來訪者與前夫的關係、目前對待離婚這件事情的看法，但一通電話不可能解決所有的問題，至少在目前這一層，來訪者清楚自己要做什麼了。諮詢師幫她區分了她和前夫的關係、她和前公婆的關係。之前，她一直把這些關係攬在一起，所以無法有行動力。

　　諮詢師讓她看到：夫妻關係可以不復存在，但晚輩對長輩的內疚和掛念可能存在，而且內疚感會影響她步入新的婚姻，不管這個婚姻是和前夫重婚，還是和其他人結婚。

　　從來訪者的稱呼上，她要嘛用「他」指代，要嘛用「丈夫」這個說法，

沒有用「前夫」這個詞，其實已經很能反映出來訪者的心態了：她其實對前夫念念不忘。

只是，可以看出諮詢師的功力尚淺，在諮詢時沒能聚焦，而是發散性地隨意提問，缺乏足夠的敏銳度和深度，所以沒有能順著來訪者的思路和諮詢主題走，而是指定了另外一條路，誤打誤撞地幫助來訪者解決了另外一個問題。

在諮詢中，諮詢師有時甚至會問及一些無關的話題，如「你是學理工科的吧？」這樣跑題的提問。利用來訪者與諮詢師互動的現場資訊做一些判斷本身是一件很好的事情，但所有的提問都需要圍繞來訪者來問，而不是滿足諮詢師個人的判斷。

諮詢師捕捉到的資訊可以這樣問：「我注意到妳對離婚的原因表述相當清楚，邏輯很清楚，對事件矛盾激發與進展都存在比較客觀的態度，事件發生的節點也都記得比較清楚，但言詞之間感嘆與情緒用詞很少，好像很少談及自己的情緒，這樣的溝通風格是否影響了妳和前夫在離婚這件事情上的討論？而當年妳其實是願意盡到兒媳婦的責任，只是用妳的方式來做，但妳沒有很清楚地表達自己的情緒，是嗎？」這樣更是為來訪者服務，而不是去滿足諮詢師的猜測。

❸ 是丈夫的冷戰，
還是妻子不敢表達？

諮詢師：付小東　督導：嚴文華

來訪者：「喂，是……心理諮詢熱線嗎？」

（電話那頭的背景音樂，是那首憂鬱的《說謊》。這首歌情緒飽滿，低沉的哀傷掩飾不住一種憂悶的吶喊。在電話諮詢中，這些背景資訊傳遞出的信號是非常重要的。）

諮詢師：「是的，妳好。」

（對方把音樂聲音調小了，氣息中有正在整理情緒的停頓。我沒有說：「妳有什麼事想和我說嗎？」這種氛圍中，這句話顯得多餘而突兀，與來訪者不在同一個頻率上。我什麼也沒說，在等待對方的開口。）

來訪者：「那我可以說一些事情嗎？」

諮詢師：「可以，請說吧！」

來訪者：「我……我感覺心裡很苦……太委屈了（對方開始哽咽）。哦，現在你們是不是該吃午飯了？」

（在情緒如此惡劣的情況下，還能考慮並兼顧到別人的處境，這在電

話來訪者中很少見。而且她的情緒調節也非常快。這些細節說明了來訪者的某些性格特徵。）

諮詢師：「不，我吃過了。」

來訪者：「那是不是會有時間的限制呢？」

（看樣子不是第一次打諮詢電話了，非常有經驗。她對熱線電話需求的背後傳遞著怎樣的信號？）

諮詢師：「沒有。妳說吧！」

（電話諮詢本來是有時間限制，但我此刻不想打擊她宣洩的動機。在我的理解中，心理諮詢熱線的時間限制是不能和幫助來訪者衝突的。）

來訪者：「我和我丈夫結婚四年了。我對他太好了……（停頓，在整理思緒。）……但是，一直是我在付出。我很累。可是他總是置身事外，他總是把自己藏起來！……他脾氣不好！」（來訪者繼續哽咽。）

諮詢師：「嗯……」

（此時我不需要給她太多回應。來訪者未提出疑問，也未徵求意見，因此她的目標可能是需要一次宣洩。我想我現在要做的，就是給她這樣的時間和空間，足夠的、安全的、全心關照的。）

來訪者：「就拿這兩天來說吧！我弄了個頭髮，他看不慣，就不理我。我打電話過去，他都不接！他——不——理——我！（她用全身力氣說出這些字，哭聲也變大了）

如果你有什麼意見你就說啊，我不喜歡這樣的冷戰……」

（能把與對方的處境用這麼一個鮮明的詞「冷戰」總結出來，想必她對對方的行為性質已反思並承受良久。由於髮型而導致夫妻倆不和，這對夫妻的婚姻有多久了？他們的生活中這樣的事情還很多嗎？）

　　諮詢師：「聽得出來妳已經因此苦悶了很久。妳有把這些事向妳的朋友們傾訴過嗎？」

　　（雖然後來我就很反感自己使用模式化的共感，但在這裡這句常用的共感，我感覺自己很真誠而順暢。從諮詢師的反應型來講，如果你感覺你的共感是假的，那就是假的，是有問題的；如果你感覺你的共感是自然流露的，那就是真誠而到位的，來訪者也因此得到了慰藉而建立信任。而我在此急著去問來訪者的社會支援系統，目的在於對其處境做盡早的瞭解。只是從節奏來看，有些太早，有些突兀。）

　　來訪者：「我沒有朋友，我什麼都沒有，除了他……我沒有原則，沒有底線地付出。

　　今天是『五一』節，我也沒有什麼朋友可以出去走走。我只能……我只能……

　　（她說不出話來了。她一定是想說「我只能打你們這個熱線來傾訴一下」。如果將來需要給建議，「擁有自己的朋友圈」可以是一個建議。來訪者非常清楚地意識到自己「沒有原則、沒有底線」，這其實是接下來諮詢重要的發展方向：幫助她確認自己的底線和原則。並且引導她思考：當有人突破妳的底線時，妳會如何做？）

他即使錯了，也是我的錯，我錯了更是我的錯。他沒有錯的時候。

他不會把我當女孩子一樣。比如別人的丈夫可能會誇誇他老婆頭髮做得好。可是他不會。他沒有把我當女人看啊⋯⋯

他不會來哄我。就算他錯了也不會認錯。他就那樣不理不睬的，我很痛。」

諮詢師：「妳一直存在這樣的苦悶，妳有尋求過什麼解決的途徑嗎？」

（宣洩是必要的。但是不能使諮詢一直沉浸在抱怨的海裡。應該讓她主動抬頭去看到海面上的太陽，讓她有力量感。所以在這裡我把來訪者往現實中拉，並進一步探究其社會支援系統。只是，其實可以再多一些讓她羅列他的不好和「罪狀」，讓她盡興。）

來訪者：「別人幫不了我。我有時候也在想，我心理是不是有什麼問題。」

（這位來訪者的模式是有任何問題馬上回到自己身上找原因。有時可能是正確的歸因，有時可能是錯誤的歸因。）

諮詢師：「那妳以前遇到他不理妳的時候，妳用什麼樣的方式發洩自己的憤怒和委屈呢？比如有對他發過脾氣嗎？」

來訪者：「我害怕發脾氣。我很在意別人的感受。我哭了我也不想讓他知道。苦了我也不說。我也沒有其他人可以讓他知道這些事。

這兩天我都是一直在想⋯⋯這些事。走在路上我都想哭。我不知該怎麼辦！」

（來訪者不敢憤怒、不敢表達情緒、隱忍退讓的性格脾性果然契合了對方的暴力刺刀。婚姻的結合有時就是如此鬼斧神工。）

諮詢師：「妳以前這樣哭過嗎？」

（我是想藉此判斷來訪者此次電話是否因遇到了特殊事件使然。）

來訪者：「有……今天我受不了了。我不知我該做什麼了。」

（她只回答了有，但沒有談及頻率，也沒有談及今天哭的原因，所以不清楚是否是和髮型、五一節疊加有關。）

諮詢師：「妳把妳的痛苦和他說過嗎？」

來訪者：「我只是一個人流眼淚。他也只是睡在一旁不理我。他知道我哭的話他會更不開心。我可憐他……不想讓他不開心。」

（來訪者不敢表達情緒的特點越發鮮明。她的愛情觀、與人交往的方式都存在著嚴重的問題。她在這種不對等的單方受害中不斷淹沒了自己，只能用哭泣做為偶爾發洩、掙扎一下，以說明生命本身的存在。但卑微低下的同時，她又用了一個詞「可憐他」，這個詞讓事情塗上了另外一些色彩。這是一個需要重點關注的詞。）

「他沒什麼不良愛好，就是這個性格。也許是因為他家裡的情況，這個我可以理解。」

（來訪者開始做反面平衡了。這個也是她的模式：說完對別人的不滿，馬上替別人找理由。這樣做積極的意義在於她看到生活的兩面性，消極的意義在於她永遠都可以原諒別人，永遠都可以沒有自己的主張。）

諮詢師：「他家裡是什麼情況呢？」

來訪者：「他父母和他大姐對他不好，不認可他。我很支持他。以前他不怎麼說話的，我和他在一起的時候他就開心了許多。最近他因為生意不好，經常獨自上網，就不理人，一整天都不理人。

我會做一些他認可的舉動。做可以讓他高興的事。以前把瀏海剪平，他並沒有不喜歡。這次他反而很生氣。為什麼不能像其他老公對女孩子那樣去誇獎一下、鼓勵一下我？」

諮詢師：「他這次生氣僅僅是因為妳把頭髮剪了嗎？」

來訪者：「嗯，除此之外，也沒別的事情。」

（她的期望不高，但這個期望怎麼這麼難實現？為什麼這樣小的事情會引起她內心這麼大的反應？）

諮詢師：「當初妳和他在一起，是看中他哪一點呢？」

來訪者：「不抽菸，不喝酒，比較老實。我當時也不知道他有房子。後來懷孕了，結婚了，才知道他還有個店。」

諮詢師：「也就是說妳並沒有全部瞭解他，就在一起了？我感覺妳的戀愛模式是，有個人努力了一下，妳就會把自己全部付出，死心塌地地去接納。」

來訪者：「……應該是吧！」

諮詢師：「好，這次妳向我傾訴了如此糾心的心事，妳一直在傾訴妳所受到的委屈，妳一直隱忍退讓。妳現在打算改變妳的現狀嗎？」

來訪者：「我一直都在想啊！我想不出來。我不能做出任何決定。」

諮詢師：「如果今天的傾訴能讓妳暫時感覺好一些，那麼希望妳可以冷靜下來去做一些思考，妳是否想改變現狀。如果妳想，就會有很多方式和很多條路。最後送妳一句話，請多愛自己。」

結語

婚姻與戀愛模式是每一個成年人必須去思考和全面對待的一個問題。很多有問題的戀愛與婚姻，都隱藏著當事者固有的、潛意識中的模式。首先表現為他／她要找一個什麼樣子的人，這可能是與她男性長輩相似的男性，也可能是他親人／朋友相近的女性；又或是他／她想去拯救或幫助的一個人，從而獲得拯救者、幫助者的成就感；或他／她仰望的人一個，願意遵從、服從對方的意旨。

再次，表現為當事者戀愛互動的方式，有人易被感動，匆忙進入對方的生活；而謹小慎微地從各種現實情況出發，慢慢接近與付出，則是另一種互動模式。前者可能存在巨大風險，熱情過後面臨理想與現實的衝突而糾結萬分；而後者也可能使此後夫婦生活中缺少一些浪漫因素，往往成為各自內心隱藏著的深深遺憾。

初期的盲目與不斷妥協，只是在製造隱彈。要嘛日久之後必然爆發，要嘛獨自吞噬，消散了自我。

由於時間所限，這個個案在電話中沒有充分展開。來訪者在婚姻關

係中為什麼會形成這種不敢表達情緒的模式，目前還不清楚。如果還有接下來的諮詢，在近期要引導來訪者如何更有效地與丈夫溝通，表達她的情緒、她的想法，而不是一味順從對方、委屈自己；在長期是要引導來訪者建構清晰的自我意識，自己是誰、需要什麼、想成為什麼樣的人，如何在婚姻中既擁有對方，也保持自己的獨立性。

「愛自己」是這其中的一步。按照來訪者目前的狀態，在沒有專業人士的幫助下，她比較難做到愛自己，因為她沒有體驗過，沒有學習過，她不知道該如何做。

❹ 情緒第一，事實第二

諮詢師：付小東　督導：嚴文華

電話諮詢紀錄

來訪者：「我現在……我現在心裡難受。（一個二十歲左右男孩的聲

音）

諮詢師：「聽起來你很難受，能告訴我發生了什麼事嗎？」

來訪者：「……反正就是難受，我也說不好……」

（從來訪者的談吐速度和思路，的確感覺到他是個不善表達的人。也正因為這樣，他可能有著更強烈的內心體驗和更濃烈的情緒。幾秒鐘的停頓後，他嘆了口氣。這邊，我沒有插話；那邊，他在自己的情緒空間裡醞釀著表達的思路。）

諮詢師：「那麼……你想和我從何談起呢？」

來訪者：「我現在就一個人待著……難受。」（語氣非常低落）

諮詢師：「你現在在哪裡呢？」（發現他的情緒不對，擔心他有過分的舉動，追問他的具體環境。）

來訪者：「我在公園的椅子上坐著。」（在公園這樣的環境中能夠看到周圍的人，即使不和周圍人說話，也在和環境做互動，應該是當下不會發生什麼大事的。）

諮詢師：「哦，那能告訴我發生了什麼事，讓你來到這裡散心呢？」

（在接下來的談話中，他仍然不談發生了什麼事，有可能根本不在意我的問話，也有可能不願切入話題，也有可能一時難以釐清事實。於是我決定不去觸碰事實，而是跟著他的情緒走。）

諮詢師：「你現在一個人坐在公園裡想事情，有一段時間了是嗎？」

來訪者：「嗯，是的。」

諮詢師：「可能因為剛剛發生的感情問題感到很難過是嗎？」

來訪者：「是的。我也不知為什麼會這麼難過……以前都是我拒絕別人，而現在，那個人拒絕了我。」

（他終於肯說出大致的原因。這是一種信任的建立，初步溝通成功。看來，是年輕的來訪者遇到了感情挫折。但據其所言經歷了「拒絕別人」的歷練，再加上他清晰、緩慢的語調，我推斷其遇到的波折還不至於非常嚴重。如果來訪者不願觸及事實，諮詢師可以只在情緒層面給予處理。於是我決定把他往現實中拉。）

諮詢師：「你有比較好的朋友嗎？你會把這些煩心事跟他們講嗎？」

（貫用句式，用以判斷其社會支援系統和交往狀況。）

來訪者：「沒什麼朋友。一個人來到這個城市不久。」

（我嘆了口氣，隨之發現這是自己的情緒。類似的經歷讓我開始有了價值觀介入？我馬上調整思路，繼續走入來訪者那層情緒的煙霧裡，雖然我現在也不知道那核心裡包著怎樣的往事。我用一種十分緩慢的語氣和他繼續聊，保持和他一樣的思維和呼吸頻率。）

諮詢師：「於是，你在心情不好的時候，就一個人處理，比如到公園裡發呆一會兒，是嗎？」

來訪者：「是的……不過和你聊天舒服一些了。」

諮詢師：「首先，從你的問話裡，我感覺你現在主要的問題是因遭到別人的拒絕而產生的不被尊重感，進而失去自重感。」

來訪者：「可能是的，有那麼點……」

諮詢師：「讓我們一起來想一下，你現在被別人拒絕了，有種失落和無助感，是嗎？那麼以前被你拒絕的人，他們也應該是同樣的落寞吧？」

來訪者：「嗯……我想是的。」

諮詢師：「那麼他們後來都去做什麼了呢？」

來訪者：「呵呵……（對方笑了一下，不說話了）老師，我以前也打過你們的電話。但是，我覺得還是您最能理解我的心境。」

諮詢師：「好，我相信你已經明白了。拿你經歷過的感情來說，你拒絕別人的，你不會在意。因為被別人拒絕的，才是令你最動容的，讓你陷得比較深。但我們得客觀地看這些事，就是拒絕別人和被拒絕都是同樣存在的，被人拒絕並不意味著你不出色、不重要了。你覺得你會找到比月亮更亮的星球嗎？」

來訪者：「……嗯……太陽唄。」（笑了起來）

結語

有一些新手心理諮詢師常認為事實是諮詢中最重要的資訊，所以花很多時間去挖來訪者身上發生了什麼事情、什麼時間、什麼地點、和誰等等。但在實際諮詢中，有很多靈活的做法：可以直接從情緒做切入，諮詢中也只關注情緒的宣洩、梳理和處理；可以同時關注情緒和事實，兩條線同時並進。這取決於來訪者的特點以及諮詢師的訓練和風格偏好。

電話諮詢由於時間短、信任基礎薄弱，所以需要做快速的諮詢，不宜展開太多、太深，通常是處理現實中的緊迫問題。在這個個案中，諮詢師察覺到來訪者的防禦水準較高，而突破這個防禦機制需要時間，不是十多分鐘的電話諮詢能夠完成的，所以就在其防禦水準之上展開諮詢。來訪者不願意過多探索已發生的事件，諮詢師尊重這一點。來訪者的節奏比較慢，諮詢師也跟隨其慢下來。來訪者的主要目標是找一個人傾訴，諮詢師就做一個好的傾聽者。只是在結束時，稍微做了一點引導，讓來訪者從過去走向未來，關注該如何做。

情緒第一、事實第二，這個原則其實適用於很多個案。只是很多諮詢師有不安全感，所以他們更關注事實，而不是來訪者的情緒。共感更敏銳的諮詢師在這方面會做得更好。

二 電話諮詢中的孩子們

❶ 孩子不願上學，原因在於夫妻關係？

諮詢師：付小東　督導：嚴文華

來訪者：「我的小孩子現在不願意上學，不知怎麼辦？」

（一來是直奔主題。有非常迫切的想要解決問題的願望。）

諮詢師：「妳的孩子幾年級？是男孩還是女孩？」

來訪者：「高二了，是男孩。」

諮詢師：「怎樣稱呼妳呢？」

來訪者：「我姓周。」

諮詢師：「周女士，那麼妳的孩子在高二以前的學業成績和態度怎麼樣呢？」

來訪者：「不是很好也不是很壞，一般吧！」

諮詢師：「妳說妳的孩子現在不願意上學，具體是什麼情況呢？」

來訪者：「就是白天不去上學，不知道去哪裡了，晚上也沒回來。都好幾次了，晚上都不知去了哪裡？」

諮詢師：「那麼以前他出現過類似的情況嗎？」

（其實還可以再深入細緻瞭解一下孩子不上學的具體狀況，如一個學期會上多少天課？成績怎樣？白天做些什麼？老師、同學和家長的態度如何？但諮詢師轉移到另外一個問題去了。）

來訪者：「其實從初中開始他就有這樣的苗頭，有時候就不回來住了。

（以此判斷出孩子的異常表現並不是近期的突發事件。）

諮詢師：「好，那我想妳今天打電話來，是想改變妳的孩子不願上學的現狀是嗎？」

來訪者：「是的。」

（有一點需要再確認：如果從初中孩子就存在這樣的行為，為什麼到今天才來諮詢？之前學校和家長做過哪些努力？母親的期望到底是什麼：讓孩子去上學，還是讓孩子不要出事就可以？）

諮詢師：「電話諮詢有一些限制，那我們今天只來弄明白妳的孩子為什麼會不願意上學，可以嗎？他出現這個苗頭的時候，妳當時沒有管嗎？」

（這個問句帶有批評和指責來訪者的含意，會讓來訪者不舒服。如

果這樣問會更妥當一些：「當他出現這個苗頭的時候，妳當時是如何做的呢？」）

來訪者：「……我當時……我管他他也不聽。他脾氣暴躁。」

（來訪者沒有確認諮詢目標。在諮詢中，問題要一個一個地問，這對電話諮詢來說尤其如此。）

諮詢師：「他脾氣暴躁？暴躁到什麼程度？」

來訪者：「……我現在管他多了，他還動手打我呢！」

諮詢師：「妳是說妳在管他的時候，他有時候會動手打妳？」

來訪者：「是的。以前我管他的時候也會打他。現在會還手，我就不怎麼敢管他了。」

（母親怕孩子，這個「怕」是從什麼時候開始的？怎樣影響母子關係的？用武力解決問題的孩子，有時是從父母處習得。父母關係如何影響孩子？）

諮詢師：「能問一下，妳和妳丈夫之間相處得如何？」

（那邊沉默了一下，但氣息明顯在整理著自己的思路，彷彿預想到我會這樣問。）

來訪者：「哎，反正……我們倆也經常打架的。」

諮詢師：「會動手嗎？」

來訪者：「會。會扔東西，會動手。」

諮詢師：「妳是說會打對方的身體嗎？」

來訪者：「是的。」

諮詢師：「妳丈夫對妳孩子的現狀怎麼看呢？」

來訪者：「他都怪我，怪我沒有管好孩子。」

（看起來周女士有些孤立無援：孩子反抗她，與她作對；丈夫埋怨她、責怪她。儘管從她所敘述的內容及她遮掩的語調中，確實能感知到她在管理孩子方面有做得不好的地方，但諮詢師如果再責備她，會加重她的自我否定感。目前的諮詢關注在尋找原因上。可以順著這個思路做下去。）

諮詢師：「周女士，我能再問一個問題嗎？」

來訪者：「問吧！」

諮詢師：「妳的原生家庭，就是妳父母的家，有多少個孩子？」

來訪者：「很多。」

（她沒給出具體數字，是小小的阻抗。我決定再鋪墊一下。）

諮詢師：「我想的是，其實父母與孩子之間的互動，和父母雙方的原生家庭環境都有關係的。」

來訪者：「我家有九個孩子。我是第三個。反正……從小就有一種被忽視的感覺吧！」

（說最後一句話的時候，她語氣變輕，似乎想很快說完。這是一種對真實狀況的逃避。看來她本人對自己的親密關係有一定反思。那麼快把她自己小時候和當下聯繫在一起，她也應該懂一些心理知識？或者之前她接受過心理諮詢？後面的談話證實了這個情況。而短時間內的電話諮詢不

能對此點進行有效整合，於是諮詢師沒有對此點進行進一步挖掘。很多時候，來訪者在與諮詢師交談之前，對自己都進行了不下千萬次的追問。諮詢師只是幫她去真實地面對自我就可以了。）

諮詢師：「嗯，愛是流動的。我們得到多少愛，才會付出多少愛。」

（諮詢師並沒有進一步說明，相信她應該懂了。我們從父母那裡得到多少愛，才會對周圍親密關係的人付出多少愛。少有動力去全心全意愛別人的人，也大多因為從父輩那裡得到的關心較少。）

來訪者：「哎……我覺得我現在已經能包容一切了。」

（我沒想到這樣沉甸甸的句子會從這樣一位氣息不是很順暢、思路上也似有侷限的母親口中說出，這又足見她進行了多少反思。）

諮詢師：「妳說妳現在能包容一切了？」

來訪者：「是的。我和您說吧！其實我也一直從小就對心理學感興趣。畢淑敏的書我都讀過。電視臺的心理節目，我每期都看兩遍。有一個頻道播出的一檔諮詢節目，那裡面的諮詢師都用很高超的手法做諮詢，就是那種手法，就是……」

諮詢師：「妳是說會用到一些看起來比較吸引人的技術，比如催眠、意向對話什麼的？」

（後者是一個比較專業的用詞，大眾並不瞭解。但我想對方應該能領會這與她表達的正是同一個意思。）

來訪者：「對對，比如那個某某博士，用一個什麼道具，用條繩子啊

什麼的把人綁住，然後幫他治療，還會用正面引導。」

諮詢師：「看來妳對家庭裡的父母與孩子的互動關係都有很多反思和理解。妳希望透過一種心理治療方法解決妳所面臨的困境，而不僅僅是解決妳孩子不願上學的問題，是這樣吧？」

來訪者：「哎，是啊是啊……哎……」

諮詢師：「目前來看，妳所面臨的困惑，以及這些問題的解決，在我們的電話諮詢裡還不能解決。我們來看看我們現在面對這樣的情況能做些什麼，可以嗎？妳有把妳的觀點與妳丈夫談過嗎？」

來訪者：「他不會聽的。他不會的。」

諮詢師：「能問一下，妳和妳丈夫之間溝通不暢，是從一開始結婚時就開始了嗎？還是最近關係在不斷惡化？」

來訪者：「您這樣問，我覺得是有問題的。我就是有點事情沒處理好。他以前不會這樣，挺好的。」

（這是個可以繼續去跟進和挖掘的點，這是來訪者埋藏在心裡的一個情結，也是她久久學習心理學仍未能有效解決問題與釋懷的原因所在。我當時不打算在電話諮詢裡去深入挖掘。）

諮詢師：「剛才妳說妳覺得自己有點事情沒有處理好，能簡單說一下是什麼事情嗎？」

來訪者：「哎……反正……我也說不好。」

諮詢師：「好吧！可能某些事情或回憶妳暫時不想去碰觸。但如果要

回到我們一開始確定的諮詢目標，就是改變妳的孩子不愛上學的現狀，那麼我們要去一層一層揭開把事情藏在背後的面紗，這樣才不會只解決表面現象。我想妳和妳丈夫確實需要一起做一個家庭治療。」

來訪者：「我覺得他即使做了心理諮詢，也不能解決我的根本問題。」

諮詢師：「比如說？」

來訪者：「比如他動手打了我，明顯就是對我有愧疚的，你們會不會又是勸我去原諒他啊什麼的。」

諮詢師：「呵呵，不會這樣的。那種做法不是心理諮詢的做法。心理諮詢或治療要從根本上去找到問題的根源，比如剛才我問到妳的原生家庭有幾個孩子，後來並沒有繼續去挖掘妳丈夫的環境以及你們各自的成長歷史和空間。而你們一定存在一些糾結的點，導致你們的戰爭會升級。因為如果一個男人用動手的方法來解決問題，那麼他大多在成長過程中存在問題要去解決，就像你們現在的兒子。」

（這句話如果這樣表達會更妥一些：「我不知道以前妳做心理諮詢的情境是如何的，但我現在建議妳的是專業的心理諮詢，它不是一般的調解或勸架。」）

來訪者：「哦……我想我明白了一些。」

結語

與面對面的心理諮詢相比，電話諮詢無法有效捕捉到全部的非言語資

訊，另外，因時間所限，需要不斷調整諮詢目標。在目前的中國，一些心理諮詢機構會對打進來的電話有時間限制，十五分鐘、二十分鐘或三十分鐘，由於時間和空間的限制，在諮詢中需要不斷跟來訪者確認目標，並引導來訪者在放下電話後，會有一些具體的行動，包括他／她本人可以做些什麼，而哪些又需要藉助更專業的、更深層次的心理諮詢或冶療。

在這個個案中，來訪者的目標最初是解決兒子不願上學的問題，後來諮詢師具體到瞭解兒子不願上學的原因。在諮詢結束時，來訪者模糊地瞭解到兒子不願上學可能和自己的原生家庭有關，可能和夫妻關係有關，但具體的資訊並不清楚。可能放下電話後，來訪者心情沮喪和不知所措，因為她發現如果想讓兒子發生變化，自己要去梳理和原生家庭的關係，要去調整和丈夫的關係問題，而對她當下來說，這個任務過於宏大，無法讓她直接面對已經在上高二的兒子，她仍然不知道該如何與兒子溝通。

如果能夠重新做一次，在有時間限制的情況下，建議可以聚焦兒子不願上學的問題上，瞭解具體情況，就當下的狀況給出一些具體方向，讓來訪者放下電話時，可以有一些力量，可以有一些行動的方向。

❷ 兒子變了

來訪者：「請問這裡是心理諮詢熱線嗎？我有個心理困惑，能否在這裡講一下？」

諮詢師：「是的。是什麼事情，請講。」

來訪者：「我現在準備和丈夫離婚。」

諮詢師：「嗯，這是一件重大的事情。可能會涉及到很多方面的問題。」

來訪者：「是啊！我現在關注的是我的兒子，他現在四歲了，跟了他父親一段時間。他父親呢，只愛賭博，一天到晚在外面賭，孩子和家什麼都不管。我把兒子交給他來管，他還是到外面賭，他給我兒子零用錢自己去花，讓他自己愛買啥就去買啥。」

（聽起來完全是丈夫的問題。她在這裡稱呼丈夫用的都是間接稱呼「他父親」，說明了兩個人之間的隔閡感。另外，她在談及兒子時用了「我兒子」這個說法，似乎在內心裡已經排除了丈夫對兒子的所有權。）

諮詢師：「妳遇到的具體問題是什麼？」

（來訪者的話題一旦按照自己的情緒和思路打開，就不容易收住了。如果是長程療法，我們可以任由來訪者娓娓道來，從中充分體察出來訪者的主要問題。這裡是電話諮詢，由於時間關係，諮詢師需要聚焦。）

來訪者：「我現在遇到的問題是，我發現我兒子現在變了，脾氣、性格完全不一樣了。」

諮詢師：「妳很擔心？」

來訪者：「是的，我想這段時間和他爸爸單獨生活，給他造成了這樣的影響，還能改變回來嗎？」

諮詢師：「能說說妳的孩子現在脾氣如何變了？」

來訪者：「他現在不願意接近我，不和我撒嬌了。平時很少說話，一個小孩，整天有很多心事似的。」

諮詢師：「變得像大人一樣？」

來訪者：「對對。還容易發怒，對我有點不耐煩。他現在和他爸爸反而很親近的，不許別人說他爸爸的壞話。」

諮詢師：「不允許誰說他爸爸的壞話？說哪些壞話？」

來訪者：「就是我在他面前數落他爸爸，什麼都不管，不是個好東西。他就不願意聽，也不讓我說，過來捂我的嘴。」

諮詢師：「四歲的小孩子，他爸爸給他錢讓他隨意花，他可能認為那是個好爸爸。可能還有一些其他原因，現在我不太清楚。可以問一下，妳剛才提到讓孩子跟了他父親一段時間，具體情況是什麼？」

來訪者：「是這樣的，我是想把兒子交給他！……他爸爸又賭博，又搞外遇……我想把兒子交給他，讓兒子跟著他，需要他的照顧，也許他會改變，就會少賭點……」

諮詢師：「妳是說，妳想透過把孩子託付給他的方式，看他能不能自己改變？」

來訪者：「是的。」

諮詢師：「那麼妳離開孩子多久了呢？這期間有聯繫過嗎？」

來訪者：「一個月吧！我一次也沒有回過家。打過幾次電話。」

（用這樣的方式來達到讓對方轉變的目的，乍聽起來還是比較少見的。在一般情況下，很少有一個四歲孩子的母親敢冒這個險，而且可以在一個月的時間裡，能忍住不去看孩子。如果母親沒有跟孩子做一個很清楚的預告，很可能帶給孩子安全感的缺失。）

諮詢師：「那麼妳在一開始有沒有想到會造成這樣的後果呢？」

來訪者：「哎，我也確實沒想到會有這樣的後果。」

諮詢師：「還是說，妳知道會有一些變化，但當時沒想這麼多？」

來訪者：「對。是這樣。」

（我進一步確認了來訪者在對待孩子上存在一些失妥。從她的語氣中，聽出了她的內疚。諮詢師想要再次確認，來訪者是只需要處理她和孩子的互動，還是同時要處理和丈夫離婚的事情。）

諮詢師：「妳現在做好了準備，義無反顧地要和妳丈夫離婚是嗎？妳

做好準備承擔起任何結果了嗎？」

來訪者：「是的。我承擔得起任何後果。如果我離婚了，我就把孩子接到我身邊。現在問題是，我發現他脾氣變了很多，動不動就哭鬧，我感覺他心裡有種恐懼。」

（來訪者確認她主要是針對孩子的問題，看來來訪者對離婚本身已經不再糾結。來訪者用「他心裡有種恐懼」形容兒子的狀況，表現出她的敏銳力。只是，這是她自己的恐懼，還是孩子的恐懼？）

諮詢師：「妳感覺到他心裡有種恐懼？」

來訪者：「是的。我知道對他的影響已經有了，我想知道我還能做什麼，他還能好起來嗎？」

諮詢師：「聽起來妳很焦慮、很擔心。如果孩子只是像妳說的和他父親生活了一個月，目前的變化只是在情緒上和一些具體行為上，聽起來沒有什麼是不可逆的。妳不必過於焦慮。但妳所說的「好起來」是指什麼呢？是指他現在不好嗎？」

來訪者：「是啊！我不喜歡他現在像個小大人一樣擔心這擔心那的，我也不希望他維護他父親。」

諮詢師：「當孩子有足夠安全感時，他自然不會憂慮太多。如果妳上次在離開家之前，跟兒子有很好的一個預告，可能孩子現在就不會這樣惶恐不安。另外，兒子維護父親其實是一件好事。不論在妳眼裡丈夫是怎樣一個形象，他都是兒子的父親，是兒子力量的來源之一。兒子能夠看到父

親好的方面，對他自己、對妳都是有益的。妳其實不必耿耿於懷。」

來訪者：「是啊！我知道我自己也有問題。我自己以前常有一種莫名的火，包括對我丈夫那些火，我就愛往孩子身上發洩。」

諮詢師：「我聽到妳對自身在做反思，不僅是對孩子的，而且也包括對家庭的。」

來訪者：「是，是啊！哎⋯⋯。我丈夫有外遇我也有責任，對於孩子造成這樣我也有責任。我很內疚。」

諮詢師：「聽起來妳勇於承擔責任。但我不知道這是否是事實。由於時間緣故，我們的諮詢很快就要結束了。妳今天的焦點雖然在如何讓兒子的成長更健康，不受到影響，但在我們的探討過程中，妳發現自身也存在一些問題，也需要有一些改善，是嗎？」

來訪者：「是的（電話那邊長嘆一口氣）。」

諮詢師：「今後妳需要面對孩子成長的問題。在溝通中我發現妳有非常敏銳的感覺力，擅長反思，勇於承擔責任。這些方面都可以幫妳更好地建立母子關係。如果妳和妳丈夫真的離婚，那麼，妳有可能需要獨自撫養兒子。如何讓他更健康地成長，那是一個很大的功課。妳面臨兩件事：一件事是如何妥當地和孩子的父親建立新的關係並一起呵護孩子，另一件事是妳自己如何更好地調整心態，做一個心情愉快、情緒平和的媽媽，並且用這種情緒影響孩子。」

來訪者：「嗯，聽您說這些，我心裡有了一點底⋯⋯」

諮詢師：「希望妳順利。」

結語

　　表面上來訪者是在諮詢如何處理孩子內在的恐懼，其實是來訪者要處理自己內心的恐懼。只是，諮詢師未必一定要點透這一點才能達到諮詢效果，可以在來訪者的防禦水準之上開展諮詢。由於來訪者有較重的內疚心理，並且已經意識到自己的問題，所以諮詢師沒有再進一步用面質加重其內疚感。如果來訪者是一位缺乏反省力的來訪者，可以面質：「為了讓丈夫改變，妳把四歲的孩子做為工具，這樣的做法妥當嗎？」

❸ 不關心女兒離家出走的母親

諮詢師：付小東　督導：嚴文華

來訪者：「您好。怎麼稱呼您啊？」

　　（來訪者直接詢問對方姓名很少見。但這樣做的來訪者通常有比較強

勢和主動的特點。）

諮詢師：「我姓某某。您有什麼事？」

來訪者：「我是想問問我女兒是不是有什麼心理問題。」

諮詢師：「能說一說您女兒的情況嗎？」

來訪者：「我女兒今年十八歲了，最近幾年開始不聽話了，愛玩。」

諮詢師：「不聽話？是怎麼樣不聽話的呢？」（是否是青春期的叛逆？）

來訪者：「就是我對她的學業什麼的很關心，一批評她，她百分之二百不聽話，還是按照自己想的來，很倔強，我行我素。」

（來訪者只談到很一般的狀況，似乎仍然沒有說到關鍵問題，是由於沒有充分建立信任而不敢開口，還是對現象的錯誤判斷？）

諮詢師：「您剛才說您想知道她是不是有什麼心理問題，都有哪些比較典型的事情，讓您覺得她可能有心理問題呢？」

來訪者：「沒有啦，就是這個脾氣，一直以來都這麼倔強。上週四就離家出走了。現在三天了，一點音信都沒有。」

諮詢師：「她離家出走了？！」

（來訪者對女兒的離家出走，似乎有些不以為然，因為她到現在才順口提及這一點，也就是說，女兒離家出走不是這位母親的第一訴求，與一般的狀況不同。發生了什麼讓這位母親如此漠然？）

來訪者：「是啊！」

諮詢師：「您知道她的大概行蹤嗎？」

（用這些簡單的問題，現在我要體察一個母親的即時反應，從而去體會一種感情深度。也就是說，從這裡，諮詢焦點要轉移了。）

來訪者：「不清楚。」

諮詢師：「她是第一次離家出走嗎？家裡發生過什麼大事情嗎？」

來訪者：「沒發生過什麼事，我和她爸對她很好，我們的感情也不錯。可是離家出走，我女兒不是第一次了。以前也這樣過。」

（女兒離家出走已不是第一次，這是母親不為女兒擔心的原因嗎？即使這樣，母親的反應似乎也太淡定了。）

諮詢師：「那她離家出走的時候您是什麼心情呢？您當時都做了什麼？」

來訪者：「我就找啊！我到處打聽。」

諮詢師：「她真的一點音信都沒有？」

來訪者：「昨天她的一個很要好的同學打來電話，說她要出去打工。」

諮詢師：「那您覺得她是不是有可能在她同學那裡呢？」

來訪者：「不知道啊！誰知道啊？」

（這是真的嗎？如果換一個媽媽，可能就會衝到這個同學家去找，或者問更詳細的資訊。媽媽的情緒背後到底隱藏著什麼？）

諮詢師：「我覺得就您剛才所說的情況來看，還不至於達到有嚴重的心理問題的程度……我想讓您心裡著急的地方，可能在於如何改善與女兒

的溝通問題吧？」

來訪者：「是啊是啊！是我女兒脾氣倔強。我批評她、勸她，都不聽。」

諮詢師：「那您能對我模仿一下您平時是如何批評她的嗎？」

來訪者：「我就說，妳看妳，怎麼又這樣，怎麼又那樣。人家的孩子怎麼怎麼樣。妳應該怎麼怎麼樣。」

諮詢師：「這是您常用的批評語氣，而且常用其他家的孩子做比較，是嗎？」

來訪者：「不是，你聽我說。其實她一直就……」

（接下來她說了很多，但沒有明顯的反對意見或其他建設性資訊。來訪者用「不是」這樣的字眼來直接打斷我，而後面的話又長又說不到重點上，讓我感覺她是一個只在意自己、不在意別人、沒有耐心去聽別人的人。面對女兒，她是否也如此？）

諮詢師：「我能冒昧地問一句，在您和您丈夫之間，誰更強勢一些呢？」

（我沒有直接說她與她女兒的關係，而是找了另一個家庭成員來做個對比，這樣更容易讓她意識到問題所在。）

來訪者：「當然是我啊！」

諮詢師：「做為母親，面對不能理解自己苦心的女兒，一定很著急。」

來訪者：「嗯，我……嗯，我……」

（這幾句「嗯……嗯……」，有急著聽我把話講完並繼續插話的意思。面對她的「嗯」，諮詢師繼續說下去的慾望也不大了，因為不論諮詢師說什麼，她都不會聽進去的。她和女兒的溝通，不僅僅存在方式的問題，更存在溝通層面的問題。從前面她對女兒出走的反應，更展現出親情連結不夠深刻。）

諮詢師：「對於您一開始問我的問題，您女兒是否有什麼嚴重的心理問題，從您提供的資訊來看，答案是否定的。如果您更想解決女兒出走的問題或解決您和您女兒溝通的問題，下次和女兒見面相處的時候，試著談一談您女兒感興趣的話題。」

來訪者：「……你的意思是……？能說得更明白一點嗎？」

諮詢師：「我是說，您需要在與您女兒的溝通上，有更深層次的共鳴。如果她覺得家裡面沒有田園，那麼田園就在外面。」

結語

這位母親是中國母親的一個典型代表：孩子一旦出問題，認為原因出在孩子身上。雖然諮詢師發現問題是在母親身上，並且在諮詢結束時給了一點建議，但諮詢師沒有看到：母親打電話的目的是想證明自己沒有錯，在教育女兒方面，在孩子出走這件事情上，自己都沒有錯，並以此來減輕自己的焦慮。所以她的焦點不在女兒出走這件事情上，而在找出女兒的錯。而諮詢師的焦點在女兒出走這件事情上，所以她回答諮詢師的提問時

有些敷衍、不配合，很有可能沒有說出全部資訊。

她其實是要得到諮詢師的認可，對她教育方式的認可。她其實要得到諮詢師的免責確定：女兒出走不是妳的錯，而是她自己的問題。她打這個電話，可能會有兩個觸動點：一是她自己內心的焦慮太高，女兒出走後不斷想這件事情，可能隱約察覺到自己有問題，但又堅決把這個可能被打開的蓋子蓋上，因為她不知道這個蓋子掀開後，下面是否會露出一個無底洞，會吞噬掉過往這麼多年她的「好母親」形象；二是來自家人或環境對她的壓力。家人可能指責了她，要她為女兒的出走負責任。她需要一套來自專業人士的託辭說服家人，向家人證明她沒有錯。

想要撼動她的認知，可能會比較難。想要透過一次電話諮詢讓她意識到這一點，幾乎是不可能完成的任務。因為讓她意識到這一點就要撬動她的認知系統，而這對她是一個很大的威脅，她會有非常強烈的抵觸。對於這樣的個案，關注事實但不做評判，可能是一種較為柔和的方式。

❹ 好奇的少年

諮詢師：付小東　督導：嚴文華

來訪者：「請問是……是心理諮詢熱線嗎？」（很稚嫩而又有顧慮的聲音）

諮詢師：「是的，這裡的……心理諮詢熱線。」（等著來訪者繼續說）

來訪者：「我……這裡都能問些什麼事情呢？」

諮詢師：「和心理困惑有關的事情，我們都願意幫你解決。聽起來，你有一些事情想和別人講講是嗎？」

來訪者：「我問的問題，你們不會告訴別人吧？」

（如果是年齡較小的人，這是正常的擔心。因為他們不知道是否該相信。）

諮詢師：「當然，我們的諮詢原則之一就是為來訪者保密。」

來訪者：「那我說的是……我現在和一個女生……有過那方面的接觸。」

（來訪者用隱語來說這件事情，表示這件事情本身是他覺得說不出口的。越是這樣，越要確認。）

諮詢師：「什麼樣的接觸呢？」

來訪者：「她是我原來的鄰居。我們是因為一起看過那種成人的電影才有過那種接觸的。」

（透過這麼委婉的方式說出來，表示他其實知道自己是不該做這種事情的。）

諮詢師：「能告訴我你們都多大嗎？」

來訪者：「我十六歲了。她十二歲。」

諮詢師：「嗯，那你們的接觸，是像電影裡的成人那樣的嗎？」（謹慎地詢問究竟到哪種程度）

來訪者：「是的。」

諮詢師：「那你們發生的時候，會使用安全套嗎？是她自願的嗎？」

（在這裡，用這個問題，進一步確認他們是否發生了真正意義上的性關係，另外也可以弄明白他們的意識現狀、防護措施以及女孩的安全。但諮詢師的問題中，流露出一種道德判斷：如果是自願發生的性關係是可以的，如果是強迫發生的性關係就是不好的。這對來訪者來說是一種誤導。）

來訪者：「她是自願的，她也覺得好玩。我們沒有用那個套。不知怎麼去買。她叫我去買，我叫她去買，後來都沒去。」

（來訪者應該是帶著心中放下石頭的感覺來回答諮詢師的這個問題。他會覺得對方是自願的，這件事情就是正當的。）

諮詢師：「好的，那麼你面對這種情況，想向我諮詢哪些問題？」

（結合上下文，用「好的」這個詞會讓來訪者以為諮詢師肯定了他的做法。比較恰當的回應是：「謝謝你對我的信任，告訴我這些資訊。我聽到你對這件事情有一些興奮，但也有一些困惑，還有一些懷疑，你想跟我探討什麼問題？」）

來訪者：「就是……我不知該如何控制住？我怕她會懷孕。她會懷孕嗎？」

（不太清楚「控制住」具體是指什麼。可以和來訪者再確認一下。）

　　諮詢師：「當然有這個可能啊！現在正是男孩女孩發育期，她很有可能懷孕。你的擔心是對的。」

　　（諮詢師可以在情緒的層面給予來訪者共感：「我聽到你有很多擔心。你擔心她會懷孕。除了擔心這個，還擔心其他嗎？」從而讓來訪者有機會表達自己的情緒。等來訪者表達完擔心後，再具體一項一項討論。）

　　來訪者：「那可是……可是我就是控制不住……我怕有這個結果，但每次都忍不住在家裡等她來。」（這時，我覺得該用認知調整了。）

　　（這裡可以和來訪者探討「性」帶來的益處。）

　　諮詢師：「除了怕她懷孕，你覺得還會有其他不良後果嗎？」

　　（來訪者用的詞是「結果」，諮詢師用的是「後果」，展現了兩個人的不同價值觀。來訪者對「後果」，尤其是「不良後果」會有抵觸心理。）

　　來訪者：「……不知道。」

　　諮詢師：「那你想過她懷孕的後果嗎？」

　　來訪者：「沒有。」

　　（回答得很快，明顯有了阻抗，我頓時感覺到自己就是在用他的老師、他的家長慣用的方式在說教他。這樣的說教，即使用「後果」來阻止一個自律性不強的好奇少年，力度是不夠的。我打算透過問其他問題，慢慢找到其他方式。）

　　諮詢師：「好的，我們現在不談這個了。你現在學業……不，你平時

有其他的興趣愛好嗎？」

（如果我問他的學業，我意識到，他會認為我又要以影響學業來勸說他，這同樣是一個沒有任何觸動力的說教。）

來訪者：「嗯……喜歡看書，看球賽。」

諮詢師：「你很喜歡看球賽……那你喜歡哪個球星呢？」

來訪者：「當然是梅西了。」

諮詢師：「哦，我雖然不懂足球，但我聽說過他的名字，很多人都喜歡他呢！」

來訪者：「是啊！我要是那麼出名就好了……您還沒回答我的問題呢！我該怎麼辦呢？」

（來訪者很清楚要什麼。他試圖把諮詢師拉回來。）

諮詢師：「你也希望自己以後很出名嗎？這很好啊！現在我問你一個問題哦！」

來訪者：「您問吧！」

諮詢師：「你為什麼那麼希望自己以後出名呢？」

來訪者：「誰不希望自己以後成為大明星。可以有很多錢，可以……」

諮詢師：「可以辦很多事，想做啥就做啥對吧！」

來訪者：「對對。想做啥就做啥。」

諮詢師：「不像現在這樣，有很多顧慮，和你的小朋友在一起還要怕出什麼事，對吧？」

來訪者：「嘿嘿……」（他的笑聲一定以為我現在是和他「一夥」的。）

諮詢師：「那麼，比如你剛才說的梅西，他在出名之前，是每天專心鍛鍊？還是每天到處玩呢？要是他在出名之前，讓某個女孩懷孕了，然後被視為不良少年，沒有人願意做他的老師，也沒有學校收他，他還能成為現在的名人嗎？」

（這裡用了太多假設，而且都是行為不良的假設，大大削弱了說服力。來訪者可以有另外的假設：如果我沒有讓女孩懷孕，如果沒有人知道……那我還有機會成名。）

來訪者：「……」

諮詢師：「也就是說，你現在要是成天想著和你的小朋友一起，耽誤了學業，或者惹出什麼事，你以後出名的機會還大嗎？」

（這才是真正的說教啊！轉了一圈，諮詢師還是回到了這個點。）

來訪者：「……」

諮詢師：「你現在快接近成年了，要學習對自己的以後負責，而不是只顧現在，你說是吧？」

來訪者：「……哦……啊……嗯……」（他明顯聽進去了。）

諮詢師：「你以後是啥樣的，就把握在你手裡了，你知道自己以後該怎麼做了？」

來訪者：「……好吧！」

結語

　　這通電話諮詢中其實可以透過對話看出諮詢師的性別：男性。一方面，男性諮詢師可能更容易讓這個男性來訪者開口說自己性方面的困惑，另一方面，諮詢師的性別又影響了他看待問題的視角。

　　諮詢師的第五個問題是問來訪者那個女孩是不是自願的，這個問題的重要性其實沒有排到那麼前面。對十二歲的女孩來說，發生性關係是否是自願，十六歲的男孩都會構成強姦罪。當然，這是個法律問題。如果心理諮詢師不瞭解這一點，可以請來訪者自己去查。

　　來訪者關心的是對方是否會懷孕的問題，但諮詢師避而不答，最後回答的是「如果你想成名，你就不應該現在發生性關係」。諮詢師其實考慮到來訪者可能會對正面回答有阻抗，所以迂迴曲折，想把正確的想法不知不覺讓來訪者接受。這種策略其實是可以的，但在這個個案中，來訪者最關心的問題是和十二歲女生發生性關係可能產生的不良後果，這種迂迴沒有回答來訪者最關心的問題，也很難想像未來的成名期望會阻止這位少年享受現在的「性」福。

　　不清楚來訪者是否知道懷孕的基本常識、避孕的基本常識，如果他不知道，諮詢師和他的探討將會幫助他。另外，諮詢師可以和他直接探討如果女孩懷孕了會怎樣，如果女孩沒有懷孕會怎樣，讓他意識到懷孕並不是所有的最壞結果。也許諮詢師還可以和來訪者探討透過性關係他獲得了什麼。

諮詢師可以告訴來訪者他有權利探索愛、探索性，他的發育已經正常，會有性衝動，但性、愛和責任是同行的，他不可能只要其中的一部分而把其他拋開。同時建議他查詢相關的法律資訊。這些不是說教，這些是來訪者想要瞭解和探討的。其實這樣一次諮詢說不定會改變這個來訪者的行為。但目前的諮詢顯然沒有達到這個力度和深度。諮詢師從這個正題上轉開，從一個側面給出來訪者不要發生性關係的理由，其實迴避了來訪者想要瞭解的問題，沒有平等地對待來訪者。這是不是由於諮詢師不願意直接和來訪者探討性的問題？諮詢師是不是在諮詢中也產生了阻抗？這種阻抗是由於道德判斷，還是由於其他原因？諮詢師對過程的反思將是有意義的。

❺ 被人欺負的爸爸

諮詢師：付小東　督導：嚴文華

來訪者：「老師，我打這通電話，是有一個困惑。」

（來訪者沒有謹慎地詢問熱線相關情況，輕車熟路，直接拋出話題，

很有可能以前打過這個熱線。）

　　來訪者：「這個問題是關於我爸爸的。他呢，快六十歲了。但他老實內向，在外面總被別人欺負。」

　　諮詢師：「被人欺負是指？」

　　來訪者：「就是總是拿他開玩笑，說話也不尊重他，取笑他。不把他當回事。我覺得這和他性格有關吧！他比較內向，不善於交際。就是處理不好和別人的關係，這麼多年了一直都教不會。」

　　（「教不會」這個詞引起了我的注意。看來是做為女兒的來訪者或別人一直在以居高臨下的態度去教導他該如何去與別人交往？）

　　諮詢師：「教不會是指什麼呢？」

　　來訪者：「就是他一回來，我就教他，和他說：『你怎麼能這樣，不要再怎樣怎樣。』」

　　諮詢師：「那他是什麼反應呢？」

　　來訪者：「他就很強烈地反駁我：『得了得了，妳又來了。我知道了，別再煩我了。』」

　　諮詢師：「除了妳教他，還有別人教他嗎？」

　　來訪者：「我媽媽也會說他的。總是罵他：你就是怎樣怎樣。所以別人在外面也總取笑他，說他在家裡管不住老婆。他反駁別人，別人就罵他『港督』（註8）。」

　　諮詢師：「然後他什麼反應呢？」

來訪者：「他就不再繼續反駁了啊！就沉默了。」

諮詢師：「好的，那麼妳這次打電話的目的，就是想如何改變一下妳父親，不要讓他在外面被人欺負了是嗎？」

來訪者：「是的。」

諮詢師：「好。我能先問一下，在你們家裡，妳爸爸和妳媽媽之間，妳感覺誰更強勢一些呢？」

來訪者：「……應該是我媽媽。」

諮詢師：「那麼我再問一下，在妳現在的家庭裡，妳和妳老公，誰更強勢一些呢？」

來訪者：「是我。」

（透過來訪者一開始時所做的陳述，我其實在做一個家庭動力結構的假設。而來訪者對這個問題的回答一點猶豫都沒有，驗證了這個假設。）

諮詢師：「妳父親在他的原生家庭裡，就是在他原來的家裡，生活得如何？」

來訪者：「嗯，他在他原來的家裡就不太被重視。他的哥哥就是一直欺侮負著他長大的。」

（我並沒有挑明了問來訪者父親在原生家庭受重視的程度，但來訪者很敏銳地捕促到了我詢問的方向。由於電話諮詢的自身特性，不宜定位太深，故沒有就其父親的成長環境繼續挖掘。何況這種透過電話來訪者再來瞭解第三人的成長背景本身就存在易失客觀的危險。）

諮詢師：「我再問妳一個問題，妳覺得妳爸爸在外面被人欺侮，和他在原來家裡以及現在家裡的地位有什麼相似之處嗎？」

來訪者：「（幾秒鐘的停頓）老師，透過您剛才問的幾個問題，我似乎明白了什麼。但一時又說不出來。」

諮詢師：「我的問題圍繞著妳爸爸性格是怎樣養成的。就是他之所以出現與人交往上的受欺負，可能不是一種能否教會的『技術』和『技巧』，而是有著成長環境和家庭環境根源的性格或行為習慣。以他現在的年齡，再改變他的性格和行為習慣，有很大困難。不過妳如果能從更深的層次上理解妳父親這種性格的成因是什麼，也許可以更妥當地去考慮現在可以做什麼。」

來訪者：「嗯……」

諮詢師：「其實，妳爸爸在外面和在家裡的地位是類似的。也許他習慣了和別人以那樣的方式進行交往，也許他不習慣，但他自己也不知如何改變。妳確認他想做出改變嗎？」

來訪者：「這個……他肯定不舒服吧？」

諮詢師：「這是個還沒有得到求證的問題，需要妳去弄明白。也許他並不覺得不舒服。如果是相反的情況，我們才來幫他進行改變，妳覺得呢？」

來訪者：「……那如果我們確實想改變他，幫他改變，他自己也想改變一下，該怎麼辦？」

諮詢師：「我們現在回過頭來想，妳剛才用『教他』這個詞的時候，有沒有覺得這個詞更適用於大人對小孩，或老師對學生的情況？」

來訪者：「哦……」

（來訪者迅速領悟到了一種「場」的失衡，那一聲首肯似乎包含了比我更深刻的體悟。）

諮詢師：「我發現妳的領悟力很強，感覺到妳學過一些心理學的知識，是嗎？」

來訪者：「是，我對心理學滿感興趣的。」

諮詢師：「那麼我們再回來看妳爸爸的情況。首先，妳們給他的建議都是為了他好，或者在妳們看來是為了他好，是嗎？」

來訪者：「是啊！」

（很認同的語氣，表示來訪者一直不明白，為什麼對她父親好的事情就不能奏效呢？這就是家庭溝通裡常見的一個奇怪的地方或是盲點：我們為了某人好而希望對方接受我們的想法，結果卻被拒於千里之外；於是我們會用更強硬的方式去施壓對方，對方首先反感內容，更反感這種強硬的方式，結果弄得雙方關係更加糟糕……）

諮詢師：「可是對他好的建議他卻聽不進去，問題出在哪裡呢？」

（我找出這個奇怪的地方的問題點，並稍加停頓，希望來訪者能更清晰地看到她真正面對的，彷彿她一開始以為她面臨一個泥沼無能為力，而當她移開步伐，卻發現可以繞道而行。）

諮詢師：「那我們再返回來，剛才似乎妳已經領悟到，妳們一直在『教』你父親，這種方式，是否會讓他有一種不被尊重的感覺？」

來訪者：「確實有一點。」

諮詢師：「如果這種姿態或地位的失衡在家裡變成一種順理成章的常態，從來沒有學會去保持並維護自己的尊嚴，那麼他是否會在外面繼續保持同樣的狀態？」

來訪者：「……嗯……」

（我停頓下來，給來訪者十幾秒鐘的時間。）

諮詢師：「如果我來舉個例子，也許妳會更加理解問題出在哪裡，同時也可能學會用新的方式去解決問題和改善現狀。例如，妳父親在外面遇事不順，妳和妳媽媽過去的方式是在他回到家後再次責怪他。而現在，妳們可以試著不去責怪他，而是表揚他做得好的方面，讓他有機會自由地、自信地表達自己的想法。時間久了，他可以學會如何在家人之間表達自己，慢慢地，他可以把這種表達能力運用在別人身上。但這種變化可能是一個緩慢的過程。」

來訪者：「哦……」

諮詢師：「我想，妳應該清楚了，父親的改變不是他一個人的改變，而是整個家庭成員互動的改變。這個過程並不容易，因為需要妳和妳媽媽在其中做改變，妳們要允許父親成為一個表達自己的人。當然，如果妳父親本人已經習慣這樣的方式，他本人不需要也不希望有什麼改變，妳也要

尊重他的想法。」

來訪者：「嗯，您這麼一說，我覺得很有道理，讓我回去好好想一下吧！」

結語

在社會化過程中，父母對孩子的個性養成有著重要的潛移默化作用。而當子女長大成人後，他們又會有一個反哺的過程，把他們所接受的新理論、新知識、新的價值觀傳遞給父母。

在這個個案中，當事人顯然是一個非常有責任心的、非常愛父親的女兒，她不滿意父親的一些為人處事方式，試圖改變他。這本身並沒有什麼錯。但諮詢師需要把握的是：當事人的父親是否有改變的意願？塑造一個新的父親的形象，是出於父親的本願，還是當事人為了自己的形象和面子？從目前的資訊中看不到答案。

有意思的是，從這位當事人的描述中，可以看到在家庭中，女兒和媽媽是站在同一條戰線上，而爸爸似乎是孤軍奮戰。一方面，當事人和她媽媽會抱怨、責備和批評父親的懦弱、沒有技巧，另一方面，她們又用自己的強勢只允許父親表現出懦弱、無力反駁的形象。也就是說，她們滋生了這個形象，但又對這個形象不滿。她們只想改變對方，但沒有看到自己在其中的塑造作用。真正有挑戰性的，不是讓父親改變，而是當事人自己的改變。爸爸是先被家人欺負了，才被外人欺負的。所以，從家裡調整，是

一條可行的路。只是，做為存在幾十年的家庭互動模式，改變起來並非易事。還有一點也需要提及，在諮詢過程中，諮詢師從頭說教到尾，諮詢師的話要比來訪者多很多，好像在諮詢師和來訪者之間重演了來訪者與其父親的互動。是什麼讓諮詢師一改自己的風格，從傾聽為主變為侃侃而談？是否諮詢師過快地站到了替父親辯護和維權的角色裡？這種平行現象也是值得討論的。

　　註8：上海話，比「傻瓜」更具有侮辱性些。但有時不同語境下可能褒貶程度不同。

三

◎ 該如何做出症狀的判斷？◎

❶ 我是不是得了精神分裂症？

諮詢師：付小東　督導：嚴文華

來訪者：「能問一下這裡是心理諮詢的地方嗎？」

諮詢師：「是的。」

來訪者：「哦，那我想問一下精神分裂症是什麼？」

諮詢師：「能知道妳為什麼要問這個問題嗎？」

來訪者：「我最近心裡總是想著別人是怎麼看我的。我老是在想別人是不是在說自己？」

諮詢師：「妳想著別人會怎樣說妳？」

來訪者：「我感覺別人總認為我的行為很猥瑣。」

諮詢師：「為什麼會是猥瑣呢？」

來訪者：「我也不知道。我就是上課時自己的身體是一動一動的，老是坐不住。我就想別人是不是又在看我，在罵我。」

諮詢師：「好。那麼妳這次打電話來，就是想弄清楚妳是否是精神分裂症是嗎？」

（這句話其實是非常強烈的。但因為來訪者開口就問這個問題，表示直接切入這一點是可以的。）

來訪者：「嗯，是的。」

諮詢師：「我們先來看一看具體情況好嗎？妳說妳上課時身體一動一動的，是怎麼樣動？」

（諮詢師透過澄清式詢問，來瞭解真實的情況是如何的。）

來訪者：「我就是坐在那裡，身體稍一前傾，就怕後面的人或者旁邊的人說我猥瑣，或者罵我不要臉。我也知道這都是我自己想出來的，但就是禁不住要去想。」

（來訪者有非常清楚的界定，「這些並沒有真的發生，都是我自己想出來的」，從這個描述中基本可以排除精神分裂症的可能性。精神分裂症的當事人典型的描述是：「我坐在那裡身體稍一前傾，後面或旁邊的人就說我猥瑣，或者罵我不要臉。我一回過頭去他們就裝作什麼都沒有發生，但只要我一動，他們馬上會說我。」精神分裂症的當事人分不清現實與想像。諮詢師向她解釋了這一點。但是，來訪者居然用「猥瑣」和「不要臉」

這樣的詞來表達，說明其自我評價很低。為什麼會這樣呢？聽聲音她非常年輕。）

　　諮詢師：「能告訴我妳現在讀幾年級？」

　　來訪者：「我現在是高一。我現在不和父母住在一塊兒。」

　　諮詢師：「從什麼時候開始妳有這樣的想法呢？」

　　來訪者：「從上了高一開始吧！」

　　諮詢師：「妳初中時候是和父母住一起的嗎？」

　　來訪者：「是的。我初中三年都過得很快樂啊！不知為什麼現在是這個樣子。我現在是在外面租房子。」

　　（從時間上看，現在是高一的下學期，來訪者是否已完成對高中生活的適應？她主動提到「我現在不和父母住一塊兒」引起了諮詢師的警覺。這當中發生了什麼？和她目前的狀況有什麼關聯？）

　　諮詢師：「自從上了高一，都發生了什麼事情讓妳不高興，或感覺是嚴重刺激了妳？」

　　來訪者：「剛升上高一的前兩週感覺還不錯。但後來有一個同學說我很自戀。從那開始我就很注意自己的行為舉止，生怕自己的哪些動作又被別人評價，或被別人罵。」

　　諮詢師：「那妳總覺得別人會評價妳，會罵妳，妳覺得事實上他們有那樣做嗎？」

　　來訪者：「我也覺得他們不會。」

諮詢師：「比如我們說，如果妳旁邊有位同學上課時好動，妳會去說他猥瑣嗎？」

來訪者：「不會。」

諮詢師：「那麼別人為什麼會來罵妳呢？」

來訪者：「……」

諮詢師：「回到一開始的話題，妳為什麼會覺得自己的這種狀態會是『精神分裂症』呢？這個詞是從哪裡得來的？」

來訪者：「我看到電視節目裡面有個孩子，老是幻想著別人在說他，在評價他，但事實上又不存在。我就感覺我現在和他的情況差不多，就覺得自己會不會也是精神分裂症呢？」

（本來對號入座的事情在很多人身上都會發生，但選這個人來對號入座，是因為她內在的不確定感。她在內心裡總是評價自己，所以會覺得別人在評價她。）

諮詢師：「希望我剛才的解釋能夠讓妳放輕鬆，沒有什麼心理負擔。」

來訪者：「我覺得有一塊石頭落地了。可是，還有一些石頭在那裡。」

諮詢師：「妳願意談一下還有哪些石頭嗎？」

來訪者：「嗯……我父親脾氣不好。他一直喝酒，然後就發脾氣，還打人。」

諮詢師：「發脾氣最嚴重的一次是什麼樣子呢？」

來訪者：「他打了我。打在我臉上。」

諮詢師：「什麼時候？妳多大的時候？」

來訪者：「那個時候是……初中，應該是十五、六歲的時候吧！但我覺得他打是對我好。因為我一直對他不好，他應該打我。他那次打了我以後，我對他態度好多了。」

（從來訪者電話中的語氣感覺，她的性格不像是逆來順受的風格，在一些是非的評價上也有一些基本的客觀性。從這些線索來看，她認為「父親打她是對的」也許不能全部歸為她人格中的懦弱。需要確認一下原因。）

諮詢師：「能說一下他那次為什麼打妳嗎？」

來訪者：「……反正就是……反正就是不高興的事唄……（沉默）」

諮詢師：「聽起來，妳不太願意談及或想起這些事情是嗎？」

來訪者：「是的，我不想說。我初中三年過得很快樂啊！我已經不去想那些了。」

諮詢師：「嗯，可以理解。在電話諮詢中我們有時只能做有限的探索，我完全尊重妳的決定，妳完全有權利決定是否說這些事情。只是我有一個感覺，在妳的成長經歷中，有一些妳不願觸及的東西，雖然妳已經不去想了，但它們都留在妳的潛意識裡面，而且帶著很多不良情緒。我建議妳有機會透過心理諮詢處理一下這些問題和情緒。」

來訪者：「哦。」

諮詢師：「希望妳能有一個愉快而順利的高中時代。」

結語

由於是電話諮詢，只能透過聲音溝通，在短時間內和來訪者建立信任關係的難度較大。這位來訪者處於比較謹慎的狀態。諮詢師沒有鼓勵來訪者進一步深挖，而是在其不願觸及時表示理解，並幫助其完成閉合，只是種下一粒小小的種子，讓她在機會合適時尋求專業幫助。

之所以這樣處理，有以下方面的考量：電話諮詢的時間有限，但來訪者的故事可能很長，不僅會觸及到她和父親的關係、她和家庭的關係，而且有可能需要處理家庭暴力和自我評價低的問題。這些都是需要花時間的，諮詢師評估了一下，在短時間內無法完成這些。

如果讓來訪者觸及那些傷痛後來不及處理就要結束電話諮詢，這樣的做法對來訪者是不公平的。就這個個案而言，來訪者最關注的「我是不是精神分裂症」這個問題已經得到了回答，基本的諮詢目標已經達到，諮詢可以告一段落。熱線電話諮詢適合做的是針對具體問題、目標明確的個案，較難完成那些巨大的人生命題。

來訪者是個內心有非常不確定感的人，如果由於時間壓力，諮詢師過於急躁地處理和干預，試圖改變其認知，在表達上不是特別精準，效果可能比不做諮詢還糟糕，因為來訪者可能會鑽在諮詢師的某句話中走不出來。

❷ 真的是神經症嗎？

諮詢師：付小東　督導：嚴文華

來訪者：「喂，是心理諮詢室吧？」

（來訪者語速較快，沒有什麼顧慮，亦或者心情比較急切。但這樣的語速和直接似乎又有些不妥當的地方。）

諮詢師：「是的。」

來訪者：「那我有件事想諮詢一下。就是我最近老覺得自己有些不對勁的地方。」

（切入主題很快，未做任何鋪墊和試探。）

諮詢師：「有什麼不對勁的地方呢？」

來訪者：「就是我老覺得自己想太多了。」

諮詢師：「想得太多？是什麼具體情況呢？」

來訪者：「我總是覺得別人在想我的事。也不知是怎麼回事，我知道別人可能並沒有在想我的事，但我還是覺得⋯⋯哎⋯⋯」（來訪者自己也感覺表述不清）

諮詢師：「沒關係，慢慢說。你可以舉一兩件事來說明一下。」

來訪者：「嗯……我白天上班的時候，坐在位置上，我就老懷疑周圍的同事們是不是在看著我，對我產生了什麼看法，或偷偷議論我。」

諮詢師：「是偶爾會產生這樣的想法，還是一坐在位置上就有這樣的想法？」

來訪者：「每當我坐在座位上，後面的同事一咳，我就禁不住回頭看。我想看他們是否是在咳自己。」

諮詢師：「你覺得他們的『咳』是有其他意義的，對嗎？」

來訪者：「是的。也不僅是咳的時候，一有動靜的時候，或者小聲說話的時候，我都懷疑他們是否在談論我，是否在笑話我，或和自己有關的什麼事；我都要禁不住回頭看。」

（來訪者的想法有「多疑」的表現，而與後面的動作又有「強迫」的表現。）

諮詢師：「你的苦惱在於自己要禁不住這樣想，同時回頭看是嗎？」

來訪者：「對啊！就是。」

諮詢師：「你剛才說，你也知道他們其實並不是真的在議論你，是這樣嗎？」

來訪者：「對的。我心裡頭明白那其實和自己無關，而且現在這種現象越來越嚴重了。你說這究竟是怎麼回事呢？」

諮詢師：「嗯，可是我還是要多問一些情況。你今年多大了？」

來訪者：「我現在二十五歲，剛來上海工作兩個月。」

諮詢師：「根據你說的情況，我覺得有神經症的表現。但還不能確認，因為我需要瞭解更多的資訊。」

來訪者：「……要不你就說，這種事情怎麼解決就好了。」

諮詢師：「我們得弄明白事情的起因，才能去解決。我可能要問你一些成長經歷。」

（來訪者明顯有些不耐煩了，所以我沒有直接切入，而是做個鋪墊，看對方的反應。）

來訪者：「……以前的事和這個有關嗎？」

諮詢師：「你以前有沒有過這樣的時候呢？」

來訪者：「我在上一段工作中得過焦慮症，後來去就診過，建議我換個壓力小的工作。現在工作壓力小了，但是還是出現問題了。」

諮詢師：「這種焦慮一直沒解決，於是以這種方式再次出現了。當時你焦慮的具體情況是什麼呢？醫生還有沒有給你其他建議呢？」

（側面打聽醫生的判斷以及來訪者當時的情況。）

來訪者：「哎呀，你就別問那麼多了。你就說我這種情況該怎麼辦吧！」

諮詢師：「……（一時語塞，面對直接要答案的來訪者，決定直接給予一定的回覆。）你的心情我很理解，就你剛才所說的情況來看，你的情況有著焦慮表症的基礎。（不論焦慮、強迫還是多疑，都有著共同的「焦慮」情緒。）」

來訪者：「那……我要的是想知道怎麼辦。」

諮詢師：「初步判斷，你的表現是一種神經症，和你以前的『焦慮症』有著關聯，所以，你還是必須去心理諮詢室做專業的治療才對。」

來訪者：「哎，不就還是讓我去看諮詢師嘛！無非是讓我減輕壓力什麼的。」

諮詢師：「也許上次諮詢沒有解決你的問題，所以你會比較急著要快速的解決辦法。」

來訪者：「難道沒有嗎？還是你們不能解決？你就別磨蹭了，直接告訴我是啥問題，我該怎麼辦就行了。」

諮詢師：「讓我打個比方，如果我們的皮膚上有了一道傷痕，你覺得是去醫院做一個徹底的消炎修復好，還是拿東西把那塊皮膚蓋住，看起來像好的一樣，你覺得哪種做法對你來說比較好？」

來訪者：「……」

諮詢師：「所以你明白我說的話了，心理問題的治癒不是仙丹妙藥，吹一口氣就好了。對你的情況，有可能要深入到成長經歷的分析……」

來訪者：「我初中的時候被小地痞搶過錢……不過是很久以前的事了。我一開始沒和家裡人說，後來我說了。可是這些事情都過去好多年了啊！現在都不想了。這有什麼關係呢？」

諮詢師：「那我說得更明白一點吧！說一種可能性。比如，你現在的焦慮情緒，就和你在被搶的時候，或者被搶之後的情緒，比如怕繼續發生

同樣的事，或者擔心別人笑話你，這是同一種情緒。」

來訪者：「……」

（來訪者有了難得的安靜，他在思考。也許這種病因與症狀的連結，讓來訪者得到了暫時的平靜。因為他理解了自己。到這裡，我也有些領悟，來訪者不具備充分配合電話諮詢的情緒，更多時候，是他們不能理解自己。）

來訪者：「那你建議我該如何呢？你們在哪裡？有面詢嗎？我想來。」

諮詢師告之。電話諮詢結束。

結語

這個個案看起來比較簡單，但它考驗的是諮詢師的診斷功底和定力。當事人描述的似乎是典型症狀，所以諮詢師比較自信地給出了「神經症」的診斷，反正不管是焦慮症還是強迫症，都屬於神經症。新手能夠擁有這種自信有時是好的，有時可能會比沒有自信錯得更離譜。

症狀的診斷，通常需要瞭解時間、具體情況、發展變化、對當事人社會功能的影響等等，而這裡，諮詢師並沒有花時間和精力去做這些工作，所以並不瞭解當事人這種情緒出現了多久、具體表現及頻率、越來越嚴重是怎樣的、是否還能正常工作和生活等等，也並不瞭解之前焦慮症的診斷是誰做出的、是否正確、是否採用過治療等等，這有可能帶來錯誤的診斷。

在這個個案中，關鍵一點是要明確當事人的現實能力，即他是否能夠

區分出別人是真的在針對他，還只是「感覺上」別人可能針對他。

但諮詢師用「你也知道他們其實並不是在真的議論你」代替當事人做了判斷，非常主觀地認為當事人沒有出現幻覺和幻聽。但真相是什麼並不清楚。儘管當事人說了句「我知道別人可能並沒有在想我的事」，但這些關鍵點還是需要細緻確認。從當事人的語氣來看，他對諮詢師一直沒有信任感——他的症狀也使得他非常難和別人建立信任，所以他在多大程度上說出真實也並不清楚。諮詢師要有這個敏銳性，在關鍵點上定住。如果當事人真的有幻覺和幻聽存在，就不僅僅是神經症這樣輕微的心理疾病了。

另外，在諮詢中收集資訊時有非常重要的一些原則，如在空間上先近後遠，在時間上先當下再過去，而在這個個案中，諮詢師沒有瞭解清楚近期的、當下的資訊，就直接跳到另外的時空中，有太跳躍。對這個當事人來說，他會因此心生防禦，有了更大的抵觸。由於諮詢師診斷過早，在後半段的諮詢中，諮詢沒有任何實質性的進展，基本是當事人控制著場面，牽著諮詢師在跑，諮詢師只能被動地跟著。

其實，在最開始接觸當事人時，諮詢時就要有一種敏銳性：這位當事人很難信任別人，他控制別人的力量很強大。在互動中諮詢師要有自己的立場和定位。另外，諮詢師要瞭解一點：根據 2013 年 5 月 1 日起施行的《中華人民共和國精神衛生法》第 23 條規定，心理諮詢人員不得從事心理治療或者精神障礙的診斷、治療。心理諮詢人員發現接受諮詢的人員可能患有精神障礙的，應當建議其到符合本法規定的醫療機構就診。在這個個案中，諮詢師是沒有權利做診斷的。

四 電話熱線的影視分析

❶ 防止自殺電話熱線怎樣開展工作？

　　下面藉對第八十七屆奧斯卡最佳真人短片《自殺熱線》（The Phone Call）的電影分析，展現危機電話諮詢可以怎樣做。儘管影片只有短短的十幾分鐘，但我還是把它分成四個階段來闡述。

❷ 和當事人的初步接觸

影片一開始是一個平凡的女子在街頭車站看書的鏡頭。周圍的人來來往往，她專注在書裡，彷彿感覺不到任何冬日的寒冷。接下來的鏡頭轉入室內：一間非常普通的辦公室，一張非常簡樸的辦公桌。桌上放著一部電話機、一本本子、一支筆，還有一盞檯燈。就是這麼簡單的設施。能夠挽救人們生命的，不是靠設施，而是靠人。

先響起的是一個男聲，一個正在接電話的男子。從他的角度看到那位讀書的女子走進來，脫掉外套，脫掉手套，拿下帽子，準備工作。

電話鈴響起。女子整理一下自己的頭髮，讓自己進入工作狀態。當第三聲電話鈴響起時，她馬上抓起電話，帶著穩定而飽滿的情緒說：「您好！這裡是危機中心，請問有什麼可以幫助您？」電話鈴響三聲再接起，這是一種專業性的表現，給打電話的人和接電話的人都留一定的準備時間。太快，有時會嚇對方一跳，太慢，對方有可能會失去打電話的勇氣，掛掉電話。

電話裡傳來一個男子的喘息聲，但沒有回答。女子說：「您好！我叫海瑟。」把自己主動介紹給對方，讓對方有信任感。

對方仍然沒有說話，海瑟接著說：「我可以幫上忙嗎？」對方有喘息，但仍沒有開口。海瑟接著說：「我知道有時候很難開口，在壓力大或不開心的時候，很難開口。」

電話裡傳來一個男子的哭聲。海瑟的眉頭皺了一下，仍然用溫和的語氣說：「聽起來您現在很不開心，非常不開心。」然後她停下來，等了一

下，然後有些遲疑地說：「您……願意和我分享您的事情嗎？」

　　男子的抽泣聲之後，說了一句話：「我試試看。」這是他說的第一句話。

　　海瑟耐心的等待終於讓他可以開口說自己了。電話被接通時，當事人心頭可能湧起各種複雜情感，而且強度很大。現在，那股巨大的情感已被稍微平復。

　　海瑟微微笑了一下，她的聲音也帶了微笑：「好的。」她對著電話點點頭，似乎那個人看得見。「可以讓我知道您的名字嗎？」她帶著笑意非常自然地問。知道名字是危機溝通中重要的一環。

　　「斯坦雷。」男子說。

　　「您好，斯坦。」海瑟問候道。這是一次重新的問候，這是雙方都知道名字之後的正式問候。這是非常重要的信任關係的建立。與此同時，海瑟把電話從右手換到左手，拿起筆在本子上寫下了斯坦的名字。寫下名字是非常重要的，不僅僅是記錄，更重要的是讓自己在談話中可以隨時看到，不時地稱呼對方的名字。

　　「我可以叫您斯坦嗎？」海瑟自然地問。利用名字縮短彼此的心理距離，這是非常重要的。

　　「當然可以。」對方答道。可以聽出對方是位老人。

　　「很好，我們現在知道彼此的名字了。」

　　「對。」可以聽出斯坦已平復了自己的情緒，開始對海瑟做出越來越

多的回應。老人清嗓子。海瑟安靜地等待。然後她開口道：「斯坦，我會整晚都在這裡，您不用急，慢慢來。」很多打通電話的人會有時間緊迫感。海瑟適時地安慰對方。

斯坦長長地嘆了一口氣，但沒有說話。「斯坦，可以告訴我是什麼讓您覺得很困難？」

這次斯坦很快回應了：「害怕。」很重的呼吸。

「是什麼讓您害怕？」海瑟平和地問道。

「我不能告訴妳。」斯坦馬上拒絕。

「好吧！」海瑟尊重他的決定。然後說：「有時候當我們害怕某些東西時，我們跟其他人說說，就不會那麼害怕了。」

「是的，我知道，但我不能告訴妳。」斯坦非常明確地說。

「沒關係，這需要時間，是嗎？」

「不管怎樣，都太遲了。事情已發生了。」斯坦有些決絕地說。

海瑟的眉頭皺了一下：「斯坦，『事情已經發生』是什麼意思？」老人沒回答。海瑟頓了頓又補了一句：「您是不是覺得對您來說最近很艱難？」因為她覺得斯坦不一定會直接告訴她發生了什麼，但她可以從側面去瞭解。

「是的，沒錯，很艱難。是的。是的。」老人很快回答了後面一個問題。然後吞個口水後接著說：「不只最近，已經兩年了。」然後是一陣嗚咽：「兩年前，那是兩年前⋯⋯」

「斯坦，兩年前發生了什麼？」老人沒有回答。「您以前給我們打過電話嗎？」海瑟嘗試去猜測。

「沒有。」老人否定。

「您確定嗎？」海瑟問。

「我確定。」喘息聲。

「好吧！」有一陣沉默，只能聽見老人的喘息聲。海瑟開口：「斯坦，讓我們回到剛才的話題上。您說的『事情已經發生』是什麼意思？」

老人有些急地搶她的話：「不，我不能告訴妳。妳們會追蹤我的電話。我不想讓妳們這樣做，我要掛電話了。」

「不，不，斯坦，別掛，我們從不追蹤電話。我們從不這樣做。」海瑟焦急地說。

「妳確定嗎？」

「是的。我保證。我們從不追蹤電話，我們只是給身處困境的人提供幫助。我不會做任何違背您意願的事情。好嗎？」

「好的。抱歉，妳叫什麼？」

「海瑟。您記住了嗎？」

「記住了。抱歉。」

「不用抱歉。」

到這裡為止，海瑟已和當事人進行了初步接觸，瞭解到這位當事人非常需要幫助，因為他不停地在哭，但他非常防禦，不願意說很多，隨時可

能掛掉電話。海瑟只能透過向他解釋和承諾工作規則來得到繼續溝通的機會。

❸ 和當事人深入溝通

「無論兩年前發生了什麼，聽起來那讓您很痛苦。」海瑟用具有安撫性的聲音說。

「是的，是的，很痛苦。」老人很重地呼吸著。再次爆發出一陣哭聲，「我失去了瓊，失去了瓊。」像孩子那樣無助的哭著。

「瓊是誰？」海瑟低聲而溫和地問。

「我的妻子。天啊！」那個名字打開了痛苦的回憶的閘門。

「我聽出您有很多痛苦。謝謝您和我分享這些。」海瑟的聲音具有安撫性。「斯坦，之前您提到您很害怕，您害怕什麼？」

老人的哭聲再次響起，像個無助的孩子：「我感到如此……如此絕望……」

「斯坦您說您感到很絕望。」海瑟重複著。

「是的，我之前很絕望。現在我冷靜很多了。」

「斯坦，是什麼讓您冷靜下來？」

老人正在平復自己的哭泣，沒有回答。

「斯坦，是什麼讓您冷靜下來？」海瑟重複著。海瑟一直在運用重複技術。對老人和處於危機中的人，重複是非常重要的。「有些日子太糟糕，會讓我們覺得非常絕望。我們有時會做一些平時不會去做的傻事。」海瑟低語道，她不想驚擾到老人，不想嚇壞老人。只是緩慢而有耐心地接近他。

「我知道，我知道。但我……但我……我沒有辦法，……沒辦法。沒有了瓊我無法再走下去。」

從已有的資訊中，海瑟已能夠勾勒出主線：一位老人因老伴兩年前去世而陷入憂鬱，最終選擇自殺。老人說的資訊不多，但很重要。海瑟的引導和耐心非常重要。

❹ 危機的評估和處理

沉默了片刻之後，海瑟似乎下了決心，她揚起眉頭清晰地問：「您是

不是吃了藥？」

老人遲疑和猶豫地應道：「嗯……嗯……是的，我吃了藥。」

海瑟抬頭看牆上的鐘，六點五十四分。時間就是生命。她轉頭看同事，同時正在查資料、打電話，顯然幫不上她的忙。她語氣平靜地說：「好的。斯坦，您吃了什麼藥？」她開始關注事實。

老人猶豫著，海瑟再次叫老人的名字。老人說：「抗憂鬱藥，醫生開給我的。」

「您吃了多少？」

「很多很多，遠遠超過必要的量。」

「您能準確地記得您是什麼時間吃的嗎？」海瑟下意識地又抬頭看了一眼鐘。

老人遲疑著。「試著回想一下吧！」海瑟勸說道。

「大概一個小時前。」老人終於說。

「您現在感覺怎麼樣？」

「非常冷靜，非常冷靜。我覺得藥效開始起作用了……只是有些害怕。」

「害怕您做了一個錯誤的決定嗎？」海瑟用了面質。

「不，害怕在人生的最終時刻我只是一個人。妳能一直在那裡嗎？」老人的聲音大起來，帶著請求。

「我在這裡我在這裡。」海瑟安撫道。「斯坦，如果您能告訴我地址，

我可以幫您叫一輛救護車。您可以得到治療，然後我們還可以繼續談話。」
海瑟開始描畫如果老人得到及時救助的場景。

「不不不不不。」

「我們可以來紓解你現在糟糕的情緒。」海瑟繼續勸解。

「不不不。」

「我們可以做到的。」

「不，沒有瓊就做不到。我告訴過妳了。」

「非常感謝，妳是個好人。但我知道對我來說這是正確的做法。我已經考慮兩年了，我等待過了，我想過了，這是唯一的方法，唯一的辦法。」老人思路非常清晰。他感謝海瑟，但他堅持自己的做法。

「斯坦，還有其他家人嗎？有孩子嗎？」聽到老人固執己見，海瑟轉移了話題，從其他家人的角度來問。也許家人可以激起老人生的希望，也許可以聯繫家人。

「是的。有一個女兒。」

「她叫什麼名字？」

「茉莉。」

「這是二十五年前的事情了。她生下來就沒有氣了。瓊和她埋在一起。」

「這對您來說很難。」有一絲傷痛滑過海瑟的眼睛。

「我每星期都會帶著花去看她們。我們後來再也沒有懷上過孩子。」

「這真的很難。」

「是的，尤其是對瓊來說更難。」

「當然。」

「對瓊來說更難。」老人喃喃道。

海瑟又看了一眼鐘。又是幾分鐘過去了。「跟我說說瓊，你們在一起喜歡做什麼？」從家人那裡打開突破口的可能性不存在了。女兒的資訊只會讓老人陷入更深的哀傷中。海瑟自己也被老人的悲傷和絕望感染，她的眼睛濕潤，鼻子變得紅紅的。但另一方面，海瑟仍然想著如何更好地幫助老人。她決定另外再開一個窗，問老人他和瓊的相處。那應該是甜蜜的、有力量的、溫暖的。如果老人藉此能說出更多的資訊，那很好。如果不能，那至少也會讓老人臨終前有美好的回憶。

「我們結婚三十一年了。我們忠於彼此，相互照顧。我在屋子外做活，種了一圈玫瑰。她做兼職，是巴斯頓之家的義工。」

聽到最後一句，海瑟的目光往對面的檔櫃掃了掃。「聽起來她是一位心地善良的女士。」

「是的，她是的，她是的。她真的心腸很好。她真的很關心別人。」一提到她，老人又像個孩子一樣嗚咽起來。

海瑟站起身，拿著電話去檔櫃那裡查找資料。

老人繼續說：「所以我們失去小茉莉時對她來說尤為艱難。可是我們撐過來了。但接著她得了乳腺癌，她得接受那些治療啊！那些化療，她遭

受了整整三年的罪！」老人大放悲聲。那些痛似乎是在他身上發生。「我一直想著她痊癒後會回到家裡，但她沒有，她沒有。」所有的痛苦太深重了：喪女，妻子得了絕症，喪妻。

海瑟在快速地翻閱義工登記表。她有些失望，因為她沒有發現瓊的名字。她一邊放回文件，一邊說：「斯坦，知道了您這麼多事情，我感覺您是我的朋友了。但您吃了那些藥讓我很擔心。我可以叫輛救護車嗎？」

「請不用再提這件事情了！否則我要掛電話了！」老人有些生氣地大聲說。

「別掛！斯坦，不要掛。不要掛。」海瑟走回座位，心焦地拿起手錶，再次看時間。

「您可以只待在那裡和我說說話嗎？可以這麼做吧？這違反你們的規定嗎？只是坐在那兒和我說話，握住我的手，可以嗎？」老人的語氣裡透著請求。

「好，斯坦，當然可以。我哪兒也不去。」海瑟把手錶握進了手心，就像她把老人的手握在自己手裡。她唯一能夠握住的只有老人生命中最後的時間，可能幾分鐘，可能十幾分鐘，可能幾十分鐘。時間已到了七點整。她的聲調又恢復了那種低語，讓人覺得很安心，很親密。

❺ 面對臨終時刻

「我很害怕。」老人說。

「我知道，親愛的。」也許，在那一刻，海瑟知道自己無法救老人的生命，只能用自己的話語和聲音去陪伴老人，去溫暖老人離開人世的最後一刻。想到這些，她的心定下來了。老人最想見到的是瓊，所以海瑟在那一刻承擔起了瓊的角色，安慰老人。

「跟我說說瓊，你們在一起喜歡做什麼？」

「哦，很多。比如說我們喜歡散步，在鄉下散步，即使冬天也散步……」接下來老人開始和她聊起來，談之前的生活。自己曾參加樂隊，演奏爵士，而海瑟的神情也安定了很多。她又悲傷又感動，眼裡含淚，鼻頭紅紅，面帶微笑——她意識到這是老人在離開人世前最後的談話了！

海瑟放下自己的職業面具，開始參與老人的談話中。他們聊起了音樂，甚至聊到了海瑟的夢想。有那麼一個片刻，甚至是老人為海瑟做起了心理諮詢，問她為什麼沒有做一個演奏家，為什麼沒有再去喜歡的俱樂部，老人鼓勵她做自己想做的事情。

海瑟最後再一次問老人是否太晚了。老人帶著歉意說確實太晚了。隱

含在歉意背後的沒有說出來的話語是：「我知道妳想竭力挽救我的生命，但我卻沒有辦法讓妳這樣做。」

在電話的最後，老人告訴海瑟自己的真名，並且說以前曾打過電話。海瑟再一次看向檔案。這一次她找到了紀錄，因此救護車很快到了老人家中。可惜的是他們真的去太晚了。但對老人來說，在生命的最後一刻，由於有海瑟的陪伴，所以他感受到的是瓊回家了，他和瓊在一起了。

影片的結尾是海瑟和自己傾慕的心上人一起來到了她很喜歡的、卻很久沒有去過的俱樂部。老人在離世前的話影響了她。她去做了自己想做的事情。老人可能沒有想到，他的求助電話會以這種方式幫到接電話的人。

❻ 如何處理危機電話？

這個十多分鐘的影片很好地詮釋了處理危機電話時的工作規則。

一是諮詢師要有穩定的心理狀態。這種穩定是指不會因當事人的狀況而驚惶失措或束手無措，不論來訪者的狀態怎樣，始終具有穩定性。這種穩定性能夠幫助當事人搖擺的、不確定的狀態趨向穩定。

二是諮詢師要有溫暖感和支持性。打危機電話的當事人常處於脆弱的、生命懸於一線的絕望中。那種溫暖感和支持性可以托住他們，讓他們感到生命不再是那麼冷冰冰。聲音、語氣和所用語言就變得重要。

三是盡快和當事人建立連結感，讓當事人信任自己。可以透過以下細節來做：告訴對方自己的名字，詢問該怎麼稱呼對方，理解對方的感受和行為。如有必要，介紹熱線電話的工作規則。不斷重複對方的名字，讓對方知道自己很在乎他（她），很願意傾聽。在短片中，海瑟不停地稱呼對方的名字，不停地拉近關係，最終當事人信任她，把自己的真名告訴了她。

四是共感對方的感受而不是評判對方的行為。對處於危機中的人來說，如果指責其自殺的行為，或隱約流露出「自殺是不對的」這樣的評價，很有可能讓當事人掛掉電話或心生反感。在影片中，海瑟沒有任何一句話指向「您不該吃藥」、「您不該輕生」，相反，她所有的話語、語氣和表情都在說她是非常理解老人的，即使在最開始她根本不知道發生了什麼時，她一直用接納的方式和當事人溝通。當知道老人已選擇自殺行為後，她也沒有任何說教，而是試圖理解和幫助老人。即使是諮詢師，也沒有權利評判別人的人生。每個人的人生都是自己要去走的。

五是要有足夠的耐心，重複一些重要而基本的資訊，迂迴和反覆詢問。危機中的個體會有各種情緒和反應，諮詢師要非常耐心，陪伴他們，不論他們怎樣反應，都始終在那裡。既給對方足夠的時間和空間，又適當地提供共感。海瑟對待當事人就非常有耐心，即使對方完全不講話，她還

是會做各種安慰、猜測，試圖鼓勵當事人、貼近當事人。有些話當事人第一次不願意回答，需要過一會兒再問第二次，有時還需要問第三、第四次，如「事情已經發生」是什麼意思、是否要叫救護車等。

六是對危機要做及時的評估。在影片中，海瑟根據老人已經說出來的資訊和沒有說出來的資訊，直接猜測老人已服用了藥物。老人承認後，她馬上確認一些事實：服用了什麼藥物、服用了多少、什麼時間服用的、現在感覺怎麼樣、是否願意叫救護車、家裡是否還有其他人。一旦瞭解了這些基本資訊，就可以採取生命救援行動。在一些危機干預的電話中，時間就是生命。越早進行干預，越有可能挽救生命。

七是具有靈活性。在短片中，當海瑟確定老人已沒有任何求生的意願、一心求死之後，她卸下了諮詢師的面具，用朋友的身分陪伴老人，用自我揭示的技術，和老人在音樂的話題上找到共鳴。她從救助者的角色轉為陪伴者，但即使這樣，她仍然把生命置於最高位置，在最後再一次努力，想幫老人叫救護車。

八是要能夠處理由哀傷、絕望、內疚、無助等情緒引發的反應。處理危機的工作人員常見的情緒會有內疚和無助感。內疚是基於這樣一個想法：「我本來可以救他（她）一命，但我卻沒有做到。」

無助感是基於當事人由於自殺行為而失去生命，覺得自己沒有辦法改變這一切。工作人員要客觀地評價自己的能力和表現，關注自己的情感捲入，既有共感，又能從個案中抽身。影片結尾時海瑟滿臉幸福和甜蜜，這

是對前面她流淚鏡頭一個很好的轉化和昇華：面對來訪者，她有深深的哀傷，但面對自己的生活，她體會到快樂和幸福。

影片很短，場景很簡單，人物很少，但它卻很感人，因為生和死的掙扎全都是為了愛。

後記

和清華大學出版社的編輯胡寅子相遇在一次精神分析的講座上。之前我們在微信上已有過溝通。她問及我出書的構想。我提到了自己近年一直在做的一件事情：諮詢個案督導。一方面我督導學生的個案，另一方面我又接受 CAPA 老師的個別督導和團體督導。這些工作已經見諸文字：我從二〇一二年起在《大眾心理學》上就有個案督導的專欄，對諮詢新手的個案進行督導。開始是對熱線電話的個案進行督導，後來是對面接個案的督導。隨著我於二〇一三年開始參加 CAPA(註 9) 的學習，我接受督導和我督導個案的方向更偏向於精神分析取向。我覺得可以出一本督導方面的書。小胡對這個想法非常感興趣，很快又約我面談。感謝她的行動力，促

使我把出書的計畫提到議事日程上，並確定了成書時間。

我從督導中學到了什麼？

個案督導會使人成長，我對我的督導數次表達過這一點。不論是在個別督導中還是在團體督導中，我都受益頗多。我的個別督導老師 Christine MacDonald 是一位在紐約的精神分析治療師。她非常開放，以支持性的態度對待我和我所報告的個案，同時對文化差異也非常敏感。我們一起工作兩年，她給予我很多專業上的指點，同時也給我很多鼓勵和肯定，她一次又一次地讚揚我，多次提及我很幸運，因為我遇到了很多有意思的來訪者，還說我的來訪者也很幸運，因為我很理解他們。所有的引導、包容和支持對我在精神分析的道路上走得更穩、更精準。

督導老師以她豐富的諮詢經驗指點著我。在我第一次接自戀型人格障礙的來訪者時，當時我只是有一些感覺，還沒有確定，但督導從來訪者的夢裡點出了來訪者的核心問題：內在是空的。我驚訝於她這麼快就抓住了核心問題。

很神奇的是，每次和督導見面前，有些畫面我還看不見，有些感覺我還沒有體會到，但只要督導一出現，她讓我談一些資訊，問我一些問題，

有些畫面就變得清晰了，有些細節就被放大了，有些瞬間曾經溜走的感覺就被捕捉到了。再加上督導在方向上的指點，在深度上的點撥，我對整個諮詢進程、對來訪者、對自己都會有更深入、更精準的理解。我覺得只要進入督導時間，我的所有感覺力就會變得非常敏銳，會非常專注地體會正在發生的事情，所以我非常珍惜每一次督導的機會和時間。

有時我的收穫不在於督導說了什麼，而在於她為什麼會問我這個問題，在於我對她問題的反應和感受。有一次她問我來訪者是否有女朋友，我說不知道，她再問我來訪者的學歷和專業，我還是回答不出來。當時督導沒有說什麼，但我後來反思：這個來訪者已接受諮詢一段時間，但我連這些基本資訊都沒有瞭解，主要原因是來訪者對自己所有的個人資訊都非常避諱，他至今還把我「關」在門外，那扇門還沒有打開。這也是他和別人相處的模式，所以接近他是一件非常困難的事情。

CAPA 的團體督導課程也帶給我很多富有活力的啟發。在兩年的學習過程中，我們每週會有一位同學提交個案報告，老師帶領我們一起討論這些個案。我的收益主要來自於以下幾方面：

一是呈現個案報告的學員。所有的個案報告都是逐字稿，所以我有機會學習其他諮詢師是如何做諮詢的，也有機會間接地接觸不同的來訪者。由於團隊的相互信任，所以報告者帶著坦誠的態度報告個案。

二是帶領討論的老師。我們接觸過不同風格的督導老師，絕大多數都讓我們感受到支持、包容和引導，但也有個別老師讓我們感到受評判、脆

弱、無助和受攻擊。這些風格、視角的多元化極大地拓寬了我們的視野。

　　三是同一課堂的同學們。我非常幸運，在一個動力很強、敏銳度很高、同時信任度很高的團隊中學習，一開始他們的敏銳和鋒利曾讓我有些不知所措，但隨著時間的推移，我們越來越相互瞭解和支援，對個案的討論會更深入。

接受我督導的諮詢師的回應

　　同樣，接受我督導的諮詢師也向我傳遞了積極的資訊，讓我知道督導對他們是有意義的。下面的話摘錄自一位接受過我書面個案督導的諮詢師發給我的郵件：

　　「謝謝您這一年的陪伴和督導，讓我獲益非淺：從開始接受督導起，那些鮮活的個案又重新在我的腦海裡翻騰。為了接受督導，我需要整理個案資料。在整理這些個案的時候，我又做了更深的回憶，像放電影一樣將當時諮詢的一幅幅畫面重新在腦海裡放映，生怕錯過了關鍵的細節。

　　在收到您督導的文字稿時，我是那麼興奮和激動，每回都帶著好奇而緊張的心情去細讀嚴老師的文字，一遍兩遍三遍甚至更多遍，不斷揣摩、領會和理解這些督導的文字，進而再次走進個案去想像，用手中的筆在留

白處做記號，最後再從個案深處走回來。透過這樣的過程，我自己獲得了很大提升。」

所以，被督導的過程不是一個被指導的過程，它要求接受督導的人有深度捲入：準備個案資料；和督導討論，向督導提出自己的疑問，或回答督導的問題，澄清自己的想法，明確未來的方向；再次回到實踐中。

關於本書個案的說明

當我最初動筆寫精神分析的督導文章之前，我詢問過我的督導老師，她的名字是否需要、是否可以出現在我的文章中。經過慎重考慮，她告訴我她的名字不用出現。等我開始動筆之後，我知道她是對的，因為一旦開始寫作，它就成為創作，它來自於現實，但並不是現實的摹寫。儘管所有出現在書中的個案都是真正發生在諮詢室中的個案，但本書的目的並不在於呈現個案本身，而在於讓讀者更瞭解督導是如何工作的，督導如何幫助諮詢師更好地理解來訪者，督導如何以中立而捲入的方式說明諮詢師看到更多的角度、隱含著更深的含意以及更廣闊的畫面。由此，我虛化了個案的資訊，除非有必要，才會報告來訪者相關的資訊，即使是這些有限的資訊，我也採取非常節制的做法，報告盡可能少。但這樣做的時候會遵循一個原則：被督導的問題是清楚、凸顯的，這樣可以讓閱讀本書的人能夠得到啟發：「如果我遇到同樣的情況，督導的角度是怎樣的？督導可以怎樣幫到我？」

希望你也和我一樣幸運，能夠從督導中獲得專業性的成長。

關於彩頁圖畫的解讀

彩頁中呈現的圖畫，全是我在本書成文後所畫。其中一些圖畫藉助了曼陀羅的形式，但不拘泥於此。有些是我想好了主題再畫的，有些是畫好了再做解讀的。我非常享受作畫的過程。希望你們也享受。以下的解讀只是我個人的觀點，而每位讀者都可以結合圖畫創造自己的解讀。

來訪者、諮詢師和督導的關係

圖一代表了我對來訪者、諮詢師和督導的關係的理解。

在圖中從裡到外共有四個圈層，最核心的圈層代表來訪者、諮詢師和督導的關係。花兒代表諮詢師和來訪者。深藍色代表來訪者，綠色代表諮詢師，而背景的黃色和玫瑰紅代表督導。在最深處，這三者擁有共同的目標，都是為了來訪者的福利，所以圖案是一朵相依相生的花兒，而督導提供的支持更是幕後的支持，但這是非常溫暖的支持，所以用背景中的暖色調來代表。

從裡到外的第二個圈層是諮詢師和來訪者在諮詢中的關係。綠色代表諮詢師，藍色代表來訪者。來訪者可能從任意一個地方開始諮詢，談及自己當下生活中的困擾，就像圖中藍色的線，但諮詢師往往要思考得更深遠，要瞭解或考慮來訪者過去、甚至童年對當下的影響，所以綠色的線是

從更遠的地方開始。兩條線的相互交叉、重疊或平行，代表著在諮詢中諮詢師或引導、或伴隨、或完全理解來訪者，可能在最初的階段，兩者的契合度不太高，諮詢師會有一些偏離，但隨著諮詢的進展，諮詢師對來訪者越來越瞭解，越來越貼合來訪者，從較有距離的平行，到完全與來訪者共生，但最終還是會形成一種較小間距的平行關係：來訪者和諮詢師是分離的，來訪者有自己獨立的軌跡。當諮詢結束後，來訪者離去，但從諮詢師的角度，個案對諮詢師的影響仍然會存在，諮詢師會在其他人身上再看到這個來訪者的一些防禦模式或影子。

第三個圈層是來訪者在諮詢中的四種感受：有時是電閃雷鳴，可能是童年的創傷感再次重現，可能是一些頓悟像雷電一樣擊中自己；有時是像水中，可能是憂鬱、悲傷逆流成河，也可能是像子宮中一樣包容、支持自己的溫泉；有時像在黑夜中摸索，連星星和月亮都是慘淡的，整個星空都透出憂鬱；有時像是花兒盛開，心花怒放，有新的美好生成。

第四個圈層代表來訪者和諮詢師共同工作，達到一種和諧共生，像是花兒在生長和開放，而督導提供了持續的支援，就像是背景中的水一樣。

諮詢師和督導的關係

圖二代表了我理解的健康的諮詢師和督導的關係。督導就像圖中較為明顯的三個圈，給諮詢提供了穩定的框架，而諮詢師會決定諮詢的展開和具體細節。健康的督導關係是指督導者和被督導者都很清楚自己的職責，

督導更多是指導和支持，但並不是干預，兩人的關係穩定、清晰、簡潔。

諮詢師和來訪者的關係

圖三代表了諮詢師和攻擊性較強的來訪者一起工作的感受。整個諮詢過程來訪者具有高度的攻擊性（那些尖的、刺人的圖案）、敏感性（那些眼睛一樣的圖案），所以整個諮詢過程並不愉悅，有些壓抑，有些對抗。但從整體上，諮詢師仍然能夠給予抱持，容忍和接受不舒適，建構和來訪者新的關係。在核心圈層中，那些眼睛形的圖案是沒有眼珠的，代表著來訪者對環境的漠視和現實檢測能力不良，而在外圈的眼睛形圖案中，已有了眼珠式的圖案，代表著來訪者對現實的檢測能力增強。同時外圈那些圓形的圖案也在一定程度上緩和了攻擊性，形成一個緩衝地帶。

圖四代表了諮詢師和悲傷情緒的來訪者一起工作的感受。來訪者核心的情緒是悲傷和愁苦。那些藍色代表著來訪者的眼淚，有時它是一滴一滴的眼淚，有時它是噴湧而出的眼淚，有時它是悲傷的河流。而在核心，則是被強烈壓抑的悲傷。諮詢師要能夠承托起這些悲傷，幫助來訪者重新建構對悲傷的世界的認知。經過諮詢，儘管底色仍然是悲傷和憂鬱的，但整個世界不再是混亂的、毫無希望的。來訪者會有最基本的支撐感和結構感。

圖五代表了諮詢師和有強迫傾向的來訪者一起工作的感受。強迫傾向的力量非常強大，會把整個世界捲入其中，來訪者周遭的事務都被按照強迫的方式來運轉，如果有可能，強迫症的人可能把世界上每一粒微塵都置於固定的位置。被強迫隔離開的是流動、不確定性和創造性。諮詢師的任務是幫助來訪者有勇氣打破強迫傾向的奇異循環。一旦來訪者接受不確定性，就會迸發出驚人的創造力，世界就會擁有流動的美。

　　圖六代表了諮詢師和不斷成長的來訪者一起工作的感受。諮詢師和來訪者都把對方當作鏡子，透過彼此得到成長，並且鏡映著對方。雙方有很多相互呼應的地方，但仍然有不一樣的地方：下面的半圓更大，而且多一道彩虹線。雙方鏡映而獨立，這樣的工作氛圍會是非常愉悅而有滋養性的。

　　註 9：CAPA，全名為中美精神分析聯盟（China American Psychoanalytical Alliance），成立於二〇〇七年的非盈利組織。由美國及其他國家資深精神分析師為中國符合一定要求的心理諮詢師透過網路提供二～五年系統的心理動力學取向的心理諮詢課程學習，包括理論、技術和團體個案督導，以及一對一的個案督導，並為學員提供個人精神分析（一週三到五次）或心理治療（一週一到兩次）。更多詳情請見網站：http://www.capachina.org。

參考文獻

Bernard, J. M. & Goodyear, R. K. 著，王擇青、劉稚穎等譯：臨床心理督導綱要（第三版）（2005），中國輕工業出版社。

Frawley-O' dea, M. G., & Sarnat, J. E. 著，李芃、傅文青等譯：督導關係（2011），中國輕工業出版社。

Basch, M. F. 著，壽彤軍、薛暢譯：心理治療實戰錄（2014），中國輕工業出版社。

Corey, G. 著，譚晨譯：心理諮詢與治療經典案例（第七版）（2010），中國輕工業出版社。

曾文星編著：心理治療：督導與運用（2008）。北京大學醫學出版社。

Holloway, E. 著，王文秀、施香如、沙大荒譯：臨床督導工作的理論與實務：教育輔導系列（2006），四川大學出版社。

Byrant-Jefferies 著，李曉輝譯：以人為中心的對話系列：以人為中心的諮詢督導（2008），高等教育出版社。

曹昱、朱建軍著：意象對話案例督導集（2013），北京師範大學出版社。

用繪畫 Graffiti Therapy
重建對生命的喜悅

塗鴉心世界－用繪畫重建對生命的喜悅

樂果文化出版　作者：康耀南　定價：300元

全彩圖典式 壺イメージ療法
圖畫心理分析書

心理魔法壺—心理解析新理念
樂果文化出版　作者：嚴文華　定價：300元

國家圖書館出版品預行編目（CIP）資料

心理諮詢個案督導 / 嚴文華著．
-- 第一版 . -- 臺北市：樂果文化出版：紅螞蟻圖書發行，
2019.06
　面；　公分 . --（樂心理；7）
ISBN 978-957-9036-04-7（平裝）

1. 心理諮商　2. 個案研究

178.4　　　　　　　　　　　　　　108002430

樂心理 7
心理諮詢個案督導

作　　　　　者 ／ 嚴文華
總　編　　輯 ／ 何南輝
行 銷 企 劃 ／ 黃文秀
封 面 設 計 ／ 引子設計
內 頁 設 計 ／ 沙海潛行

出　　　　　版 ／ 樂果文化事業有限公司
讀 者 服 務 專 線 ／ （02）2795-3656
劃　撥　帳　號 ／ 50118837 號 樂果文化事業有限公司
印　　刷　　廠 ／ 卡樂彩色製版印刷有限公司
總　經　　銷 ／ 紅螞蟻圖書有限公司
地　　　　　址 ／ 台北市內湖區舊宗路二段121 巷19 號（紅螞蟻資訊大樓）
電　　　　　話 ／ （02）2795-3656
傳　　　　　真 ／ （02）2795-4100

2019 年 6 月第一版 定價／ 360 元 ISBN 978-957-9036-04-7